立法程序與技術概要

第二版

羅傳賢 著

五南圖書出版公司 印行

編者序

　　立法程序與技術，係現代法學體系中一門新興而重要的分支學科，也是擔任法制工作人員或議會助理為協助其機關首長或議員，實現其政策合法化所不可或缺的基本工具，故數十年來，考試院均將「立法程序與技術」或「立法技術與法制作業」列為各種國家考試法制組之必考科目。

　　由於立法程序與技術一科，涉及到立法原理、立法技術、法制作業及立法程序等理論與實務的綜合應用，造成有實務經驗之師資難覓，有機會開設此類課程之大學亦非常少見，學生似有無法進入課堂學習之缺憾。因此，欲準備參加國考法制組之考生或有興趣擔任議會助理者，只有購書自修一途。惟查國內坊間有關立法程序與技術的專著相當缺乏，期待此類概要書出現之殷切，極為普遍。

　　本書係摘要拙著《立法程序與技術》、《國會與立法技術》二書，及參考行政院法規委員會所編印《行政機關法制作業實務》等書編輯而成，其內容主要是把握簡明扼要、提綱挈領、去蕪存菁之原則，務期收重要精華，俾對入門讀者或準備國考的考生產生鉤弦提要，讓人一目瞭然，而能有系統地吸收，以免繁瑣記憶之苦，而收事半功倍之效。

羅傳賢　謹識

目錄

第一節 立法學之概念

壹、立法學之意義

立法乃是將立法現象，透過立法目的、方法、技術及程序等原理，加以分析研究，俾能綜合地把握法律動態的綜合過程。

立法學是現代法學體系中一門新興而重要的分支學門，是以立法現象、立法規律，以及其他相關事物為對象的一門法學學科，其不僅屬於應用法學中的根本法學，也是屬於綜合法學或總論性法學。

貳、立法學之任務

立法是動態、有序的事務，是一種活動過程，故立法學之任務，包括如下：

一、立法政策

發現創設及整理為促進或保護社會的某種集體目的或公共利益的原則。立法政策即試圖以法律形式表現的國家政策，決定法律草案的內容。

二、立法研究

以科學的研究方法，就立法政策的必要性、合理性及可行性進行論證的活動。

三、立法技術

對立法目的及原則等思想架構，賦予適當之言詞文字，並有體系地將法律條文編纂起來。

四、立法程序

將法律草案向立法機關提案，並經三讀討論、審議、表決之手續，使之成為實定法規而公布施行。

參、立法學之目的

根據立法學的理論，前述四種任務係密切關聯的，即立法政策的圓滿實現，必須講求立法技術的妥當與完善，立法技術性的完善則須透過方法學理論的推演與預測，以及法律實證的思考與驗證，歷經詳細而周延的設計，始可經由立法程序，化為大部分人樂於接受遵守而且具規範功能的法律。故立法學之目的，在於注意立法動態的綜合過程及其運用，應遵循的基本原則，俾能完成政策合法化，並使立法政策確實賦予法律效果。

第二節　立法準備階段

壹、立法準備之概念

立法準備，指法案尚未提出立法機關進行立法程序前之初步立法任務，亦即草定法案之基礎整備。在立法準備工作上，法學有三方面的任務：

（一）將待決之務當作法律問題清楚地顯現出來，並且指出因此將產生的牽連情事。

（二）必須與其他學科，特別是經驗性的法社會學合作，研擬出一些能配合現行法的解決建議，供作立法者選擇的方案。

（三）必須在起草技術上提供協助。

貳、立法準備階段之任務

立法準備階段之任務，包括立法預測、立法計畫、立法政策、立法研究等，茲分述如下：

一、立法預測

（一）立法預測之意義

所謂立法預測，就是運用一定的方法和手段，對立法的發展趨勢和未來狀況進行考察和測算。

（二）立法預測之目的

1. 考察和揭示今後立法的發展規律，使立法盡可能合乎規律。

2. 考察和測算社會對今後立法的需求、範圍、實現需求的可能性等，從而瞭解今後必須和能夠創制哪些法律，在何時立法適宜，使立法順應社會需求而進行。

（三）立法預測之種類

1. 宏觀預測和微觀預測

前者是指從總體上對整個國家制度、社會制度、立法原則等在未來的發展前景進行預測。例如預測現行立法體制、法律體系、法律所確定的基本原則、憲政體制、行政組織體制等，在今後或未來應呈現什麼狀況、哪些應堅持、哪些應發展等。

後者是指對國家的某個單項立法或某個法律規範，在未來的發展前景作具體的預測。例如現行關於國會選舉制度、死刑廢止、尊嚴死立法、代理孕母、開放賭場、課徵能源稅等之規定，在今後或未來是否合適，或如何修正等。

2. 定性預測和定量預測

前者指預測今後或未來應制定、修正、補充或廢止哪些法律；後者指預測今後或未來一定時期中應制定、修正、補充或廢止多少法律。

3. 探索性預測和規範性預測

前者係從立法的過去、現在推測立法的未來，這種預測特別要求把立法的發展看作一個連續的過程，看作歷史性和邏輯性相統一、普遍性和特殊性相統一的過程。

後者即先預測並確定今後或未來某個時期所要達到的立法目標，再預測到達這個目標的具體步驟及任務。

4. 短期預測和長期預測

前者是對今後非長時期內的立法進行預測，如3年預測、5年預測。

後者是對較長時期的立法，如10年、20年，甚至更長時期內的立法發展趨勢所進行的預測。

以上這些不同類別或形式的立法預測，一般都不是單獨地進行，而是綜合並用進行的。例如，進行宏觀預測，總要採取定性或定量的宏觀預測、探索性或規範性的宏觀預測、短期或長期的宏觀預測。

二、立法計畫

（一）立法計畫之意義

立法計畫是法案起草的前奏，又稱為立法規劃，即根據國家的施政方針和政策、國民經濟及社會發展計畫，在科學的方法預測基礎上，對未來一定時期內擬完成之立法項目所作的總體安排與部署。

（二）立法計畫擬定之重要性

「凡事豫則立，不豫則廢。」當今世界科學日益發展，法律所要調整的社會、經濟、政治、文化關係的發展本身有很大計畫性，在這種情況下，立法如果沒有計畫性，而是盲目地走一步算一步來進行，是不能適應社會發展需要的。而且立法本身是系統化的社會科學工程，如果不事前妥善計畫，在憲法與法律之間、各種法律部門之間、各個法律規範之間、各項法律與其調整的對象之間，將難以協調一致，故立法計畫是立法準備之前奏，為立法技術之重要步驟。

（三）立法計畫之特徵

1. 立法計畫是實現立法政策之行動方案

立法計畫與立法政策都是用來指引立法活動，而立法政策對立法計畫又具有指導性，立法計畫要體現和反映立法政策，要依照立法政策擬定；同時，立法計畫對立法政策的實現又有重要意義，立法政策要變現實，在一定程度上要借助立法計畫的擬定和實施。詳言之，在擬定和實施立法計畫時，要自覺用立法政策加以指導，使立法計畫和立法政策的原則、精神和要求協調一致或不相牴觸，要善於透過立法計畫來體現和反映立法政策，使立法政策具體化，促使立法政策實現。

2. 立法計畫是引導立法工程之施工藍圖

立法計畫作為關於立法工作的設想和部署，是立法者完成立法工程的施工藍圖。用來實施，從而用來真實地規範立法實踐，是立法計畫具有內部規則屬性的一個表徵。因此，立法計畫一經擬定施行，除有特別原因或計畫本身不可行外，就成為一定立法工作的指南。

3. 立法計畫是內部協調整合之成果

立法計畫是對未來立法項目之設想和安排，能有效處理各個立法項目之間縱橫交錯的複雜關係，避免法案間的衝突、牴觸、交叉重疊，從而保障整個法律體系的和諧統一。此外，可以在充分研究論證的基礎上，合理取捨立法項目，避免重複、分散、遺漏和本位主義，也有利於各立法主體各負其責、互相配合，集中人力、物力保障重點議題的完成。

4. 立法計畫是持續不斷之立法準備

立法計畫有年度、短期、中程及長程計畫之分，年度立法計畫除了正式項目外，還可以確定一批進行研究項目作為預備。換言之，可以把那些立法難度較大、條件不夠成熟，但實踐中急需的事物列為研究項目，為以後的立法作準備。再者，下年度的立法計畫還應注意上年度立法計畫的執行情況，研究項目的研擬情況，使兩個年度的立法計畫相互銜接、互動進行。因此，它是持續不斷的立法準備。

（四）立法計畫之功能

1. 可與立法預測密切配合，有利於立法科學化。

2. 使立法活動取得預定的社會效果。

3. 保證立法有序進行，並使各機關有準備且協調一致地參加立法工作。

4. 消除立法工作中的重複或分散現象。

5. 有利於分清輕重緩急，合理安排先後順序。

（五）行政機關立法計畫與立法機關立法計畫之區別

行政機關立法計畫是一種「策定計畫」的過程，其結果為今後一段時期立法工作的任務和綱領，在法律上為一綱領性文件，惟不具有實際法律效力。

立法機關立法計畫，就是立法機關在某一會期針對一些法案為便利審查及判斷先後順序所通過之內部決議，其對該會期的日程具有指導作用。例如立法院各委員會組織法第6條之1明定：「各委員會召集委員，應於每會期共同邀請各該委員會委員擬定該會期之立法計畫。必要時，得邀請相關院、部、會人員列席說明。」

（六）立法院各委員會擬定之立法計畫

前揭立法院各委員會擬定該會期立法計畫之規定，其立法意旨、擬定方法及效力如下：

1. 立法意旨

(1) 民主國會的運作中，立法計畫乃議事過程之首要工作。歷年來，本院委員會於會期之初，雖已具有類似立法計畫的運作形式，然因法無明文，不但缺乏拘束力，亦常遭外界誤以為沒有立法計畫。為使立法計畫工作更具績效，並扭轉外界觀感，爰將立法計畫明確化。

(2) 為使委員會之議事運作績效，充分配合院會之運作，同時符合國家需要及社會、人民的期待，委員會有必要於每會期之初，擬定立法計畫，排定當會期擬推動之法案及法案審議優先次序，作為該會期議事的準據與目標。同時，為使立法計畫充分納入委員會成員及相關提案機關之意

見，爰規定應邀請各該委員會委員參加研擬，於必要時，並得邀請相關院、部、會人員列席說明。

2. 立法計畫之擬定與確定

(1) 召集委員選定後，委員會幕僚適時徵詢委員會各委員及相關院、部、會，於該會期擬推動的法案，並提請召開召集委員會議，提出立法計畫初稿。

(2) 如為每屆第一會期，委員會幕僚應提出已徵詢委員會各委員及相關院、部、會該會期擬推動的法案資訊及會期可運用之期間，供召集委員會議參考。如為每屆第二會期以後會期，委員會幕僚則連帶提出院會可能即將交付審查之法案、各委員會尚未審結之法案（包括政府提案、委員提案、黨團提案及其他議案等）及會期可運用之期間，供召集委員會議參考。召集委員會議中，並邀請相關院、部、會人員列席說明，提出各該單位當會期之立法推動計畫供參考。

(3) 召集委員會議草擬立法計畫初稿後，召集委員應邀請委員會全體委員會商，廣徵各委員之意見，以確定該會期之立法計畫是否需有所增刪，以確定立法計畫。會商時，如有必要，得邀請相關院、部、會人員列席說明，提出各該單位之立法推動計畫供參考。

3. 立法計畫之效力

立法計畫為各委員會排定立法議程優先次序之指導方針，故召集委員應予充分尊重。唯為因應突發性或急迫性之情勢，立法計畫仍得衡量局勢，適時予以修正。修正時，如有必要，仍得邀請相關院、部、會人員列席說明。

三、立法政策

（一）立法政策之概念

政策，指為促進或保護社會的某種集體目的或公共利益的原則。政策合法化，指政策如何變成法規範，法規範內容是否符合法理等問題。因立法者以民意代表的地位，受人民付託，代表著國民的公意志，透過法規範

之制定，以落實憲法所創立的價值秩序。故政策立法的本質任務，乃是透過民主程序，就社會基本秩序作理性的規劃。

（二）政策規劃之特徵

事前進行一個好的政策規劃，得到一個可以為社會所接受的可行方案，政策過程才能進展順利。廣義來說就是政策制定（Policy-making），即決策者為解決政策問題，採取科學方法，廣泛蒐集資料，設計一套以目標為取向、以變革為取向、以選擇為取向、以理性為取向的未來行動方案之動態過程。

（三）政策規劃之步驟

1. 政策目標之研擬。
2. 民眾需求之評鑑。
3. 備選方案之研擬。
4. 備選方案之選擇。
5. 備選方案可行性分析。

（四）影響立法政策之因素

在一個民主社會，從公共政策的醞釀到立法政策的確定，其影響之因素是多元化及錯綜複雜的，故助長立法政策制定之環境因素，如下：

1. 行政機關

行政機關負責綜理統籌政策執行之全部過程，正由於負責執行國家現行的政策，故由其擔任評估政策績效，判定新政策需求，擬定政策變更之責最為適切。再者，行政機關為解決環境變遷所延展的新問題，確實回應人民需求的改變，價值觀念的轉變，因應社會轉型期的新情勢，或因應與外國簽訂條約或協定，或因應國際潮流做法，必須適時適地制定妥當的政策。

2. 人民請願

一旦有一項問題直接影響到其個人的生活、生計，且關係重大時，人民就會設法影響政策的制定。民眾影響制定的方式通常有下列幾種：

(1) 人民直接向行政或立法機關請願或遊說。

(2) 參加或借助利益團體的力量，對民意代表及行政人員遊說或施加壓力。

(3) 參加遊行或示威運動抗議。

3. 政黨

政黨在競選過程中，往往為選民立下各種政策承諾，答應選民在競選勝利後，一一實踐其於競選時的諾言。此時政黨即能透過國會的提案審議，實踐其在競選時向選民所立下的承諾。此外，政黨為實行其主義、黨綱和政策，亦透過政府或領導政府，反映民意，推動政府決策或協調各部門之歧見衝突，故對立法政策當然產生巨大之影響力。

4. 利益團體

利益團體形形色色，有些利益團體想有組織、有計畫、有力量地發展自己的主張，實現自己的利益或目的，故設法透過自派或贊助人選參與議員競選，或媒介壓力團體遊說攏絡議員，甚至草擬法案、宣傳、請願、遊行等，對現實的立法和政策，都會予議會很大，甚至決定性的影響。

5. 國會議員

立法機關的主要功能，包括政策表達、政策妥協、政策合法化、行政監督和為民服務等，其對於政策的制定，仍有相當的影響力，亦即，國會議員可以透過質詢、通過法案、審查預算、任命同意權等權力，直接或間接影響立法政策之形成和內容。再者，國會議員可以策略運用，即主動立法提案，以督催行政機關提出對案，一起併案審查，如此也可對行政機關之立法政策發生影響。

6. 法律學者或其他學術研究機構

法律學者在法學研究中往往會將外國進步法制介紹到國內，或從比較法觀點批判國內之法制，因此他們的著作往往在法律改革方面具有參考價值，亦對制法或修法直接發生很大之影響力。

此外，其他各種專業領域之學術研究機構，亦能提供相關重要的專業知識，有些甚至接受國科會、研考會等之研究補助，對有關公共政策問題作深入之專題研究，然後提出科學客觀的結論或可行之建議，對立法政策之選定亦有相當助益。

四、立法研究

立法以科學為手段，方法論為科學研究方法之基礎，立法者不但應注意自然科學技術在立法中的運用，同時應當充分注意社會科學研究方法。關於立法的研究方法，歸納學者的研究，有如下六種：

（一）歷史研究法

瞭解某一法案產生的社會政治背景，和法制淵源，其具體手段與步驟，包括：

1. 蒐集法案之原始歷史材料。
2. 尋求演變之經過及原因。
3. 吸取過去之經驗，以作改革興替之參考。
4. 鑑往知來，以推測未來演化之趨勢。
5. 探究歷史積習與民族習性對法律之影響。

（二）比較研究法

現代各國立法均是相互借鑑和仿效的，故比較研究，一為「比其異同」；二為「較其得失」，前者是事實判斷；後者是價值判斷。知其事實之異同，則可明白本國法與外國法之通性與特性，瞭解現代法律的普通法則及各國立法的趨勢，相同者可以參考補充，相異者不得比附援引。在價值上明其利弊得失，則知存其長，而捨其短，以為未來立法定制之借鏡。

（三）分析研究法

法律條文所規定之一事一物，先構成確定明晰之概念，再把這些概念建成嚴密的邏輯體系，亦即就各種法學現象加以分析解釋研究其成分及組織，且於同種同類的法律現象中發現其要素，最後作成歸納與演繹。歸納

的基礎是因果律，如欲從事歸納，須蒐集個別事例，從事觀察分析，作成研究紀錄。而演繹之基礎是同一律，為推究精微之用，即可根據已然已知，以推論未然未知者。

（四）社會研究法

法律是不斷地變遷，因此要不斷審查各部分法律是否與社會需要相適應，以便針對現在社會狀態，追求順應適宜之法律。故以社會現象，尤其社會上利益衝突之現象，為研究對象。其方法乃是從多方面觀察注意法律之機動性，一般趨向均以觀察社會實際情形，及致力於研究社會中正義的含義和條件，以覓求法律公平之基礎。

（五）政策研究法

政策之形成，包含各方面之因素，其決定是一種動態歷程，且應與時俱進，故為解決問題，須將行政法上各種有相互關係之現象，加以系統之分析與綜合，建立有意義之相互關係。

政策研究法，一般分為三大步驟如下：

1. 問題的認知：即使用資料分析法，蒐集報章、雜誌、期刊論文中有關制度的檢討，並就相關法令進行分析，找出當前有關制度的問題。

2. 價值的建立：即探尋有關政策存在的價值及意義，並瞭解各國發展趨勢及未來應有之做法。

3. 改進方案的提出：歸納所得結論，提出改進方案之建議。

（六）法條研究法

除研究法律條文外，並須研讀權威學者對法律之註釋說明。法條研究法主要是分析法案及批判法案。分析法案之方式，可分為體系分析、性質分析、立法技術分析等三種。而批判法案之標準，如下：

1. 立法目的是否正確。
2. 立法原則是否健全。
3. 立法政策是否允當。
4. 立法內容是否符合法規範之妥當性、一貫性及合理性。

5. 立法技術是否高明。

6. 立法效果是否顯著。

✏ **考古題**

1. 何謂立法計畫？任何機關在擬定立法計畫時，必須遵循哪些原則？請分別加以說明。（95警察特）

第一節 立法技術之概念

壹、概說

一、立法技術之意義

立法技術是把政策定型化、條文化及法律化所遵循之方法、操作技巧和原則的總和。詳言之,立法技術係以政策為依據,體現政策精神,即立法政策是內容,法律是形式,兩者相互融合的有機統一體。亦即,立法技術是一種政策合法化之科學方法及技術性規則。

二、立法技術之內涵

概念的內涵是指概念所反映事物的本質屬性,根據前述立法技術概念之意義,析述內涵如下:

(一)有權立法機關依據一定程序,運用科學方法所進行之專門性活動

因為規範乃支配國民思想、行為、感情之法則,俾實現一定之目的,故立法技術也是一個直接關係到國計民生的大問題。故只有交由特定機關來處理,才能保證處理得妥當。再者,立法也是一門科學,有權立法機關為使自己所立的法律能夠有效地發揮作用、實現立法的目的,不能不重視科際整合及專家參與的問題,因為他們懂得如果不重視專家立法,自己的立法技術就缺乏科學性,就會出現法律漏洞或違反正義等弊端。

（二）為提供具有普遍性、可預期性、明確性和強制性社會規範的方法

法律乃屬社會規範的範疇，詳言之，法律係為人們的行為提供標準和方向，而創造之一定形式的、附有價值以及充滿價值之由應然條款所構成之具有強制性格之意義構造，其形成以具備一定結構與外表形式的最低要求為要件。立法技術即以上述之內容為對象，創設、修正和廢止具有規範性意義之規則所使用之方法學。法律不同於道德和宗教，乃法律具有權力之本質。

因為法律並非只是對於社會共同生活所期待或允許之行為，或政府之計畫或建議，而是一種具有「可貫徹性」與「可強制性」之行為規範。法律假如沒有強制力為其後盾，自然就無可貫徹性與可強制性可言，故強制乃法律之本質要素與概念要素。

（三）使人民公意或國家政策轉換為具體法規條文之技術性規則

民主政治既具有民意政治的本質，則國家法規的制定應為人民公意的具體表現，而民意及輿論亦為法規制定的原動力，法規應能符合民意、反映民意，故民意自當構成法源。再者，立法乃貫徹國家政策的工具，然因政策必須因時因地因事而制宜，故立法技術在不同時代、不同國情之下有很大差別，但就其基本含義言之，是指一定機關在政策合法化過程中所採取的如何使所制定法律臻於完善的技術性規則。

貳、立法技術之作用

任何法律包括實質與形式兩方面之表現，實質方面係指有關內容方面之事項；形式方面即涉及法規詞語及體例之事項。如欲草擬法規，必須就內容與形式兩方面作嚴密而詳細的檢討，內容與形式猶如車輛的雙輪，此兩者完備才可以稱為成熟的法規。茲就立法技術在實質內容及形式表現兩方面所發揮之作用，分述如下：

一、實質內容方面

（一）把握立法目的

　　立法目的對法規的制定，當然具有主導和規制的作用。當草擬法規時，首先要明確地把握創制法規之立法目的是為了實現什麼。立法者不應作出與立法的本意價值相違背的選擇。

（二）人權尊重與社會福祉之調和

　　立法者在調節各種利益衝突時應遵循的原則，包括：兼顧國家、團體、個人三者利益；兼顧多數與少數利益、長遠與短期利益、整體與局部利益；效率優先、兼顧公平。亦即立法應依據「雙贏互補，各得其所」原則來平衡各方利益。

　　再者，應注意公民與政治權利國際公約、經濟社會文化權利國際公約之相關規定及該兩國際公約施行法之執行。

（三）使權力的行使公正化

　　現代立法者已認知，政府所追求正當的目的，必須以無損於目的之合理手段去實現，故為確保公正的行政，完全保障國民的權利，只依靠實體法未必充分。除此之外，在權力的行使程序方面，也要加以法的規制，以強調政府手段之正當性。

（四）確保法律秩序之安定性

　　因法具有安定性，可使人日積月累產生法的確信，知己當為或不當為，知他人對己之行為是否合法，而產生遵循或抗拒他人違法行為之意識，從而提高行為被批判之可能性。因法乃為社會秩序之維持與發展而存在，故法的安定性乃是法根本的價值，亦為法的主要目的。在立法技術上，儘量讓法規具有如下的條件：第一，法的規定至為明確，使人人都能夠明瞭易懂；第二，使法規具有不可輕易變更的固定性，不會朝令夕改；第三，使法規確實可行，不會產生窒礙難行之處；第四，使法規與國民的意志相結合，為社會大眾所共同接受。

（五）避免法律之漏洞

立法技術的講求，不但可以在事先避免某些法律漏洞的發生，而且可以減少立法上不應有的缺點。所謂法律漏洞，乃指法律體系上違反計畫之不圓滿狀態。所謂不圓滿性，指某一個生活類型應受法律之規範，但法律在經過解釋後，如對某生活類型尚無答案，即對之無完全的規範，或對之作了不妥當的規範，或對之所作的規範互相矛盾，則法律對該生活類型即有不圓滿性。法律漏洞之原因，如下：

1. 自始的法律漏洞：即出自立法者的疏忽，如對將來的情勢發展未能預見致未明文規範，或對未來經濟及社會發展產生預估的錯誤，以致考慮不夠周延。

2. 嗣後的法律漏洞：即因情勢變遷或科技發展結果而出現漏洞。

3. 立法技術上的缺失：法律所規範事項，雖仍可發揮其規範功能，但對系爭問題之解決，出現較不理想的狀態。

二、形式表現方面

立法技術在形式表現方面所發揮之作用，如下：

（一）表達之正確性

由於制定法係透過所使用的言語或文章來認識「法」的內容，所以完成的條文是否正確地表達內容帶有確定的重要性。因為一旦創制法規後其本身就變成客觀的存在，離開立法者的手，因此，法規內容的明確性和合宜性當然是成功地執行該法的先決條件。如法條內容不符立法者之原意，在執行的階段就無法照計畫具體化，最後可能遭致民怨。

（二）表達之簡潔性

民主法治，需賴人民知法守法，如何使一般行政法規簡明易曉，適切易行，仍宜懸為立法技術之重要目標。每一法案之條文，應該儘量緊縮，力避冗瑣。條文文字更宜力求語意明確，以減少曲解誤解之爭議。在法規形式方面，宜求各項法規體系完整，歸併雷同而分散之法規，使人民便於查閱適用。

（三）表達之平易性

　　法治國家不僅以政府遵照法規以為治理而為滿足，必須是廣泛的一般國民都容易理解才能發生效果，所以法規的表達要平易化一事亦變為重要因素。因此，現代法規條文的語句文字，講求明顯淺近，通俗易曉，力避詰屈聱牙及不可僻澀隱晦。

（四）體例之統一性

　　由於法規的內容廣泛複雜，致使法條數目日增，法令多如牛毛。為順應此一情況，法規體例之統一化，即為各法治國家所重視。體例統一化之功能，一則可以提高立法效率，減少不必要的立法；二則可以使立法維持一定品質，避免適用的分歧與規範漏洞。

第二節　立法技術所應遵循之法秩序維持原則

壹、概說

　　法律秩序是一種由規範所構成的體系，法本身就是為建立和維護特定秩序才建立起來的，法為秩序提供了預想模式、調節機制和強制保證。立法者如就某一事項新定法律，不僅必須斟酌與其相關的法律，以便在整個法律中確定其地位，同時也必須衡量其所規律的法之內容，以求其與相關的法律配合，使之能與法的整體結構相配合，而藉著法律體系的整體作用以發揮其個體效能。立法者必須遵循法秩序，維持原則，始能克竟其功。為使法秩序能夠維持，立法者應注意遵守之原則，如下說明。

貳、遵守立法裁量界限原則

一、立法裁量之意義

　　立法裁量，並非實定法的用語，而是違憲審查實務所發展出來的概念，指關於制定如何內容之法律，立法者在不逾越憲法規定及司法院所為憲法解釋之前提下，有相當廣泛之自由形成空間，即自可盱衡各方利益，

反映各方意見，經自由判斷或選擇後採取一定的立場。其與立法政策之區別，在於立法政策係一種方針或目的的選擇，而立法裁量是手段或技術的選擇。

二、立法裁量之界限

立法裁量之界限，依下列之類型而定：

（一）無立法裁量者

此種類型的事項，在憲法上都以明白而不容解釋之文字而有所規定，立法者必為一定之規定，應不容立法為相異之規定，例如總統、司法院大法官、立法、監察及考試委員任期之規定等。

（二）狹小的立法裁量者

憲法上雖容許立法基於各種情事之考慮而為裁量，但憲法仍有明文規定立法受有一定之限制者，亦即只有極嚴格之條件下，始有之。此種情形在我國憲法上多屬有關基本權之事項，尤其是在精神自由方面之規制，例如憲法第23條，立法者之任務是在基本權與其他法益有衝突時作利益之衡量，但同受憲法上價值體系之拘束，立法者為利益之衡量時，僅有較小的選擇餘地。

（三）廣泛的立法裁量者

此種類型之立法裁量，憲法不但未表示其限制，且往往直接授權立法，如「以法律定之」、「依法」之規定。此外，中央法規標準法第5條亦明定，應以法律規定之事項為：1.憲法或法律有明文規定，應以法律定之者；2.關於人民之權利、義務者；3.關於國家各機關之組織者；4.其他重要事項之應以法律定之者。此均屬法律保留之範圍，立法者有較廣泛之裁量權。

參、所管事項原則

一、所管事項原則之概念

　　國家或地方自治團體設置各種機關賦予其職權，以推動行政事務，為避免事權重疊、權責不明，故組織法及作用法就主管機關職權範圍內所掌管之事項應為明確之規定。包括：事務分工、管轄區域等。如此則各種機關乃能合法代表國家或地方自治團體行使公法權力，貫徹政務的實施。

二、法律授權管轄事項之標準

　　法律對於各機關職權之授予，大致取決於三個標準：

　　（一）**事務種類**：在行政專業化的趨勢下，各機關管轄的業務多僅限於一類或一系列相關業務，如此則對特定機關職權的授予，自以按事務種類區分較為適宜，如經濟、教育、交通等行政，甚至更進一步細分為工業、農業、國民教育、職業教育、航空、鐵路等業務。

　　（二）**管轄區域**：國家機關的分支機構或地方行政機關均有其管轄區域，則對此等機關職權的授予，即須以管轄區域為標準。

　　（三）**行政客體**：行政機關職權的行使，均有其對象，亦即行政客體；故對行政機關職權的授予，自可採用客體的標準。例如兵役機關以役男為對象、教育機關以教師及學生為對象、農業機關以農民為對象等均是。以此種標準所授予的職權，即為行政機關對行政客體的管轄權。

肆、條約效力優先原則

一、條約之意義

　　憲法所稱之條約，係指中華民國與其他國家或國際組織所締結之國際書面協定，包括用條約或公約之名稱，或用協定（包括具有條約性質之協定、協約、公約、宣言、規約、決定書）等名稱，而其內容直接涉及國家重要事項或人民之權利義務，且具有法律上效力者而言。

二、條約與國內法適用之優先順序

關於條約在國內法上之效力，大多數國家均承認條約原則上具有國內法上之效力，且其效力應高於法律，或與法律之效力相同。

條約在我國既視為與「法律」具同等效力，則如條約之內容與法律之規定相牴觸時，其適用之優先順序為何？從憲法第141條規定之精神以觀，條約與法律有所牴觸時，原則上似宜以條約之效力為優先。

三、條約送立法院審議

名稱為條約、公約，或用協定等名稱而附有批准條款者，當然應送立法院審議，其餘國際書面協定，除經法律授權或事先經立法院同意簽訂，或其內容與國內法律相同者外，亦應送立法院審議（司法院大法官釋字第329號解釋）。

伍、後法優先原則

一、後法優先原則之概念

後法優於前法，亦稱新法優於舊法原則，即關於同一事項，如有兩種規定不同的法律存在，則於國家意思的統一，殊有妨礙，此兩種法律不能同時並存、同時適用，必須選擇其中的一種以為適用。其選擇的標準，即以該兩種法律公布施行時間的先後為標準，其公布施行的時間在後者，為國家以後所決定的意思，而推定為已更改以前所決定的意思，此時則適用後出的新法，而前法失其效力。

二、採用後法優先原則之作用

（一）適應情勢變遷

社會客觀情勢發生變遷，則法規內容即應隨之而變遷，否則即與社會脫節，而失其存在的價值。至於適應社會變遷的方式，包括制定新法與修

正舊法，而所制定的新法，既能反映社會新的情勢與需要，自應優於舊法而先行適用，舊法亦將因有新法取代而被淘汰。

（二）避免修正或廢止法律手續

如前述所言，國家法制適應社會變遷的方式，包括制定新法與修正舊法兩種，採取其中之一即可達到目的，而以制定新法較為澈底。新法制定施行後，既可取代舊法，則即不必再行修正舊法；舊法既因不獲繼續適用，而遭受淘汰，亦即等於無形中歸於廢止。

（三）促進法律進步

在制定新法取代舊法時，必將參考舊法內容，改正其缺失，並吸收新的法理思想與政策指示，使新法具備較舊法更為妥善完備的內容，在實質上優於舊法。故採取此項原則，實有助於法制的革新進步。

（四）解決舊法實施所生問題

舊法在實施過程中，所呈現的各種缺失與問題，既將在新法內容中獲得彌補、矯正與改善，則以新法取代舊法，實不失為解決舊法實施所生問題的有效方式。

陸、特別法優先原則

一、特別法之意義

法律僅適用於特定的人、事、時、地稱為特別法，例如醫師法、公司法、戰時軍律（已廢止）、離島建設條例等。

二、特別法優先原則之概念

特別法有補充或變更普通法之作用，故應優先適用特別法，若特別法無規定時，始得適用普通法。

三、需要制定特別法制定之原因

（一）無論任何一種法律，在制定時，不可能將所有會發生的情事，預先規定無遺，尤其對於特殊情況，為便歸納於適合一般情況的法條內，以割裂其整個立法精神，故須於普通法之外，有另行制定特別法的必要。

（二）對於某種特殊事件，僅在特定期間或特定地區有其存在之必要，若修正平時適用或一般地區適用的普通法，則有牽一髮而動全身之虞，故不如另定特別法，以為暫時的適應，而與普通法並存，則將來若特別法不需要時，即可以廢止，而不影響普通法的存在。

柒、法律不溯及既往原則

一、法律不溯及既往原則之意義

即法律之效力只能適用於公布施行後所發生之事項，而不能溯及於法律實施以前所發生之事項。法律不溯及既往原則，為法律適用的原則，而非立法的原則，立法機關基於國家政策或實際上的需要，仍得制定「溯及既往」的法律，但以不侵害人民的既得權利為原則。

二、目的

法律不溯及既往之目的，主要在保障人民之權利，包括：

（一）**既得權之尊重**：即在舊法之法律關係下所取得之權利，不因新法之公布施行而受到變更或剝奪，仍然要受到新法之尊重。

（二）**信賴之保護**：在舊法時代所為之合法行為，如新法之效力能溯及既往而課罰，非但人民之自由易受侵害，人民亦喪失對法律之信賴。

三、信賴保護原則與法律不溯及既往原則之關係

（一）基於信賴保護原則，原則上禁止負擔性法律、命令或自治法規有溯及既往之效力。亦即對於過去業已終結之事實，禁止事後作成使關係

人更為不利之規定。但如果關係人對於規定內容之信賴，不值得保護，或基於比信賴保護更重要之特殊理由，可公布具有溯及既往效力之法規。

（二）因公益之必要廢止法規或修改內容，致人民客觀上具體表現其因信賴而生之實體法上利益受損害，應採取合理之補救措施，或訂定過渡期間之條款，俾減輕傷害，方符憲法保障人民權利之意旨。

捌、實效性原則

一、概說

所謂法的實效性者，乃指法必屬可行且可有效地被遵守或至少可以強制執行而能發生法所要求之結果而言。如對於人民現實生活上之要求不能達成法的目的，則法根本即無實效可言。因此法的實效性，是對現實社會能確保有效性的拘束狀態為其本質。

二、實效性原則之運用

實效性就是「說到做到」，立法所規範者，未來均能被落實執行之意。因此，立法者於立法時宜以政策取向之釐定者自我期許，凝聚民意，普納建言，縝密評估斟酌該法案相關的周遭環境之需要，於人民負荷或接受程度、政府執行所需之人力、預算及能力所可能到達之範圍而制定法律，反之，對於理論上、理想上、倫理上或過度前瞻之事務，即客觀上當前或可預見之未來確係人民無法遵行及政府力所未逮之事物，應請從寬暫免規定。必要時，應對政府機關授予委任立法權及自由裁量權，俾可便利法規的執行，減少因情勢變遷等因素而須修法的次數。

第三節　立法技術所應遵循之一般法律原則

當草擬法規時，應審慎考量即將成為法規內容的政策，是否適合由法律規制，此外，須從法的意義、特質等觀點，以一般法律原則來建構其內容，使其成為具有規範效果之法制，茲分述如後。

壹、一般法律原則之概念

一、概說

　　法之一般法律原則指不限定於特別之事項，而得普遍適用於各行政行為之法律原則。又稱為「超實證法」、超立法原理或法理，亦即先於實證法而存在之基本法規範，其意義是指超越國會立法之上，而為關於「法律內容應該是什麼」的一種拘束立法者的政治理想，如果我們就法律體系的位階來看，法律在命令之上，憲法在法律之上，而超立法原理或法後規律則是在憲法之上，為整個法律體系之內容是否合乎法治理想之準據，此即違憲審查制度之法理基礎。

二、一般法律原則之功能

　　立法機關被賦予政府之立法工作，其所根據的是為人民之利益或政府之特殊目的。而司法院大法官會議的功能在於宣示正當行為的一般性規律，其所依據的不是利益，而是意見，亦即關於各種行為之正確或錯誤之觀點，因此，其不是成就特殊目的的工具，而在於成就與個人或團體無關的長遠性之規律。換言之，立法機關制定的法律，沒有絕對的效力，倘若牴觸憲法，司法院大法官會議（現改制為憲法法庭）可以宣告其無效。因此立法機關在立法裁量時不得違反憲法及一般法律原則，否則，即有被解釋為違憲的可能。

貳、立法上應注意之一般法律原則

一、依法行政原則

　　在現代民主法治國家權力分立體制下，為達保障人權及增進公共福祉之目的，要求一切國家作用均須具備合法性，此種合法性原則就行政領域而言，即所謂「依法行政原則」，其概念包括法律優位及法律保留二個原則。

（一）法律優位原則

1. 定義

為消極意義之依法行政原則，係指一切行政權之行使，不問其為權力的抑或非權力的作用，均應受現行法律之拘束，不得有違反法律之處置而言。

2. 具體內容

(1) 行政應受憲法直接約束

行政機關依據法規所為之行政作用，應同時受憲法之拘束，不得牴觸憲法。行政不僅應維護形成憲法的基本決定，例如主權在民的基本價值理念，亦應保障基本人權。就後者言，憲法所保障基本人權之規定，具有拘束行政的效力，不僅在高權行政領域有其適用，在國庫行政領域亦有適用，尤應受自由權及平等權之拘束。

(2) 行政應受一般法律原則之拘束

行政在法律規定之範圍內，固得自由行動，惟除應受前述憲法規定的拘束外，也應遵守憲法及行政法上的一般法律原則，例如平等原則、比例原則及誠實信用原則等。此等一般法律原則，已落實於90年1月1日施行之行政程序法中。

(3) 行政應受法律之拘束

行政權之行使，除受憲法的拘束外，也應受法律的拘束。行政機關不僅應受其在組織地位上法律所賦予職務之限制，不得逾越法律權限；而且應受執行特定職務的拘束，亦即負有義務公正執行其職務。例如稅捐之徵收，稅捐徵收機關不僅有權限，且負有義務課徵具備法定課稅要件，而已發生的稅捐，倘無法律根據，即不得為稅捐減免，亦不得與納稅人和解協議，而拋棄稅捐債權，否則其減免處分違法，其和解協議無效。

（二）法律保留原則

1. 意義

亦即積極意義之依法行政原則，指行政權之行動，僅於法律有授權之情形，始得為之。即行政欲為特定之行為，必須有法律之依據。故在法律並無明文規定之領域，雖因活動並未牴觸法律，不致違反法律優位原則，惟因無法律之授權，有可能發生違反法律保留原則之問題。

2. 理論基礎

(1) 侵害保留說

傳統學說認為，對於自由與所有權侵害之行政權的發動，必須以形式法律為根據，亦即法律保留僅限於對自由及財產權之侵害。

(2) 全部保留說

認為依據民主原則，一切國家權力源出於人民全體，所有行政行為，包括給付行政及特別權利關係者，都應受此民主立法者意思之支配與規範。全部保留說不論在現實上，或從憲法所構築的權力分立體系看來，都無法站得住腳。

(3) 重要事項說

認為基於法治國原則及民主原則，不僅應有侵害保留原則之適用，而且給付行政原則上亦應有其適用。亦即於給付行政中，凡涉及人民基本權利之實現與行使，以及涉及公共利益尤其是影響共同生活之「重要基本決定」，應由具有直接民主基礎之國會立法者自行以法律規定之，而不許委諸行政之行為。

(4) 機關功能說

認為重要事項說無法作為界限之基準，因為所謂「重要的概念」乃屬空洞而無內容，於具體爭議應採「符合功能之機關結構」之標準，由於立法程序相較於命令訂定程序，明顯較為正式、嚴謹，且立法機關有寬廣的民意基礎，立法程序擁有較高的民主正當性，因此重要的、原則性事務適合保留予立法者以法律規定之。

3. 大法官揭示之層級化保留

司法院大法官釋字第443號解釋揭示層級化保留原則，其意旨如下：

(1) 第一級：「憲法保留」，憲法第8條之人民身體自由須以憲法規定保障之。

(2) 第二級：「絕對法律保留」，如剝奪人民生命或限制人民身體自由者，以制定法律之方式為之。

(3) 第三級：「相對法律保留」，即涉及人民其他自由權利之限制者，亦應由法律加以規定，如以法律授權主管機關發布命令為補充規定時，其授權應符合具體明確之原則。

(4) 第四級：「不須法律保留」，若僅屬執行法律之細節性、技術性次要事項，則得由主管機關發布命令為必要之規範。

(5) 給付行政：倘涉及公共利益之重大事項者，應有法律或法律授權之命令為依據之必要。

此外，依傳統理論，特別權力關係及行政規則，則為法律保留之例外，即不適用法律保留原則。

4. 行政保留之問題

(1) 否定說

在法律保留原則下，行政機關之組織權、人事權與財政權法規範密度受到法律之限制，行政機關幾無自我決定之空間。例如在中央法規標準法第5條第3款屬於機關之組織須以法律定之，使得行政機關之組織權控制在立法機關，加上預算亦須送立法機關審議。

(2) 肯定說

認為有行政保留之空間，但其領域不大，其理由如下：

A. 從憲法觀察，依憲法第四章至第九章，第35條至第106條分別規定總統至五院之職權，除行政院外，憲法本文皆規定總統與其他四院之職權，憲法增修條文第3條第3項與第4項，也有規定國家機關之職權、設立程序及總員額，得以法律為準則性之規定，行政院雖無列舉之職權，但非屬於總統與其他四院之職權，應屬於行政保留之領域，故有關預算提案

權、文武官員任免權、外交、國防與緊急命令權等屬於行政保留之範圍。

　　B. 依司法院大法官釋字第3號及第175號解釋，我國憲法體系乃是「五權分治，彼此相維」，各權力機關處於平等地位。

　　C. 依司法院大法官釋字第613號解釋所肯認之功能論取向權力分立，揭示權力之相互制衡仍有其界限，除不能牴觸憲法明文規定外，亦不能侵犯各該憲法機關之權力核心領域，或對其他憲法機關權力之行使造成實質妨礙或導致責任政治遭受破壞，故行政保留仍有一定之空間。

二、法律明確性原則

（一）法律明確性原則之意義

　　指法律本身、法規命令、行政處分等之規定，內容必須明白正確，涉及人民權利義務事項時，始有清楚之界限與範圍，對於何者為法律所許可，何者屬於禁止，亦可事先預見及考量，或採有效之法律救濟。

（二）立法技術上應注意之事項

　　1. 基於法安定性原則，乃要求國家權力之行使，尤其是公布法規範時應力求明確。

　　2. 法律若授權行政機關發布「授權命令」，其授權內容、目的、範圍，須具體明確。

　　3. 法律若以抽象概念表示者，其意義非難以理解，且為一般受規範者所得預見，並可經由司法審查加以確認者。

　　4. 立法上適當運用不確定法律概念或概括條款而為相應之規定時，應先盡列舉之責，再輔以概括規定。

三、平等原則

（一）平等原則之意義

　　所謂「平等原則」，指法律及命令之前平等，基於人性尊嚴的尊重，相同事件應予平等對待，不同事件則為不同之處理，除有合理正當之事由外，否則不得為差別待遇。

（二）平等原則具體實踐所涉及之原則

1. 禁止恣意原則

所謂禁止恣意，與「欠缺合理、充分的實質上理由」同義。

禁止恣意原則對立法行為之要求，其主要目的即是針對「立法不平等」之違憲審查而來的，當立法者未審究其事物之本質，而使規範本身相對於被規範之對象具有事實的且明顯的不適當性時，即違反平等原則。

關於判斷恣意之準則有如下三點：

(1) 如果無規則，便構成恣意。

(2) 規則必須合乎實質正義，否則仍係違反平等原則。

(3) 規則一旦建立，便必須被立法者及執行者一致地貫徹，以維持體系內之一貫性。

2. 行政自我約束原則

指行政機關於作成行政行為時，如無正當理由，應受其行政慣例之拘束，否則違反平等原則。行政自我約束應具備下列條件：

(1) 有行政慣例之存在。

(2) 行政慣例本身必須合法。

(3) 必須行政機關享有決定餘地，包括行政裁量、不確定法律概念之判斷餘地、自由行政等範圍。

四、比例原則

（一）比例原則之意義

行政程序法第7條規定：「行政行為，應依下列原則為之：一、採取之方法應有助於目的之達成。二、有多種同樣能達成目的之方法時，應選擇對人民權益損害最少者。三、採取之方法所造成之損害不得與欲達成目的之利益顯失均衡。」

（二）比例原則之內涵

比例原則包括下列三原則：

1. 適當性原則

　　行為必須適合於達成所預期之目的。例如土地法施行法第49條規定：「徵收土地於不妨礙徵收目的之範圍內，應就損失最少之地方為之，並應盡量避免耕地。」「合適」之方法係指可以達成目的之方法。如目的達成後，處分應即停止。例如殺雞通常不足以儆猴，此時殺雞欲以儆猴，即屬不適當之手段。

2. 必要性原則

　　行為不得逾越法律目的之必要範圍。例如司法院大法官釋字第425號解釋：「土地徵收，……規定此項徵收及其程序之法律必須符合必要性原則，並應於相當期限內給予合理之補償……。」「必要」之方法，係指同樣可以達成目的之多數方法中，該方法本身之不利益為最小。又稱最小損害原則，指行政行為不超越實現目的的必要程度，亦即達成目的須採傷害最輕微之手段，而不得逾越必要之程度。例如殺雞用牛刀，則不免於造成雞隻過大之損害。

3. 相當性原則

　　或稱狹義比例性原則，即某一行為縱屬達成法定目的所必要，惟若因該行為所生之不利，與效果之價值不符合比例者，亦不得為該行為。「合比例」之方法，係指該方法之不利益，與達成目的之利益相權衡，不失合理之比例關係，亦即，採取之方法所造成的侵害不得與欲達成目的之利益顯失均衡。又稱合理性原則或期待可能性原則，乃處分不得肇致與其結果顯然不成比例之不利。例如殺雞取卵、以炮擊雀、竭澤而魚，手段與目的顯失均衡。

（三）規定比例原則立法例之類型

1. 明定比例原則於條文中

　　如社會秩序維護法第19條第2項：「勒令歇業或停止營業之裁處，應符合比例原則。」

2. 僅將比例原則之意涵規定於條文中

如自來水法第53條第1項：「前條使用公、私土地，應擇其損害最少之處所及方法為之，如有損害，應按損害之程度予以補償。」

五、誠實信用原則

（一）誠實信用原則之意義

誠信原則為私法上之帝王條款，是法律倫理價值的崇高表現，我國行政法院認為其在公法上當然亦有其適用。行政程序法第8條前段即規定，「行政行為，應以誠實信用之方法為之」基此，在行政法領域，誠實信用原則強調行政機關應遵守對人民的承諾，不可出爾反爾。誠信原則指每個人對其所為承諾之信守，而形成所有人類關係所不可缺之信賴基礎。也就是「在善良思考之行為人間，相對人依公平方式所可以期待之行為」。

（二）誠實信用原則在立法之實踐

行政法規表現誠實信用原則之旨趣者，可謂不勝枚舉，如食品安全衛生管理法第28條、藥事法第68條第4款等，有關禁止從事各該業務活動者為虛偽誇張之宣傳或廣告，即為著例。

六、信賴保護原則

（一）信賴保護原則之意義

「信賴保護原則」係指人民因相信既存之法秩序，而安排其生活或處置其財產，則不能因嗣後法規之制定或修正，而使其遭受不能預見之損害，用以保護人民之既得權，並維護法律尊嚴者而言。指本於法之安定性，政府行政行為須具可預見性和可預測性，俾人民能預先知所遵循，故人民對政府行政行為的外觀產生信賴，有值得保護的信賴基礎，而使人民因而受到之損害有所補償。

（二）信賴保護原則之條件

信賴保護原則之適用通常須符合下列要件：

　　1.**須有信賴基礎**：須有足以引起當事人信賴之國家行為，例如行政處分、行政法規（包括法律、法規命令、解釋性或裁量性行政規則）。所謂信賴表現，指受益人基於對違法行政處分的信任而積極為財產上支出，而作成不能回復或難於回復之財產處置，而期間有因果關係者而言，若僅為單純主觀期待或被動受領給付，而非積極為上開行為者，即難認有信賴表現，不應有信賴保護原則之適用。

　　2.**信賴表現**：指當事人因信賴而展開具體之信賴行為，安排其生活或處置財產，包括運用財產及其他處理行為。

　　3.**信賴值得保護**：人民之信賴係基於善意，即人民誠實、正常，並斟酌公益。

（三）信賴保護原則與過渡條款之關係

　　司法院大法官釋字第525號解釋謂：「行政法規公布施行後，制定或發布法規之機關依法定程序予以修改或廢止時，應兼顧規範對象信賴利益之保護。除法規預先定有施行期間或因情事變遷而停止適用，不生信賴保護問題外，其因公益之必要廢止法規或修改內容致人民客觀上具體表現其因信賴而生之實體法上利益受損害，應採取合理之補救措施，或訂定過渡期間之條款，俾減輕傷害，方符憲法保障人民權利之意旨。」

七、公益原則

（一）公益原則之意義

1.最高行政法院實務見解

　　指「客觀的法規範下」，社會上各個成員事實上利益，經由複雜的交互影響過程，所形成理想的整合狀態。

2.過程論

　　指透過實證化民主程序的過程，可因充分的溝通妥協而獲致一個比較符合多數價值的公益概念，更可強化公益決定的民主正當性。如透過民主程序決定的少數人利益，亦為公益。

（二）公共利益之界定

公共利益的界定以過程論，界定其具體內涵之最佳方法為過程途徑，即透過正當程序進行：

1. 公共對話，即以平等參與和尊重多元性為基本精神。

2. 對於公共利益的具體內涵應該不斷地予以質疑、時時補充和修正。

（三）規定公益原則立法例之類型

1. 明定為原則規定

如政府採購法第6條第1項：「機關辦理採購，應以維護公共利益及公平合理為原則，對廠商不得為無正當理由之差別待遇。」

2. 明定為法律要件之一

如土地法第208條第9款，政府興辦之「以公共利益為目的之事業」得據以徵收私人之土地。

──────────── ✏️ **考古題** ────────────

1. 何謂法律不溯及既往原則，我國立法實務上雖不受其拘束，惟於立法技術上仍應考量哪些因素？（95高考三）

2. 請依中央法規標準法「第四章法規之適用」之規定，舉例說明法規適用之原則及內涵。（99高考三）

3. 集會遊行法第26條規定：「集會遊行之不予許可、限制或命令解散，應公平合理考量人民集會、遊行權利與其他法益間之均衡維護，以適當之方法為之，不得逾越所欲達成目的之必要限度。」請就此規定說明其係何一般法律原則的具體實現？又該法律原則之意義與內涵為何？（100警察特內）

4. 草擬法規時，應注意的一般法律原則為何？試說明之。（101高考三）

5. 「報備制」之意義與機能何在？從立法學之觀點以論，制定法對於人民行為或活動之規制手法採行報備制者，其應有之規範事項為何？試論述之。（101警察特內）

6. 何謂「行政保留」？有論者認為依憲法增修條文第3條第3項「國家機關之職權、設立程序及總員額，得以法律為準則性之規定。」暨第4項「各機關之組織、編制及員額，應依前項法律，基於政策或業務需要決定之。」之規範，已提供行政保留之憲法依據者。是項見解是否妥當？試論述之。（101警察特內）

第一節　法案起草之概念

壹、法案之概念

一、法案之意義

　　法律草案，簡稱為法案，指具有規範效果的法律條文，已經主管機關擬定，而尚未經立法機關審議通過及正式公布施行之公文書，亦即立法建議。

二、法律草案之特質

（一）法律草案是政治溝通之媒介

　　法案關乎人民之權利義務及有關政府機關之權責，故法治國家均將法律草案條文，事先儘量公告周知，廣泛徵求各方面意見，並就某種特殊法案，徵詢該項法案有特殊知識、經驗或技能的專家。

（二）法律草案是國家政策之構想

　　法案即為政策目標之具體規定，法案的創制是由於政策的形成而開始作業的，法案中包括有長期、中期或短期政策，故推行國家政策，為法律案制定之原動力。各相關法規間，必須政策目標一致，互相配合，以免妨礙政策之貫徹實現。

（三）法律草案是解決問題之方案

　　現代政府職能擴充，法治國家均將法案視為解決問題之研究或方案，

亦即為達成立法目的，先期運用集體智慧，以邏輯思維程序，蒐集有關資料，選擇最佳可行方案，釐訂工作方法，分配各級責任之一種準備過程。

貳、法案起草人之責任

一、法案起草人之概念

法案起草人，就是奉命擔任擬定法律或命令草案之公務員。理論上，其係擔任使公共政策轉變成法規形式之「媒介」。一般人常比喻起草人為「社會結構之建築師」或「匯集各目的之架構設計家」。

二、法案起草人在立法技術上應肩負之責任

法案起草人之任務在於確保國家重要政策能夠賦予法律效果，為達成此一任務，在立法技術上應肩負之責任有如下十項：

（一）適時

即審時度勢，把握時機之謂。立法起草應在問題形成而未病入膏肓之時運作，不宜太早也不宜太晚，以免預估錯誤阻礙社會經濟發展。再者，象徵性立法恐怕只是造成某種錯覺，乃至延誤解決問題的時機，故時機成熟時，就需著手起草。

（二）程序正當

指法制作業要以法定制度為準繩，立法要規規矩矩，按部就班，以法定制度為依據，或不與法定制度相牴觸。同時，應避免造成法定制度和體例、法規用語的混亂。

（三）法制調和

法規的種類繁多，且互有位階性、隸屬性及關聯性。必須注意在一定目標下，組成一個井然有序的體系。為使法制調和，法秩序能夠維持，起草人應注意各種法之間的縱向關係、橫向關係、法的內部結構，以及內容和形式等均要協調一致。

（四）符合法實效性

　　法律應兼備妥當性與實效性，始能具有強制力及有效性。實效性極低微的法律，勢必影響法之可預測性。法案起草人不能太過理想主義，方不致草擬出與社會現實脫節的法案。再者，應考慮執法時有無困難，並預先在立法時設法為執法者排除困難。

（五）語言明確

　　原則上，起草法案應注意法律的明確性，儘量採統一及慣用的法規用語，俾法案能非常明白正確地表達其規範之意思，立法如使用抽象概念者，苟其意義非難以理解，且為受規範者所得預見，並可經由司法審查加以確認，仍符合明確性原則。

（六）法條簡潔

　　起草人必須注意法案應儘量符合簡潔原則，文字和條文之使用能省略者應儘量省略，不可累贅重複。此外，草擬中之法律不應就現行法律已有規定之事項，於法案中作不必要之重複規定，以免導致前後之法律互相牴觸，徒增解釋及適用上之困難。

（七）內容易懂

　　立法的直接目的是提供普遍行為準則，所以最佳境界是一般人望文可以生義，而不必事事諮詢有關部門或法律專家。法規不能夠發生作用之原因之一，是人民甚至執法者對於該法規的必要性及目的不瞭解，所以遵守意願不高，因此法案用語應盡可能平易化，使一般人都能很容易瞭解。

（八）人民可接受

　　按法律規範之確切有效與是否為人民所可接受息息相關，畢竟法律恆取向人類社會生活而為規範，自須以合乎人民需要，為人民所可接受為前提。為實現這一立法目的，立法時除必須探求民意，博採周諮，並特別重視法律的目的必須是實際的而不是空想的。

（九）體例統一

體例，指法律結構之型態及擬定之格式，由於現代法律的內容廣泛複雜，致使法條數目日增，有法令多如牛毛之困境，為使一般人民能普遍瞭解與遵循，立法時不得不對法律結構與體系作符合邏輯順序的安排，對法律用語及格式亦不得不作通俗化、標準化之處理。

（十）準備答辯

政策立法往往仁智互見，故草案架構及內容難免具有可爭辯性。立法起草應就立法目的、必要性、適當性、可行性及對產業的衝擊等進行說明，及準備為所引起之疑義問題進行答辯。

參、造成法案起草瑕疵之因素

法案必屬可行且可有效地發生法所要求之結果，但根據一般之經驗，法案起草可能因下列因素而造成瑕疵：

一、先天性障礙

先天性障礙之情形，約可分為以下三種：

（一）對事實之相對無知

即有新事物的發展，為當初起草人所無法預見或對所擬事務之能力有限，而造成未明文規範之現象。

（二）對意旨之相對不確定

即對有些立法事務之意義，無法加以明確之界定，故必須使用不確定之法律概念作法律內容。

（三）語文先天之不確定

法律概念不外是文字之使用，以文字描寫事物本身即具有抽象化的意義。例如財產、公共場所、傷害等，均屬比經驗中的實物更高的抽象階層，難以符合事情全貌。此非立法者之疏忽，而係為任何語言所難免的。

二、法律漏洞

　　法律乃社會之產物，出於人為，不可能完整無缺，故法諺云：「法律難免缺點」。法律漏洞的產生可能是由於立法者思慮不周，或是立法者自覺對擬予規範之案件瞭解不夠，致使應該規定的事項卻漏未規定，不應規定的事項卻加以規定，造成法律之不明確性。法有不明，則法律的灰色模糊空間，也就容易留下特權玩法、弄法，或鑽營法律漏洞的餘地。

三、時間不充足

　　起草人可能遭遇到時間不充足的困難或壓力。因受到輿論、外國壓力或為了配合某種緊急情勢的需要，有時候的確不能夠把草擬的工作拖延得太久，只好在指定的期限內匆匆完成。由於準備工作過於倉促，往往只得廣泛採用保留條款或授權規定，作為交待。殊不知這樣的法規形同虛設，不但無法發揮應有功能，甚至比沒有法規更易製造反作用。

肆、不當立法與其預防

一、不當立法之概念

　　指立法行為在形式上合法，但就實質而言，其程序或內容違反立法意旨或憲法。

二、不當立法之類型

（一）法制不調和之法規

　　立法者如就某一事項新訂法律，不僅必須斟酌與其相關的法律，以便在整個法律中確定其地位，同時也必須衡量其所規範的法之內容，以求其與相關的法律配合，使之能與法的整體結構相配合，而藉著法律體系的整體作用以發揮其個體效能。我國法制不調和之問題，最常見者為子法明顯違反母法或子法明顯超越母法的授權範圍，其例不勝枚舉；其次，由於本

位主義濃厚，法制組織與過程欠缺整合，立法技術又守舊，使得法律體系有些紊亂。

（二）缺乏強制性之法規

　　法律假如沒有強制力為其後盾，自然就無可貫徹性與可強制性可言。換言之，法律的強制性通常是指國家對企圖違法者的一種威懾力或是指國家對已違法者的制裁，當然也可能二者兼具。法律假如沒有強制力為其後盾，則法律就好像沒有彈藥的槍械。

　　我國現行法規中有些屬於禁止或命令行為之規定，顯非福利行政範圍，但立法時過於理想主義或疏忽，而未規範罰則，造成與社會現實脫節之現象。

（三）缺乏實效性之法規

　　法律不只是創制就算了，而要能夠以社會的法來遵守才有意義。勉強創制每個人都不想遵守也不能遵守的法律，由於是與現實社會的活動或每個人的意識相隔絕，不但無法指望每個人遵守，而且法律規定形同具文，法律的執行也不能適正，其結果，人民將對法喪失信賴，極端的時候亦會引起意想不到的弊害。

　　立法者制定缺乏實效性的法規，可能有不同原因。首先，是立法者對於想要解決的問題本身診斷錯誤，或是立法者治療方式錯誤。

三、不當立法之預防

（一）組織起草委員會

　　在起草前，為求周詳規劃按部就班進行起見，宜擬定起草工作計畫。重要法案則宜成立起草委員會，邀請社會上有關之專家學者及其他政府部門主管官員參與，起草委員會負責資料蒐集、提出立法原則、要點，及擬定草案初稿等任務，如此可達集思廣益、分工合作及事半功倍之效。

（二）注意「立法從寬，執法從嚴」之法理

　　立法者於立法時宜以政策取向之釐定者自我期許，凝聚民意，普納建言，縝密評估斟酌該法案相關的周遭環境之需要，於人民負荷或接受程度、政府執行所需之人力、預算及能力所可能到達之範圍內制定法律。反之，對於理論上、理想上、倫理上過度前瞻之事務，即客觀上當前或可預見之未來確係人民無法遵行及政府力所未逮之事務，應請從寬暫免規定。誠如前司法院大法官城仲模教授所闡述：「立法從寬，執法從嚴」，最通俗的語意是：「做得到才說（立法），說了就應該做到（執法）」。必要時應對政府機關授予委任立法權及自由裁量權，俾可便利法規的執行，減少因情勢變遷等因素而須修法的次數。

（三）建立法案聽證制度

　　聽證（hearing）係有關機關為集思廣益，博採周諮，制定合理可行之法律，聽取學者專家、利害關係人或有關團體代表意見之程序。聽證前應明確公告或通知法案名稱及要旨、日期、場所、主持人姓名等事項。聽證進行中對立場不同、觀點有異者，可容許互相辯論，並接受任何書面意見。聽證後，主辦機關如認為難作初步決定時，得再行聽證，根據聽證紀錄所草擬或修正之法案，應說明採納聽證紀錄中意見之理由，若有反對意見而且獲採納時，亦應說明理由，以昭折服。

第二節　法案起草之程序

　　法案起草非一蹴而成，須循序漸進，慎重為之。因之法案起草人自接受「起草指令」起，至完成「被同意的草案」為止，應遵循一定的程序，俾達集思廣益、分工合作及事半功倍之效。茲分述起草步驟如下。

壹、擬定法案起草工作計畫

　　起草工作計畫之擬定，為對起草時間、順序、人力、物力預先作出安排，其內容宜包括以下數項：

一、目的

敘述起草該法案計畫之目的。

二、研擬方式

（一）研擬制定草案，擬分四階段進行

1. 先期作業階段

（1）邀集政府有關機關開會，協商工作分配、資料蒐集，提出立法原則、要點及架構之時間等事項。

（2）就各機關、單位提出之立法原則、要點及架構，再度召開會議，並邀請學者、專家參與，以確定立法原則及要點。

2. 起草作業階段

就確定之立法原則、要點及架構，交由各有關機關、單位，分別起草條文暨說明，限期逕送承辦人員彙整。

3. 草案彙整階段

由起草委員會或起草單位分別指定之參與人員，就各有關機關或單位分別研擬之草案條文予以綜合整理與編排，擬定草案初稿。

4. 草案完成階段

就草案初稿邀集學者、專家、社會各界人士及有關機關或單位代表進行研討修正，完成草案提報行政院。

（二）工作分配：各種分工及人員指派。
（三）立法進度：每一階段預定完成日期。
（四）經費：包括出席費、交通費、加班費等。

貳、法案起草之步驟

法案起草之步驟，在理論上可分為瞭解、分析、設計、擬定、校核等五項。可以說是基礎的作業，但在一般立法實務上，似乎很難嚴格劃分，而是混合或合併地進行，茲分述如下。

一、瞭解

即澈底、完全地瞭解決策之構想、立法目的、立法背景、立法原則及相關之法令、司法判解、各種先例、問題之癥結及當前事實上所遭遇之困難等。其又分瞭解起草指令及進行背景研究二個步驟。

（一）瞭解起草指令

決策者應根據下列五個原則下達指令：

1. 起草指令應區分為立法計畫及背景資料二者。背景資料應使起草人能預見未來情況，及立法計畫中所可能遭遇的事實與問題。

2. 倘立法計畫之主題是專門技術性之問題，則起草指令及附件資料應包含指導起草人如何瞭解該項技術及其專門術語。

3. 應清楚且完全地表明立法之主要目的。

4. 應附帶說明達成主要目的之方法。

5. 應指出現有法制、社會或行政上之實況，及其困難所在。

（二）進行背景研究

起草人一旦接受並瞭解起草指令後，背景研究隨即開展如下：

1. 蒐集有關擬議法案之資料

為認識法制上的事實，組織所要研究的法制問題、認定相關的法律來源、研究發現之問題，及提出解決方案，起草人首先宜蒐集有關擬議法案之資料，包括相關法條、解釋、判例、研究報告、期刊論文等，並仔細閱讀。

2. 把握關係事實進而確定立法事實

一個既存的社會事實與現行法律規範二者間之差距，即為「規範距離」，規範距離愈小，則法律之規範功能愈得以發揮，而該社會事實受法律規制之可能性及有效性愈大。法律事實是以抽象形式存在的，這種行為所羅列的特徵都是某類行為的共同性。亦即，立法事實是概括設定生活事實或事務之特徵或要件。例如，65歲為老人福利或屆齡退休之要件、道路交通安全規則中之各種車行時速限制等。

3.檢視現行法有無規範功能

　　檢視現行法對此有無規範？現有規範與實存問題之間尚有多大的距離？如有規範不彰之現象，究竟是規範本身的問題？抑或可能是執行的問題？如未經正確評估遽下判斷的結果，常常是誤把法律本身的妥當性問題看成是實效不彰，或者反之，致使該修正法律的時候去加強執行，該加強執行的時候卻去研擬修正法律。

4.研究其他替代方案的可能性

　　經過前述步驟之後，仍須考量法律是否為解決問題的唯一且恰當的手段。在多元社會中，國家已不再是規範社會唯一的合法力量，必須破除「法律萬能」的觀念，並研究其他途徑的可能性。例如運用私法自治與自律調節機制，以鼓勵自律公約、建立集體協商、加強社會教育、進行經濟輔助措施或創造更為競爭性市場等，往往比法律更具實效，如以法律貿然介入干涉，有時反而會妨礙社會、經濟制度的自然發展，失去自我調節的契機。

二、分析

（一）分析擬議法案與現行法規之關係

　　分析所起草之法案與現行法律關係，是否有牴觸、重複，或者有修正及廢止之處。如分別適用有關現行法規之規定即可達成政策要求，自無另行立法之必要；如分別修正有關現行法規之若干規定，即可達成政策要求，則無單獨立法必要；如無現行法規可資適用或修正適用而必須另訂新法，亦須一併斟酌與之相關法規，藉以確定彼此間的相互關係，以求縱橫配合，避免分歧牴觸以及重複脫節。

（二）國內外相關法制或理論之分析

　　法律政策的形成，伴隨著法理論的構築，所以與現在法的論理或者法理論不能相差太遠，故要運用這些理論構成新的法律政策。又外國的同種類立法事實之立法例，也可以成為該法律政策擬定的啟示或參考，因此，不論國內外法制、立法例或者法理論的研究，均有助於堅固及補強有關立

法事實的法律政策之形成。

（三）法案衝擊影響評估及性別影響評估

1. 法案衝擊影響評估

所謂法案衝擊影響評估，係針對法規採用的各種替代措施可能對於社會產生的影響，以量化及非量化方式，分析各種替代措施成本與效益。主要目的是用以決定社會資源分配，於法制作業時對於擬定法規草案作事前評估，而非對於已生效執行之法規作事後評估，評斷其執行績效。

實務上，行政院已指令所屬各機關於法案報院審查時，對法案衝擊影響層面及範圍，包括成本、效益及對人權之影響等，應有完整之評估。

2. 性別影響評估

此外，行政院亦要求所屬各機關主管法案報院審查時，皆應填具「性別影響評估檢視表」，以評估該法案之目的是否為落實憲法平等權之規定，消除現行法規及其執行對於不同性別、性傾向或性別認同者所為之不必要差別待遇或予以必要之協助等。

（四）稅式支出評估

1. 所稱稅式支出，指政府為達成經濟或社會目標，利用免稅額、扣除額、稅額扣抵、免稅項目、稅負遞延或優惠稅率等租稅減免方式，補貼特定對象之措施。

2. 業務主管機關研擬稅式支出法規，於研議可行並具效益後，經自行評估每年度稅收損失在新臺幣5,000萬元以上者，應依下列程序辦理：

(1) 會同財政部與行政院主計總處估算稅收損失金額，及研擬財源籌措方式。

(2) 就實施效益量化分析、稅收損失金額及財源籌措方式等詳予研析，並研提評估方案。

(3) 邀集財政部、行政院主計總處、國家發展委員會等相關機關及學者專家，就所研提之評估方案會商，經確認該方案可行後，擬定法規，並依規定發布或將評估方案及擬定之法規循程序送行政院審查。

（五）法律手段的選擇

必須瞭解法律的積極獎勵與消極處罰同樣重要。典型的法律制裁是各種不同形式的處罰或損害賠償，但依據法律採用「積極獎勵」方法，如授權、發給補助金、利息補貼、低息貸款、減免稅捐、津貼等財政金融措施，也能使法律達到促進社會變遷的效果。

三、設計

（一）法案設計之目的

從事法案設計之目的有如下二種：

1. 如何使立法之目的及構想能夠實現：其中包括法案之定名、施行之時間、適用之對象、含義之解釋，及過渡規定等問題。

2. 如何使法案能順利通過付諸實施：其中包括政治歧見之排除、政策紛爭之協調、政治觀點之溝通，以及政治敏感之調適等問題。

（二）法案設計之程序

1. 擬定法案之綱要及列出待解問題

(1) 草擬新法前須擬定綱要，即法案之體系架構、立法原則、要點。必要時，另提出流程圖、系統圖、統計資料表等供審查之參考。

(2) 如有疑義之處，須提出待解問題，將疑義之法條及疑點列出，以便進一步諮詢及研析，盡力解決之。

2. 就待解問題徵詢各界之意見

待解問題應先整合所屬機關、單位及人員之意見。然後徵詢及蒐集與法案內容有利害關係或關注相關議題之機構、團體或人員之意見。

3. 進行立法論證

論證一詞，即論述與證明。立法論證是指立法主體在立法之前就所擬議法案的必要性與可行性進行論述與證明，或者在立法過程中，對立法出現一些具體或爭議問題，主要是立法規範的合理性所作的論證。目前法制作業實務上，係於必要時，諮詢專家學者之意見或召開研討會、公聽會之方式進行論證。

四、擬定

擬定是將綱要中的架構表現為條文形式，並將立法意圖或目的作必要整理及配列適切的用語或表現，此階段又稱之為「狹義的立法技術」。再者，在擬定草案程序中，除主要法案條文外，尚須草擬二個說明：

（一）**總說明**：法案必須制（訂）定之背景、理由，逐條簡要列明其制（訂）定之要點。

（二）**逐條說明**：每一條文及其立法意旨，包括說明制（訂）定之必要性、合理性及參考之立法例、判例等。

五、校核

校核是起草人在草擬法案時，對草案所作之審核與修正。其目的在於修改潤飾、刪除繁冗、彌縫缺漏、調理次序，使體例一致、文句明確，以表達真意。校核可分為如下四種：

（一）點的校核

即針對法案中之重點加以審核，如參考相關立法例、外國立法例、國際條約、司法解釋、判例等之處，宜先重點審核引用文字，或翻譯是否有錯誤。

（二）線的校核

即逐條逐項地審核，又稱為「垂直校核」。這對繁長或複雜的草案是絕對必要的，亦即起草人依一章、一節或者一條徹頭徹尾地整體研究，不因聯想到其他問題，而將注意力分散到另一章、另一節或者另一條上。

（三）面的校核

即每章每節地審核，又稱為「橫面校核」。亦即就每一章或每一條中相同部分互為比較對照，注意每一節或每一條所表示的意義，是否能與其他各節或各條相配合，有無矛盾或者重複的地方。每一條的文句結構、語調及所用術語是否前後一致，這一步工作完成後，再對各條文互相參照，校正其他法律的引用，劃分章節的名稱或符號，是否前後一致。

（四）體的校核

即對整部法案從頭至尾，就其語調及文字整理，加以整體地審核，這種整理審核通稱為「全面校核」。其優點，除了使法律易於查閱和瞭解外，更會使法律的實質前後一致而沒有矛盾之處。

第三節　法案聽證或公聽會

壹、法案聽證或公聽會之重要性

法案關乎人民之權義及政府之權責，故除特殊機密事件，不便事先洩漏或公開外，法治國家均將立法意旨乃至草案條文，事先儘量公告社會，廣泛徵詢各界意見，並就某種特殊性法案，徵詢對該法案具有特殊知識、經驗或技能的專家學者，進行立法論證。此外，由於現代有關經濟、社會的立法既非完全聽任自治，也不宜全賴國家強制，特別需要相關民眾主動配合執行或利用，始克達成政策目的，此時若於制定時即有利害關係人代表參與，嗣後的執行也較易成功。

貳、法案聽證之概念

一、聽證之意義

「聽證」，即政府機關作出決定之前，給予當事人、利害關係人提供意見、提出證據之機會，俾對特定事實進行質證、辯駁之程序。其係淵源於自然正義聽取兩方意見之法理，原僅適用於有關司法權能之行使。

後來，聽證制度用於立法方面，即議會為蒐集或獲得最新資料、制定合理可行之法律、保障人民權益，邀請政府官員、學者專家、當事人與議案有關之關係人或議員同僚到委員會陳述意見，以為委員會審查議案之依據或參考。

二、聽證之種類

（一）正式聽證

指機關於制定法規或作成裁決時，依法律規定應給予聽證之機會，使當事人得以提出證據、反證、對質或詰問證人，然後基於聽證紀錄作成決定之程序。這種正式聽證又被稱為審訊型之聽證、準司法式的聽證、基於證據的聽證、裁決式的聽證、完全的聽證或對造型的聽證等。

我國行政程序法第一章第十節所規定之聽證程序，就是屬於正式聽證。

（二）非正式聽證

指機關制定法規或作成裁決，只須給予當事人口頭或書面陳述意見之機會，以供機關之參考，不須基於紀錄作成決定之程序，此種聽證被稱為辯明型之聽證、準立法式的聽證、陳述的聽證及法規制定的聽證等。

我國若干行政作用法所規定之「公聽會」，例如立法院職權行使法第九章委員會公聽會之舉行，或依文化資產保存法第40條、環境影響評估法第12條、土地徵收條例第10條、都市更新條例第32條、貿易法第8條規定所召開之公聽會，就是屬於非正式聽證。

三、法案聽證之意義

聽證係有關機關為集思廣益、博採周諮、制定合理可行之法律，聽取學者專家、利害關係人或有關團體代表意見之程序。聽證前應明確公告或通知法案名稱及要旨、日期、場所、主持人姓名等事項。聽證進行中對立場不同、觀點有異者，可容許互相辯論，並接受任何書面意見。聽證後，主辦機關如認為難作初步決定時，得再行聽證，根據聽證紀錄所草擬或修正之法案，應說明採納聽證紀錄中意見之理由，若有反對意見而且獲採納時，亦應說明理由，以昭折服。

貳、聽證與公聽會之區別

一、概說

　　我國行政程序法自民國90年正式施行以來，已歷經二十數年，但政府機關依職權舉辦法案聽證的情形，可謂寥寥無幾。究其原因，乃政府相關公務員對行政程序法第一章第十節總則所規範之聽證程序感到過分繁雜，有影響效率之虞，故實務上紛紛改採公聽會方式進行。部分行政作用法，例如環境影響評估法、文化資產保存法、土地徵收條例、都市更新條例、貿易法等，也以公聽會取代聽證。

二、聽證與公聽會之差異

　　聽證與公聽會，是決定者「聽取」（hearing）雙方意見之意，二者雖皆源自民主參與程序，惟其仍有許多相異之處，茲分述如下。

（一）性質不同

　　聽證，得舉行辯論、交叉詰問，並基於紀錄作成決定，具裁決性質；公聽會，僅廣泛聽取專家學者、利害關係人及有關團體或政府代表等意見的程序，僅具諮詢性質。

（二）適用範圍不同

　　依行政程序法規定，僅有行政處分、法規命令及行政計畫等行為得舉行聽證程序，而非一律全面適用於所有行政行為；公聽會則可適用於需要聽取相關當事人、利害關係人或團體、政府代表及專家學者陳述意見之任何行政行為。

（三）關係人不同

　　聽證係相對人為不利益處分時所為的程序；公聽會則係對申請者以外有利害關係人之意見而為者，係盡力性規定，並非考量利害關係人的利益。

（四）程序嚴密不同

聽證係依行政程序法第一章第十節進行的正式程序，包括進行前的期日通知、預告；進行中主持人的權限、當事人的權利；結束後聽證紀錄的內容等，均有明文規定；而公聽會則為一便宜性措施，未受嚴格的程序保障與限制。

（五）效力不同

行政機關於作成應經聽證的行政處分時，應斟酌聽證結果，法規如有特別規定，聽證紀錄將拘束行政機關的裁量權限；反之，公聽會對行政機關並無一定的拘束力，參與者意見僅為決策參考之用。

三、聽證與公聽會之進行程序

行政實務上，聽證與公聽會之進行程序大致如下：

（一）聽證進行之順序

1. 主持人報告：介紹雙方出席人、說明案由與聽證會規則及其他注意事項。

2. 業務單位主管陳述事件要旨。

3. 調查人員提出證據及意見。

4. 當事人及其代理人陳述及答辯。

5. 利害關係人或團體代表陳述意見。

6. 主持人或審議委員詢問出席人員。

7. 交叉詰問（可進行多輪之相互詰問或質證）。

8. 主持人或審議委員再詢問出席人員。

9. 業務單位主管或調查人員最後陳述。

10. 當事人最後陳述。

11. 聽證會結束。（事後參酌聽證紀錄作成決定）。

（二）公聽會進行之順序

1. 主持人報告：介紹出席人、說明案由、說明公聽會規則及其他注意事項（如發言順序及分配時間、不得人身攻擊、他人發言時不得干擾或

提出質詢等）。

　　2. 相關政府機關代表陳述意見。

　　3. 利害關係人或團體代表陳述意見。

　　4. 專家學者依序陳述意見（依報到先後順序發言）。

　　5. 主持人詢問出席人（主持人或主辦單位亦得於出席人發言後當場詢問）。

　　6. 公聽會結束（公聽會談證紀錄作為決策參考）。

✏ 考古題

1. 民國92年12月12日行政院移請立法院覆議公民投票法制定案時，係以一部方式移請覆議致引發爭議。細究其因，乃立法院職權行使法第32條對覆議案適用全部或一部之表達不夠明確所致。因此，在草擬法案時，對於法律措詞必須講求技巧，請分別說明草擬法案時應注意哪些原則。（94高考三）

2. 依行政機關法制作業應注意事項相關規定，法律制定案應撰「總說明」，請分別說明「總說明」之內容及其功能。（95地方特）

3. 起草人在草擬法案時，為免遺漏，仍須加以校核。試分別說明校核的四種方式。（95警察特）

4. 草擬法案時，應擬定「總說明」及條文對照表之「逐條說明」，試述「總說明」及「逐條說明」之主要內容及其功能各為何？（97警察特）

5. 試述法案起草之主要步驟。（98升官等薦）

6. 立法技術之任務，在於確保立法政策能夠賦予法律效果，為達成此一任務，法案起草人在立法技術上應注意哪些原則？（98升官等簡）

7. 何謂不當立法？其預防之法為何？（98警察特）

8. 本（100）年6月8日立法院舉行司法院大法官同意權公聽會，部分學者專家建議同意權行使的程序，宜修法納入聽證相關規範。何謂公聽會？何謂聽證會？兩者區別何在？請分別加以說明。（100高考三）

第一節　法規體例之概念

壹、法規體例之意義

　　法規體例，指法規結構之型態及擬定之格式。法規的形式、法條條文的表現形式、內容排列等，都有一定的形式，各有一定的規則，但是形式規則並不是國家決定，而是從過去的立法實務經驗所累積演進而來的，故法律之體例是有規律可循的。

貳、法規體例之構造形式

　　法規體例之構造形式，包括如下：

一、法規之內部結構

　　指法規規範內部各個組成部分的搭配和排列，包括法規名稱內容編排、附錄、條（項、款）之構造、標點符號。

二、法規之外部形式

　　即法規的外部表現方式，可分成總則、分則（各章規定）、罰則、附則等四個部分說明其基本表現形式。

第二節　法規之內部結構

壹、法規內容結構之分類

　　法規內容結構可依內容繁簡、規範性質、規範構成要素加以分類，茲分述如下：

一、依結構內容繁簡區分

（一）簡單的法規結構

　　指法規結構較簡單，要件較少者而言，通常包括以下要件：1.法律的名稱；2.有關說明和解釋；3.重要的規範內容；4.施行時間。簡單的法律結構條文只有3條至10條之間，條文甚少，故沒有分章、節，如現行法規所定貨幣單位折算新臺幣條例僅3條、監試法（已廢止）僅6條等。

（二）一般的法規結構

　　這是介乎簡單和複雜兩種法規結構之間的一種法規結構。這些法規的結構中，其要件多於簡單結構法規的要件，又少於複雜結構法規的要件，條文數量通常只有10條至30條左右，因法規條文不多，故僅按條文順序排列，不再細分編、章、節，如公務人員考試法、司法院組織法等。

（三）複雜的法規結構

　　這種法規內容相當龐雜，故具有絕大多數法規結構的要件。因法規條文甚多，為便於查閱及參考方便起見，通常分列為編、章、節。此外，這些法規的結構中，名稱一般都帶有「法」字，其中帶有「條例」字樣的只是少數，如民法為我國條文最多的法規，總共1,225條，依其內容性質，區分為五編，編下分30章，各章再分若干節；公司法，全文449條，共分為九章。

二、依規範性質區分

（一）規範性內容

即通常所說的法規規範，它是關於行為的法律要件以及法定行為的法律效果的規定。

（二）非規範性內容

並非關於行為的法律要件及其法律效果的規定，但與法律要件及其效果有附屬關係之規定。如立法依據、目的的說明、名詞的定義、主管機關的指定、關於法律適用範圍、生效或施行時間的規定、關於授權有關機關訂定法規命令或施行細則等之規定。

三、依規範構成要素區分

（一）行為規範

為實現正義等實踐性價值，而必須遵守之行為準則，稱為行為規範。法規規範，不僅是對一定之行為加以禁止或命令而已，並對違反此禁止或命令者，給予一定之制裁以與其他社會規範相區分。因此，一般社會規範如欲成為法規規範，尚須透過組織規範制定，始能發生法律效果。通常民刑法可列為行為規範之範圍。

（二）裁判規範

裁判規範，指對於違反行為規範者，科以制裁之際所適用之裁判基準之謂。蓋法規具有解決紛爭之功能，而解決紛爭之最後手段只有訴之於法院，由法院適用法規以為解決。因此裁判規範係對負有裁判任務之法官而設，通常民刑、行政訴訟有關之法規，可列為裁判規範之範圍。

（三）組織規範

規定國家機關與社會團體之組織結構及其權限之規範，稱為組織規範。欲使國家社會能統一而長久存在，並確保社會生活之圓滿運作，就須有完整之組織規範，以便發揮規範這些社會單位之組織結構的功能。中央法規標準法第5條第3款已明定「關於國家各機關之組織者」應以法律定

之,例如行政院組織法。

貳、法規名稱

從立法技術上言,標題不用標點符號,法規名稱包括法規標題名稱與定名二者,如下:

一、標題名稱

（一）法規標題之功能：顯示法規地位、性質及適用範圍。

  1.法規適用範圍：如全國或直轄市、縣（市）。

  2.法規的內容或調整對象：如所得稅、商標、警察。

  3.效力等級：如法律、法規命令。

（二）法規標題名稱之類型

依立法慣例,法規標題名稱可分概括、列舉二種：

  1.**概括型**：概括名稱如民法、所得稅法、電信法、漁業法等。

  2.**列舉型**：列舉名稱如專門職業及技術人員考試法、槍砲彈藥刀械管制條例、遺產及贈與稅法等。

（三）採用標題名稱類型之原則

法規標題名稱不論概括或列舉,其命名應採用以法律內容的性質和地位相結合之命名法,並必須注意以下三個原則：

  1.**簡潔**：必須注意其內容能正確表現出來,使人能馬上聯想其內容。

  2.**名實相符**：名稱與內容完全配合,俾將來適用上不致發生問題。

  3.**機關名稱使用全稱**：如果指明一個機關時應使用全稱,不宜使用簡縮方法。

以上三個原則,仍以簡潔為第一優先考慮。因概括簡潔名稱如民法、刑法等,經久使用後人民仍能由其名稱聯想到其內容。

二、法律之定名

制（訂）定法規及修正現行法規時，宜就其所定內容之重心，依下列規定定其名稱：

（一）法律

1. 法：屬於全國性、一般性或長期性事項之規定者稱之。如公司法、戶籍法、銀行法、所得稅法。

2. 律：屬於戰時軍事機關之特殊事項之規定者稱之。如民國39年制定之戰時軍律，業於90年10月廢止，其後未見以律命名者。

3. 條例：屬於地區性、專門性、特殊性或臨時性事項之規定者稱之。如貪污治罪條例、姓名條例、警察人員人事條例。

4. 通則：屬於同一類事項共通適用之原則或組織之規定者稱之。如地方稅法通則、財政部各地區國稅局組織通則。

再者，依關稅法第3條第1項後段規定：「海關進口稅則，另經立法程序制定公布之。」故海關進口稅則亦屬法律之位階。

此外，依地方制度法第25條制定之「自治條例」，雖固有「條例」之名，但其僅為地方立法機關所制定，其形式效力低於法律

（二）命令

1. 規程：屬於規定機關組織、處務準據者稱之。如法務部處務規程。

2. 規則：屬於規定應行遵守或應行照辦之事項者稱之。如道路交通安全規則。

3. 細則：屬於規定法律施行之細節性、技術性、程序性事項或就法律另作補充解釋者稱之。如勞動基準法施行細則。

4. 辦法：屬於規定辦理事務之方法、權限或權責者稱之。如勞資爭議調解辦法。

5. 綱要：屬於規定一定原則或要項者稱之。如社區發展工作綱要。

6. 標準：屬於規定一定程度、規格或條件者稱之。如身心障礙者庇護工場設施及人員配置標準（已廢止）。

7. 準則：屬於規定作為之準據、範式或程序者稱之。如地方行政機關組織準則。

參、法規定目次之編排

一、法律目次編排之目的

（一）便於讀者查閱

為圖法規條文的理解與檢索之便利起見，須注重目次之編排，使讀者可以通過視覺輕易地明白法規的基本結構，並直接將注意力投向對其吸引力的章節，而不必通讀每一條的具體內容。

（二）表明立法架構

目次是立法者思路的順序，就是法規條文中一個階段和一個階段的聯繫，也就是法規條文的骨架、脈絡。好的法規條文講求目次安排分明，一般區分為章、節等來配列。

（三）易於立法中的引用

立法起草當中，經常有一種需要，即對一組條文作出與其他部分不同的處理，將這類條文集中一章，便可通過引用章名而實現需要。

二、法規目次編排之原則

根據立法慣例，法規目次編排之原則有如下五項：

（一）法規條文繁多者，常先分章，章下再分節

由於法規條文多寡不一，乃有各種不同型態的法規體例出現。其條文眾多者，內容大體都相當龐雜，為便於查閱及參考方便起見，通常分列為編、章、節、款、目；若條文稀少者，因內容簡單，一般都不分章節。

**（二）法規條文繁多者，常於章下分節，如無分節之必要者，則不必強
為分節**

為適應法條安排之必要，如無分節之必要者，不必分節，如刑法、法
院組織法、勞工保險條例第一章至第三章等。

（三）法規編次、章次、節次、款次或目次之序數不用大寫

亦即中央法規標準法第9條所稱第「某」編、第「某」章、第「某」
節、第「某」款、第「某」目中之「某」，皆應以「一、二、三、四、
五、六、七、八、九、十」之序數表示之，而不得以中文大寫的「壹、
貳、參……」或「甲、乙、丙……」等字樣表示。

（四）章名、節名應符合與條文內容相切合及簡明之原則

**（五）各章條文應有多少，視情況而定，多者可達數十條，少者一條亦
可**

如海商法第八章附則僅有一條文，故若條文性質上與前後數章不相關
聯而屬獨立性質者，必要時未嘗不可以另列一章，惟從體例觀之，此種情
況仍宜儘量避免。

肆、法規內容之編排

一、法規內容編排之概念

法規內容應有適當之編排，不論從實用及學術觀點，皆有其必要性及
重要性。蓋法規之內容結構若能編排妥當，不僅使法規內容能「表達清
楚」，易於瞭解，而且能「便於查閱」，適用方便。故法規起草人等立法
關係者應體認法規之編排，並非僅將各種規定分條分節先後排列就可了
事，而須將法案內容有層次有體系地編組，有作用有順序地排列，密密相
聯，層層相接，猶如金字塔，渾然一體。

二、法規內容編排之基本原則

法規編排之目的，不僅在使全部規定表達清楚，而且使每條每款都能有用，已如前述。因之，編排之原則，非常重要，從事立法工作之專家學者，咸認法規編排，應遵循下列三個基本原則：

（一）秩序之原則

即章、節、條、項、款、目之編排，要有先後的順序，本末輕重應有所分，先本後末，先重後輕。數字的規定或按升冪排列，由小至大，或按降冪排列，由大至小，絕對不可大小相間，次序顛倒。方位的規定，可由南至北，或由北至南，或由東至西，或由西至東，不可亂位錯向，任意排列。時間之規定，應依發生先後，依序排列。

（二）經濟之原則

即章節條文，力求精簡，能省則省，可併則併，贅文宜刪，如「本……如有未盡事宜，得隨時修正之」，「本……之修正與制定程序同」等，皆屬宜刪之贅文。此外，共同適用者宜訂入「總則」，不可分別訂入各章節，以免重複。「準用」或「適用」有關法條之規定，使用合宜，固可節約篇幅，但規定太多，適用時須查閱有關法條，亦浪費時間，有違經濟之原則。

（三）明確之原則

即章節條文之編排明晰確切，以免爾後適用時發生疑誤，如內容性質不同，事項本質有異，削足適履，強其從同，訂於一章一條之內，雖可節省篇幅，但有違明確之旨，亦不足採。

三、法規內容編排之順序

（一）法規之結構

在論及法條的安排順序時，必先理解法規的結構，結構是按文章的思路依層次進行初步劃分的結果。然法規結構常因各種法規的主題或政策觀點不同而有所歧異，但就立法技術而言，通常法規的結構包括下列各項規

定的全部或一部分：

　　1. 標題。

　　2. 一般規定及特別規定。

　　3. 主題事項規定：即立法主旨、宗旨、定義等表現方式。

　　4. 保留條款或除外規定或但書規定。

　　5. 制裁規定或處分規定。

　　6. 委任規定。

　　7. 附屬規定。

　　8. 關於法規本身事項規定——其中常包括施行日期、廢止日期、特別廢止及有關修正規定、過渡條款、適用規定。

　　以上各項除主題事項為各種法規在結構上必須具有的規定外，並非每一法規都必須同時具備全部的規定。蓋主題事項規定，乃每一法規最重要的內涵，如同一篇文章之主旨，若沒有主題事項規定，則為沒有基本內容之法規，自無制定該項法規之必要。因此，主題事項規定，乃每一法律所必須且為最主要的規定。各種法規主題事項的規定，應視該項法規所欲規範之事項或所欲完成之目標而定，此即立法之目的與宗旨所在。

（二）法規內容編排順序之原則

　　1. 普通（一般）規定常置於特別規定之前。

　　2. 重要條款常置於次要條款之前。

　　3. 永久性規定常置於臨時性（暫時性）規定之前。

　　4. 原則性規定常置於細節性規定之前。

　　5. 獎勵性規定常置於懲罰性規定之前。

　　6. 實體性規定常置於程序性規定之前。

　　7. 專門性規定常置於例行性規定之前。

　　8. 關於法規本身事項之規定常置於法規全文之末。

　　9. 法規內容各項規定應力求合乎邏輯的安排，俾易於瞭解便於檢查。

五、罰則條文次序之安排

罰則條文次序之編排，現行行政法並無一致之模式，有刑罰在先罰鍰在後、先罰鍰後刑罰、依強制或禁止規定之條次定其順序，依受罰者之身分定其順序、刑罰與罰鍰混雜規定等五類。為使其模式統一，似宜依其對人民處罰之輕重定其順序，即先刑罰後行政罰鍰，再其次為其他行政罰，刑罰或行政罰鍰規定之順序亦宜先重後輕。

伍、附錄

一、附錄之概念

規定過於繁瑣，無法用條文之型態訂定，或不便於條文中規定者，得以附表、附件、格式、公式、符號或附圖、圖表、圖形等附錄之方式表示，目的在使人簡明易懂，幫助人民更清楚理解法規的內容，能有助於該法規的實施。附錄是說明法規內容的輔助性資料，其並非獨立存在，而係附隨成為法規之一部分，其於法規中的地位、效果與其他條文並無二樣。

二、附表

（一）附表之概念

若把許多事項列記於條文中，將使文章變得繁雜而不易瞭解。因此，將條文中具備同一性質的事項，整理為「表」的形式即可將法條規定變得更簡單而有條理，所以法規中採用附表的情形經常可見。

（二）附表形式之種類

1. 編入於各本條中的表

即法條文中寫為：「依左表之規定」或「依下列規定」，使表成為條文中之一部分，因該表係比較簡單之規定，將之表列於各本條中，可與說明部分相吻合，且更容易使人瞭解，故採用這種方法。如（舊）郵政法第4條第1項：「郵件之資費，依左列規定」，其後分郵件種類、計費標

準、資費基數三欄，分別列出信函、明信片、新聞紙、雜誌、印刷物、盲人文件、小包等之不同計費標準及資費基數。

2. 法條中明示另有附表

將附表置於法規末尾，稱為：「第○條附表」。此種方式係遭遇到表列內容數目較多，範圍較大，為化繁為簡，便於瞭解起見而採用，如警察人員人事條例第22條第1項、第2項規定：「警察人員之俸給，分本俸（年功俸）及加給，均以月計。本俸、年功俸之俸級及俸額，依附表一之規定。」該條例之末即列第22條附表一「警察人員俸表」。

3. 關係二條文以上而切斷並明示有附表，置於法規之末尾

表的範圍非常之大，其內容不只關係到一個條文而是關係到好幾個條文時，只好將表從關係條文中切斷置於法規之末尾，稱為「附表」。如財政收支劃分法第4條規定：「各級政府財政收支之分類，依附表一、附表二之所定。」本法末尾即：附表一「收入分類表」；附表二「支出分類表」〔以下二表均分別就中央、直轄市、縣（市）三類之收入、支出加以表列說明〕。

三、附圖

（一）附圖之概念

由於使用文字書寫表達極困難的事物，而不得不變通直接使用「附圖」、「圖例」、「圖式」加以規範，例如勳章、制服、刀械或實驗裝置等的圖示時用之，通常均置於法規末尾。

（二）附圖用語之種類

1. 附圖

如（舊）警察服制條例第5條規定：「警察制服式樣及應佩帶之標識，依本條例所附警察制服制式說明書。」本條例末尾即為：警察制服制式說明書（警察服制條例第5條附件）。說明書中又規定附圖十九種，如附圖一警察禮服制式圖；附圖二警察常服制式圖；附圖三警察冬季便服制

式圖；附圖四警察夏季甲式便服制式圖……附圖十八警察領車臂章；附圖十九警察胸章。

2.圖例

如槍砲彈藥刀械管制條例第4條第1項第3款規定：「刀械：指武士刀、手杖刀、鴛鴦刀、手指虎、鋼（鐵）鞭、扁鑽、匕首（各如附圖例式）及其他經中央主管機關公告查禁，非供正當使用具有殺傷力之刀械。」本條例末尾即為：圖例(一)：武士刀；圖例(二)：手杖刀；圖例(三)：鴛鴦刀；圖例(四)：手指虎（鐵拳頭）；圖例(五)：鋼（鐵）鞭；圖例(六)：扁鑽；圖例(七)：匕首。

3.圖示

正字標記管理規則第4條規定：「正字標記之圖式為 ⚙ 。前項圖式，其圖樣尺度，由標準專責機關公告之。」

陸、條文構造

條文之構造，包括條、項、款、前後段四者，茲分別說明如後。

一、條

（一）條之概念

法條係一種抽象的社會生活規範，在以適當詞語將須經久實施之事項，賦予一定作為或不作為之效果，俾建立合理之社會秩序。

法條只是組成各種法律規定之成員；而法律規定則又是組成法規範之單位。惟法律規定雖然由法條所組成，甚至於法條雖然由法律概念或用語所組成，但此等法律概念或用語若不組成法條，或法條若不組成法律規定，則無法發揮其規範功能。

（二）一條一文主義

法規都以分條撰寫的形式記載。「條」是法規的基本構成單位，設條之目的是為了準確和迅速地檢索，及有效理解法規最基本的主旨和內容。

如果規範內容太多或不易瞭解時，就分為數個條。亦即，分條時，必須注意「一條一文主義」之原則。

一條一文主義，指一條（項）以一個短句（中心思想）之形式為原則。即一條只宜有一主題，同一個中心思想的內容，應規定在同一條文中，以形成重心，且各條各有獨立的意義或精神，段落分明，使體系完整，脈絡一貫。換言之，「條」是構成法律規定之單元，項僅是隸屬於條下的段落或次層意思，不能脫離全條而獨立存在。立法時儘量用條，減少用項，因項無編序號。

（三）部分修正時使用分枝號碼

條係由第1條開始順序地使用數字取條名。在部分修正時，倘使大幅地調整條次，修正規定就變為複雜，所以對條名均使用分枝號碼，如「第10條之1」、「第10條之2」。前述冠以某條之1、之2等法規條文中，如引述前條法規時，「前條」之含義，指其緊接之前一獨立條文，非指某條前一番號之法規條文，如第10條之5，倘有「前條」字樣，係指「第10條之4」，非指第9條也。

二、項

（一）項之概念

一個內容複雜的「條」有必要依照規定的內容再予區分時，根據每個內容均各個歸納文章，另從別行開始記載。像這樣條中以另行區分的段落叫作「項」。項者只不過是文章的段落，各自的獨立性不強，故不必像條這樣使用分枝號碼。

（二）注意一條一文主義

每一項雖都有其自己的中心思想，但不能脫離全條的中心，項如果離開全條的中心，不能為主題服務，並且互不相關，其結果就不能組合在一起，如果彼此不銜接，前後不連貫，其結果也不能形成一個整體，故各項之間，必須注意銜接自然，環環相扣，前後呼應。

（三）分項方法

1. 逐進分項法

即就法規規範內容，在同一法條中逐進分二項或二項以上排列，惟原則上，若依法律條文內容，可分為二條以上規定者，即不必在一條文中作多項規定。

例如國家賠償法第2條：「本法所稱公務員者，謂依法令從事於公務之人員。公務員於執行職務行使公權力時，因故意或過失不法侵害人民自由或權利者，國家應負損害賠償責任。公務員怠於執行職務，致人民自由或權利遭受損害者亦同。前項情形，公務員有故意或重大過失時，賠償義務機關對之有求償權。」

2. 以次項補充前項法

亦即第2項之規定係補充第1項之不足而設。例如司法院組織法第7條第1項、第2項：「司法院院長綜理院務及監督所屬機關。司法院院長因故不能視事時，由副院長代理其職務。」

三、款

（一）款之概念

款是法條結構中包含於「項」之中，隸屬於項的一種要件或單位，通常在項的內容有二個以上層次時出現。一般認為「款」比項更富獨立性，故認為款要加上分枝號碼，即以「一、二、三……」的數字表示款號。

（二）分款原則

為求分款時能層次分明，條理清晰，款的安排應注意下列之原則：

1. 按照事情發生或發展的次序來安排層次

即依客觀事物、時間先後，或以發展的次序來安排。例如公平交易法第27條第1項：「主管機關依本法調查，得依下列程序進行：一、通知當事人及關係人到場陳述意見。二、通知當事人及關係人提出帳冊、文件及其他必要之資料或證物。三、派員前往當事人及關係人之事務所、營業所

或其他場所為必要之調查。」

2. 按照事物的分類來安排層次

「分類」（division）即按照一定的標準把整體分為若干部分之意，分類時應注意下列規則：

(1) 按同一標準進行： 即同一分類所採用的基礎必須首尾一貫。

(2) 層次必須清楚： 即分類應當有順序，由近及遠，不可跨越分類。

(3) 外延必須互相排斥： 即在同一分類的各類支彼此應是排斥的，不宜部分或全部被包含。

(4) 必須相應相稱： 即分類支的總和應與邏輯全體相等，不可超過整個外延。

(5) 分類的精密程度應適度： 即分類不可太詳細而繁瑣，以免支離破碎，造成法條太長。

3. 按照事物的歸類來安排層次

歸類恰與分類相反，是把事物凡有同一性質的或其他共同點的歸併在一起，使同類相聚。

歸類在分款之立法技術上，可分二種：

(1)法律要件集合之歸類

整個要件均為必備之情形下，將其歸併在同一條規定，如護理人員法第53條規定：「各級護理人員公會之章程，應載明下列事項：一、名稱、區域及會所所在地。二、宗旨、組織、任務或事業。三、會員之入會及出會。四、會員應納之會費及繳納期限。五、……。」

(2)法律效果相同之歸類（同類相聚）

數個法律要件不同，但法律效果相同，可將之歸納在一條，將共同主詞或因式提出，法律要件分款列舉在後，而不必列為數條，如刑法第334條第2項規定：「犯海盜罪而有下列行為之一，處死刑、無期徒刑或十二年以上有期徒刑：一、放火者。二、強制性交者。三、擄人勒贖者。四、使人受重傷者。」

以上各款本可各自成為一條，但為求文字精簡而將之歸類為一條。

4.根據邏輯順序來安排層次

這種層次安排，或為因果，或為條件命題，或由主及次，或從近及遠等，層次之間反映出明顯的邏輯推理關係。其分款方式又分四種，茲分述如下：

(1)擇一分款法

即分款列舉若干辦法或情事，得於其中擇一行之，此又可分為積極的擇一分款法及消極的擇一分款法二種。

A.積極的擇一分款法：係如符合各款要件之一，即得為某行為或取得某資格者。例如懲戒法院組織法第3條規定：「懲戒法院院長應具有下列資格之一：一、曾任司法院大法官、最高法院院長、最高行政法院院長、懲戒法院院長或最高檢察署檢察總長者。二、曾任最高法院法官、行政法院評事、最高行政法院法官、懲戒法院法官、最高檢察署檢察官、高等法院院長、高等行政法院院長、智慧財產法院院長或高等檢察署檢察長合計五年以上者。三、曾任實任法官、實任檢察官十七年以上；或任實任法官、實任檢察官，並任司法行政人員合計十七年以上者。」

B.消極的擇一分款法：係如符合各款規定之一，即不得為某行為或任某職務者。例如社會工作師法第10條第1項：「有下列各款情事之一者，不得發給執業執照；已領取者，撤銷或廢止之：一、經撤銷或廢止社會工作師證書處分。二、經廢止社會工作師執業執照未滿一年。三、有客觀事實認不能執行業務，經直轄市、縣（市）主管機關邀請相關專科醫師、社會工作師及學者專家組成小組認定。四、受監護或輔助宣告，尚未撤銷。」

(2)全備分款法

係指分款所列事項，必須全備，缺一不可，其方式又可分為積極的全備分款法及消極的全備分款法。

A.積極的全備分款法：即須具備各款規定之要件，始得為某行為或取得某資格者。例如水利法第29條第1項：「水權之登記，應由權利人及義務人或其代理人提出左列文件，向主管機關申請之：一、申請書。二、證明登記原因文件或水權狀。三、其他依法應提出之書據圖式。」

B. 消極的全備分款法：如具備各款規定之要件，即不得為某行為或任某職務者。例如專利法第124條：「下列各款，不予設計專利：一、純功能性之物品造形。二、純藝術創作。三、積體電路電路布局及電子電路布局。四、物品妨害公共秩序或善良風俗者。」

(3)平示分款法

即分款所列事項，係屬平行列舉，等量齊觀，其性質既非選擇，亦非全備，乃擇一分款法與全備分款法之綜合。例如公務人員考績法第6條第1項：「年終考績以一百分為滿分，分甲、乙、丙、丁四等，各等分數如左：甲等：八十分以上。乙等：七十分以上，不滿八十分。丙等：六十分以上，不滿七十分。丁等：不滿六十分。」

(4)概括分款法

即就各要件先列舉，惟為免疏漏，並期立法周延完備，乃於最後一款中作一概括性規定。該末款之訂定格式可分為「其他類似之情形」及「授權主管機關指定、公告或依其他法令規定」二種。

例如（舊）勞工安全衛生法第4條：「本法適用於左列各業：一、礦業及土石採取業。二、製造業。三、營造業。四、水電、煤氣業。五、交通運輸業。六、其他經中央主管機關指定之事業。」

四、目

（一）目之概念

「目」是包含於款之中，隸屬於款的一種要件或單位。換言之，「目」出現在款的內容有二個以上層次的情況下。目在一般法律的結構中極少出現，在一個法律條文中，是否要設置目，主要取決於條文內容的分量和複雜程度，當款的內容複雜需要運用目來解決問題時，應當善於運用這一要件。此外，目也要以一定形式來加以處理，即以序數分段的形式表現，即目冠以（一）、（二）、（三）等數字。

例如預算法第54條：「總預算案之審議，如不能依第五十一條期限完成時，各機關預算之執行，依下列規定為之：一、收入部分暫依上年度

標準及實際發生數，覈實收入。二、支出部分：（一）新興資本支出及新增計畫，須俟本年度預算完成審議程序後始得動支。但依第八十八條規定辦理或經立法院同意者，不在此限。（二）前目以外計畫得依已獲授權之原訂計畫或上年度執行數，覈實動支。三、履行其他法定義務收支。四、因應前三款收支調度需要之債務舉借，覈實辦理。」

（二）目之再細分

依法中央法規標準法第8條第2項規定，目再細分者，冠以1、2、3等數字，並稱第某目之1、2、3。此種細分之體例，在立法實務上極為少見。

五、前後段

條或者項的內容，因為不能以一個文章來表達，有必要予以切開，但卻尚不至於另外起一個新的項時，在該條或項之中把法律條文區分切開為好幾個文章者隨處可見。如將法文用標點符號之分號「；」或句號「。」切開為二部分時，前面的稱為「前段」，後面的稱為「後段」。句式為「……（前段）；……（後段）。」

第三節　法規之基本表現形式

壹、法規基本表現形式之概念

法律之外部形式，即法律的外部表現方式，為法律體例之一種。故起草人的重要職責亦應包括所草擬之法案能獲得適當的、科學的外部形式。

至於法律形式與法律內容之關係，主要表現在法律形式依賴於法律內容、服務法律內容，而法律內容則決定法律形式。一般而言，我國法律體例之外部形式，可依總則、分則、罰則、附則等四個部分說明其基本表現形式（style）。

貳、總則

一、總則之概念

　　法律的構成，應先將與該法律全體有關係之一般要件或總括的規定置於最初部分。最近的法律為了容易瞭解其內容，多半區分為章、節等。此時均在第一章設置所謂「總則」之章，把這些基本性、統領性規定集中在一起。

　　立法實務慣例，除了立法依據規定、目的規定或定義規定置於總則外，其他並沒有特別的原則。一般來說，該法規全體共通之原則，或者規制關係該法規全體基本事項之規定係置於總則。譬如適用規定、理念規定、解釋規定、主管機關規定、略稱規定等。

二、總則章中之首條

　　在總則一章之首條，通常都先規定該法律之立法依據或目的，也有一些規定所管事項範圍。

（一）立法依據規定

1. 立法依據規定之概念

　　依立法實務慣例，凡有法源者，在其第1條都將法源列出，即說明其立法依據。立法依據規定之句式為：「本法（條例或通則）依○○法第○條（第○項）制定之。」

2. 說明立法依據之理由

　　(1) 表明其與母法之關係，確定其在法規體系中所處之地位，也就是決定其位階性，一旦發生法規競合，則依上位法優於下位法之原則辦理。

　　(2) 判別其是委任立法抑或職權立法，以決定其法規效力之大小。

　　(3) 可以實施法規之管制，如立法依據不當，或無立法依據，又無實際上之需要，即可不准其制定，以免流於法規泛濫。

(4) 明定法源，可知其與其他現行法規之關係，俾相互配合，不致彼此重複牴觸。

3. 草擬立法依據時應注意事項

(1) 作為立法之依據者，以法律為限。即憲法或法律始可作為立法之依據，而政令、指示、訓辭、文告、立法理由或其他關係文書均不得作為立法依據。

(2) 每一法規只可依循一種法律，不可同時以二種以上之法律作為立法依據，以免無法決定其位階或不生效果。

(3) 起草法案之立法依據時，應明定依某法律某條某項制定之，不可籠統規定依某法律制定之，以免含混而生流弊。

(4) 立法依據要明確得當，不可規定參照某法律之精神制定之。

（二）目的規定

1. 目的規定之概念

目的為一切法律之創造者，為使人民初步瞭解立法精神、宗旨及所依據之法理，法規如無法源可資依據者，通常於其首條標示該法規之目的或宗旨，此皆稱為目的規定。目的規定多為宣示性之概括條款。其句式為「為……（立法目的）……，特制定本法（或本條例）。」以為著筆之始。例如工業團體法第1條：「工業團體，以協調同業關係，增進共同利益並謀劃工業之改良推廣，促進經濟發展為宗旨。」

2. 規定立法目的之理由

(1) 有立法目的，能顯示出法規之精神所在，並藉以證明其合法性。

(2) 作為今後行政司法解釋或論法批判得失之標準。

(3) 使執法者不因情勢變遷，致行為與立法目的背道而馳，或迷失正確方向。

(4) 使手段配合目的，不能偏重手段而犧牲目的。

3.機關組織法之首條僅規定設立目的

　　機關組織法規首條規定於中央行政機關組織基準法制定公布後，不再援引機關設立之法源，而只訂立「機關依據設立目的」。例如文化部組織法第1條：「行政院為辦理全國文化業務，特設文化部。」

（三）所管事項範圍規定

　　即於首條直接列舉本法之所管事項。例如國有財產法第1條：「國有財產之取得、保管、使用、收益及處分，依本法之規定；本法未規定者，適用其他法律。」

三、適用規定

（一）適用規定之概念

　　適用規定，是指適用某一規範的條件、範圍和情況，即在什麼範圍內、什麼情況下適用該規範。再者，為立法時避免重複規定，而明定某種事項逕行適用同樣事項已有之規定，或標示出性質屬於普通法或特別法之事項者，在法條中極為常見。適用規定一般均列在第1條目的規定之後、實體規範之前的條款中。

（二）適用規定之句式

　　適用規定之意旨包括規範適用範圍、表示特別法、表示普通法三者，其句式如下：

1.規範適用範圍者

　　其句式為「適用……規定」或「……不適用之」或「依……規定」。例如行政罰法第1條：「違反行政法上義務而受罰鍰、沒入或其他種類行政罰之處罰時，適用本法。但其他法律有特別規定者，從其規定。」

2.表示特別法之性質者

　　其句式為「本法未規定者，適用其他（或有關）法律之規定。」例如平均地權條例第1條：「平均地權之實施，依本條例之規定；本條例未規定者，適用土地法及其他有關法律之規定。」

3. 表示普通法之性質者

其句式為「……（事項），除法律另（或別）有規定外，適用本法之規定。」例如非訟事件法第1條：「法院管轄之非訟事件，除法律另有規定外，適用本法之規定。」

四、定義規定

（一）定義規定之概念

定義規定，即對專門術語加以界說，又稱「規約定義」，其目的在特定或規約一個詞語的意義。亦即利用立法解釋，使人人對法規之專有名詞或重要術語均能通曉遵行。

（二）需要定義規定之理由

1. 為使名詞的意義確定，避免歧義的混淆，使人不致誤解立法者之意思或立法之本旨。

2. 劃清意義的範圍，將法律條文中的重要名詞給以恰當的意義，既不太寬，亦不太狹，尤其有被人濫用之虞之名詞，更應重新定義。

3. 如有新事物出現，舊有名詞不足以表達真義時，就有作定義規定之必要。

（三）定義規定之種類

1. 名稱性的定義（nominal definition）

又稱為同義詞界說，即用習見之名稱來解釋新創的名稱，以達立法政策上之需要，如兵役法施行法第5條第1項第1款：「所稱在鄉軍人，同於兵役法及本法所稱後備軍人。」

2. 內涵性的定義（connotative definition）

又稱為意合界說或類差界說，乃是揭示概念內涵的邏輯方法，即說明其特性及使人瞭解其意義，其基本句式有下列三種：

(1) 本法（或條例）所稱，謂（或係指……，或指左列……）。

(2) 本法（或條例）用詞定義如下：○○：謂（或指）……。

(3) 稱○○者，謂……。

內涵是特徵的和，特徵是內涵的構成要素，內涵亦是概念之「是此非彼」的根本原因，是概念的內在。亦即找出事物本質屬性。

至於作內涵性定義之基本公式為：「被定義詞：種差＋類名」。被定義詞：是被下定義的事物，在邏輯上屬於下位概念；種差：是被下定義事物與其他同種事物的差別，在邏輯上屬於內涵，也就是特徵或屬性；類名：是被下定義事物所歸屬之類別或大綱，在邏輯屬於上位概念。

例如「稱公務員者，謂依法令從事於公務之人員」，我們首先應找出「公務員」的上位概念，那就是「人員」，然後再從「人員」找出「人員」（公務員）和其他人員（非公務員）的差別，那就是「依法令從事公務」。「依法令從事公務」一方面是「公務員」與其他人員之差別，一方面也是「公務員」的共通屬性，然後將此二者，依前揭公式排列，便是內涵性定義。

3. 外延性的定義（denotative definition）

又稱為列舉例示界說，即對一個名詞，以列舉或例示之方式，指出其範圍，以明其真義，故「包括」主要用於外延性定義。如兵役法第2條：「本法所稱兵役，為軍官役、士官役、士兵役、替代役。」票據法第1條：「本法所稱票據，為匯票、本票及支票。」

（四）名詞定義時應注意之原則

1. 法規中之用詞定義、釋義條文，應盡量放在首章或首節。
2. 避免將「實體規則」（substantive rules）訂於用詞定義之條文中。
3. 定義要滿足目的：下定義時要表示出被定義的主要屬性，否則徒增混淆。
4. 措詞要能使人理解：不能用怪異生僻的名詞，避免用外國的、違反文法或語法的文句。
5. 兩端必須相等：界定端不能寬於或狹於被界定端。
6. 不要循環說明：避免將被界定端之名詞，用入界定端。
7. 不能用曖昧的語詞：避免用比喻、誇張等類修辭法，以求定義意義

明確。

　　8.忌用否定語言：如「民法不是刑法」；「緊急避難行為是阻卻違法的行為」均是否定句，不可以作定義使用。

五、主管機關之規定

（一）主管機關之概念

　　主管機關係指依法規規定負責特定事項（事務業務）之機關。行政法律貴在公權力之有效行使，為避免混淆或模糊規定，致衍生權限爭議，作用法常根據中央與地方權限劃分之原理，對執行本法之主管機關之規定有明確之規定，如在中央為某部；在直轄市為直轄市政府；在縣（市）為縣（市）政府。中央主管機關即成為有權發布授權命令及作行政解釋之機關。

（二）主管機關與目的事業主管機關之區別

　　主管機關，指執行該法之政府機關。而其他政府機關對於特定業務依法有管理或監督權者，則稱為「目的事業主管機關」。所謂目的事業主管機關，現行民法及相關法律並無定義性之規定，司法院曾以院字第442號解釋謂：「許可法人設立之主管官署及許可權屬中央抑或地方官署，除有明文規定者外，應依法人目的事業之性質定之。」所稱「主管官署」乃指目的事業主管機關而言。目的事業主管機關之權責範圍包括：1.設立許可權；2.業務監督權；3.撤銷許可權；4.命令解散權；5.其他監督權。

（三）規定主管機關與目的事業主管機關之樣態

　　1.主管機關與目的事業主管機關兩者分立，相關之法令修（訂）或其他執行管理事項之處理，無須會同辦理者。

　　例如：對於公司之管理，可依「登記」管理與「行為」管理分別定其主管機關。經濟部為公司登記之主管機關，財政部則為銀行業（公司組織者）從事金融業務行為之主管機關，就經濟部立場言，財政部即為目的事業主管機關。並因登記與行為管理，分屬不同領域事項，並無直接牽連關

係。故經濟部得逕行發布公司法相關之子法，無須會同目的事業主管機關
——財政部辦理〔公司行號申請登記資本額查核準則（已廢止）是〕。

2. 主管機關與目的事業主管機關兩者具牽連關係，依其主從關係，
相關法令修（訂）或其他執行、管理，須會同辦理者。例如（舊）促進產
業升級條例第4條第2項規定：「本條例所定事項，涉及各目的事業主管
機關職掌者，由各目的事業主管機關會同相關主管機關辦理。」又如今就
業服務法第48條第2項規定：「前項申請許可、廢止許可及其他有關聘僱
管理之辦法，由中央主管機關會商中央目的事業主管機關定之。」

六、略稱規定

（一）略稱規定之概念

在法規中使用了好幾項的用語，表達過於冗長者，把它適當地省略，
變換為比較短暫簡潔的表達方式更可以簡略法條文。為了這樣的旨趣在法
條文中多以括弧並使用省略用語，如（以下簡稱○○，或以下稱○○）。
略稱中以表示簡稱或表示同義同類、含義地位相當者為限。

（二）使用略稱規定之原則

略稱的方式並無一定的規則，但須符合需要、明確及約定成俗之原
則，亦即需要該略稱能夠容易地聯想到略稱前之用語。例如公務人員保
險法（已廢止）第5條規定：「本保險業務由中央信託局（以下稱承保機
關）辦理，……」又如警察勤務條例第5條：「警察勤務區（以下簡稱警
勤區），為警察勤務基本單位，由員警一人負責。」

參、各章規定

一、概說

（一）各章規定之事項

總則之後、附則之前的各章、節，是該法律本體的各種特別實體要件
及附隨於實體要件而必須踐行之手續或有關技術的規定，學理上稱之為

「分則」，為該法律核心的部分，但立法體例，並不特別地表明「分則」之標題，因法規立法目的千差萬別，內容各式各樣，故在立法技術上僅能依客觀事物之認識或觀點，將有關材料匯集成專章。立法實務上，規範事項包括原則規定、解釋規定、權限規定、責義規定、程序規定、委任規定或保留規定等條文均置於各章規定中。

（二）各章規定之命名

1. 依層次需要加以排列，然後歸納要旨而命其章名。
2. 各章命名時，依簡潔及名實相符原則處理。

二、原則規定

（一）原則規定之概念

又稱為「理念」規定，係指法律未使用具體的事項作為規範內容，僅指出組織上或作用上的一般性準則。即透過原則規定，可以確立各該法體系中，共通適用的法則。因為行政機關享有極大的裁量權，倘有行政理念或政策原則規定，其決定必循正當程序及以民意為依歸，對民權保障必然有利。例如就業服務法第五章「外國人之聘僱與管理」中之第42條：「為保障國民工作權，聘僱外國人工作，不得妨礙本國人之就業機會、勞動條件、國民經濟發展及社會安定。」

（二）原則規定之作用

1. 補結構規範遺漏之功能

原則規定雖多為任務性之概括規定，具有承接規範之功能，因其本於輔助性有補結構規範遺漏之功能，在沒有法律和法規可資遵循的情況下，即要靠原則規定來作為施政依據。

2. 法規解釋與運用之指針

原則規定可以作擴張解釋，必要時可作為行政或司法解釋與運用的指針，故近年來，法規中有關原則規定的法條似有愈來愈多的趨勢。

三、解釋規定

（一）解釋規定之概念

　　所謂解釋規定，乃是對某些法令全體之解釋，運用有關係的基本方針或關於每個具體規定之解釋，給予明確導向的規定之謂。

　　除前述定義規定外，立法者尚於法律條文中就法律規定某種事物的意義，以註解型之方式，闡釋法律之真義所在，並可對其他事物加以間接解釋，或於施行法中規定條文以解釋本法者，均屬於解釋規定。

（二）解釋規定之方式

1. 對某種事項之進一步闡釋者

　　例如：何謂侵權行為，民法上並未明白地直接規定，然民法第184條第1項規定：「因故意或過失，不法侵害他人之權利者，負損害賠償責任。故意以背於善良風俗之方法，加損害於他人者亦同。」則凡因故意或過失，不法侵害他人的權利，或故意以背於善良風俗的方法，加損害於他人，均是侵權行為。

2. 施行法中解釋本法事項，以為補充者

　　例如民法第30條規定：「法人非向主管機關登記，不得成立。」所謂「主管機關」的意義，則於民法總則施行法第10條第1項「依民法總則規定法人之登記，其主管機關為該法人事務所所在地之法院」的規定，以解釋之。

3. 對行政機關行使檢查等權限範圍作限制者

　　日韓有線電視法律都設有關於行政檢查權之規定，但多半都於規定檢查權限之同時，也規定不得解釋為犯罪搜索權。民國82年有線電視法第68條第1項亦規定：「主管機關得指派人員，攜帶證明文件，對有線電視系統實施檢查，並得要求系統經營者，就其設施之狀況及必要事項提出報告及提供相關資料。」而第2項則規定：「前項檢查權不得解釋為犯罪搜索權。」

四、權限規定

由於每一法律均有其特殊性目的，故主管機關之權限規定具有多樣化，如就行政介入現代經濟活動所採取之職權而言，有如下幾種立法內容：

（一）權力的手段

包括下命及禁止、許可、特許、認可、確認等行政處分。

（二）非權力的手段

首先係國家或公共團體所為之補助金之交付、融資、債務保證、利息補貼等資金補助行政，可以契約方式或準用行政處分方式完成手續；其次，乃期待相對人任意協力之行政指導，包括獎勵、輔導、指示、資訊提供、建議及促請注意等。

（三）行政調查

為政府蒐集資訊及知之必要，有些行政法律賦予主管機關有派員至有關場所實施行政檢查，或查閱有關報表資料之權，有些甚至有行政傳喚權，如社會秩序維護法第41條、稅捐稽徵法第30條等。

五、責義規定

（一）責義規定之概念

責義規定即責任義務規定之簡稱，乃為實現立法目的或理念規定而課予政府、地方自治團體、公務員、公共團體、事業經營者或國民等所應肩負之責任或義務，此種責義規定與理念規定之寫法類似，多為宣示性之概括條款，並無固定之句式。

（二）訓示規定

如係對執行公務員的一種教導或指示規定，而無附帶處罰規定者，實務上又稱之為「訓示規定」，如有逾越，該公務員雖負有行政責任，但對該法律行為並不生無效、撤銷之效果。此種句式大體帶有強制意味之指示作用，如「應」、「須」、「不得」等，以表示「當為」、「應為」或

「禁止」的訓示意義。

（三）責義規定之樣態

此外，責義規定有些在總則中規定，有些則列在各章規定中，全視立法需要而定。

1. 政府、公私團體之責義規定

例如（舊）兒童福利法第3條第2項：「各級政府及有關公私立機構、團體應協助兒童之父母、養父母或監護人，維護兒童身心健康與促進正常發展，對於需要指導、管教、保護、身心矯治及身心障礙重建之兒童，應提供社會服務及措施。」

2. 公務員之責義規定

例如刑事訴訟法第311條：「行獨任審判之案件宣示判決，應自辯論終結之日起二星期內為之；行合議審判者，應於三星期內為之。但案情繁雜或有特殊情形者，不在此限。」公務員服務法第8條：「公務員執行職務，應力求切實，不得畏難規避，互相推諉或無故稽延。」

3. 國民之責義規定

例如文化資產保存法第21條第1項前段：「古蹟、歷史建築、紀念建築及聚落建築群由所有人、使用人或管理人管理維護。」（舊）兒童福利法第3條第1項：「父母、養父母或監護人對其兒童應負保育之責任。」

六、程序規定

（一）程序規定之概念

程序規定即規定有關權利義務手續的法條，實體規定是目的，程序規定是手段，而行為之合法性必須以無損於目的之合理手段去實現，故程序規定具有穩定性與可預測性的提供、決策的合法化、權責的區分、衝突的減少及權利的保障等功能，因此又稱之為行政條款。

（二）程序規定之基本事項

程序規定應注意人民權利之保障，其基本規定應包括下列事項：

1. **申請書**：應載明事項及應檢送之資料或證明文件。

2. **申請期限**：如可補正時應通知補正之期限。

3. **審查期限**：審查基本日數，遇有延長理由，最長不超過之日數。

4. **審查人員之迴避**：應行迴避之事由、聲明迴避之程序。

5. **處理方式及原則**：受理機關依立法目的設定處理方式及原則，作為審查之依據。

6. **不服之救濟**：如聲明異議、提出復審或覆議之期限。

七、委任規定

（一）委任規定之概念

委任規定乃由委任立法而來，而委任立法係制憲機關或立法機關對於某些事項，不詳為規定而由各機關依據憲法或法律之特別委任，制定法規，即為委任立法。

（二）委任立法之種類

從廣義而言，委任立法可分為憲法的委任立法與法律的委任立法二種，如下：

1. 憲法對立法機關的委任立法

即憲法中規定某某事項以法律定之，如憲法第46條：「總統、副總統之選舉，以法律定之。」此外，憲法第61條、第76條、第89條、第106條亦均為委任規定的法條句式，即授權立法院制定有關行政、立法、考試及監察各院的組織法。除前揭之句式「○○事項，以法律定之」外，尚有以下二種：(1)「○○法另定之」；(2)「○○事項，另以法律定之」。前述「另定之」，即對於某事項另為制定條款之意。

2. 法律對行政機關的委任立法

此種委任規定，係以「某某事項以命令定之」或「某某事項由○○機關定之」之法條句式加以規定。因係基於法律明文授權，故在法律關係上，立法機關所制定的法律是母法，行政機關據以訂定之命令為子法，子

法之規定不得與母法相牴觸。

（三）授權命令之原則

根據法學原理，立法機關授權行政機關發布命令時，應遵守下列之限制原則：

1. 不得轉委任原則

法諺云：「受委任者不得再委任」，即經立法機關以法律授權特定行政機關之後，該特定機關再轉授予其他下級機關者，即所謂「再委任立法」，原則上應予禁止，以免輾轉相授，無從監督。

2. 不得委任創設罪刑原則

立法機關不得授權行政機關以委任命令創設罪刑，乃罪刑法定原則之當然結果。法制上之「概括條款」，不論係「空白條款」或「彈性條款」，雖非不得作為立法機關授權法之指示條文，但行政機關根據該條文發布處罰性質之授權命令，則為法令所不許。

3. 授權內容、目的及範圍應具體明確原則

法律授權以命令為補充規定者，授權之目的、內容及範圍，應具體明確。授權明確性要求乃指法律本身必須表明哪一個特定問題應由行政機關以命令規範之（內容）、行政機關僅能在何種界限內自主決定命令的內容（範圍），以及行政命令所應追求的目標（目的）。典型句式為：「前項……、……（事項框架）及其他應遵行事項之辦法，由○○機關定之」。

八、保留規定

（一）保留規定之概念

保留規定，又稱之為「保留條款」（Saving Clause），原為外國立法之術語，大多用於國際間之條約及商業上之契約，其用意在於條約或契約之履行，常繫於保留條款中所規定的條件。此種法條句式之作用，係在法律上一方面授予權利或承認某項行為；另一方面又規定倘發生某種情

事，則所授予之權利歸於消滅，或所認許之行為予以撤銷。

（二）保留規定之立法例

依商標法第33條第1項規定：「商標自註冊公告當日起，由權利人取得商標權，商標權期間為十年。」

又依同法（舊）第31條規定：「商標註冊後有左列情事之一者，商標主管機關應依職權或據利害關係人申請撤銷商標專用權：一、自行變換或加附記，致與他人使用於同一商品或同類商品之註冊商標構成近似而使用者。二、無正當事由迄未使用或繼續停止使用已滿三年者。但有聯合商標使用於同一商品，或商標授權之使用人有使用且提出使用證明者，不在此限。」

後者即具保留條款性質。

肆、罰則

一、罰則之概念

法律是一種具有「可貫徹性」與「可強制性」的行為規範，任何具有禁止或命令行為內容的法規，均須設有制裁法條，以作為違犯禁止或命令行為規定時的公權力制裁依據，透過這些法律手段的公權力制裁而樹立禁止規範或命令行為規定不容違犯的權威，建立並維繫社會共同生活所必需的法律秩序。此種制裁，於立法體例上統稱之為「罰則」。

二、罰則之立法樣態

就立法形式而言，行政法律大多以不完全法條之方式呈現，即先以某種條文，規定應為或不得為某種行為，其後另定一「罰則」章或「獎懲」章以規定處罰條文。如該法律並無罰則章或獎懲章者，亦多另行在該法之後半部以專條方式規定處罰。至於罰則之樣態如下：

（一）獨立科處財產罰

1. 罰金、罰鍰、罰款。

2. 加徵滯納金、追繳滯納金、加徵滯報費、加徵怠報金、加徵短估金、加收違約金、繳納違約金、加徵荒地稅、加徵空地稅。

3. 責令補償、責令賠償、賠償。

（二）管制措施與罰鍰併科

1. 禁止工作，併處罰鍰。

2. 停工，併處罰鍰。

3. 停止業務，併處罰鍰。

三、行政罰之種類

行政罰應兼具裁罰性及不利處分二要件，與預防性之不利處分、保全措施，雖屬不利處分，但不具裁罰性不同。依行政罰法之規定，其種類如下：

（一）拘留

人身自由罰，僅規定於社會秩序維護法。

（二）罰鍰

金錢罰。

（三）沒入

處置物品之處罰。

（四）其他裁罰性之不利處分

又分如下四種：

1. 限制或禁止行為之處分

限制或停止營業、禁止行駛、命令停工等。

2. 剝奪或消滅資格、權利之處分

命令歇業、命令解散、吊銷證照等。

3. 對名譽之處分

公布姓名或名稱、公布照片或其他類似之處分。

4. 警告性處分

警告、告誡、記點、記次、講習、輔導教育等。

四、不具裁罰性之不利處分

行政處分之內容為除去違法狀態或停止違法行為，或屬預防性不利處分、保全措施或行政執行方法者，皆不具裁罰性，例如：（一）有害人體健康物品之停止販售、回收改正；（二）欠稅者之限制出境；（三）不當利得之追繳；（四）違法狀態之限期改善；（五）有關直接、間接強制或即時強制之規定。不具裁罰性之不利處分，與罰鍰為行政制裁性質不同，無行政罰法之適用，現行立法例如下：

（一）區域計畫法第21條第1項之「限期令其變更使用、停止使用或拆除其地上物恢復原狀」為命除去違法狀態或停止違法行為之處分；電子遊戲場業管理條例第25條之「命其限期改善」等是。

（二）證券交易法第59條第1項之「證券商自受領證券業務特許執照，……於三個月內未開始營業……主管機關得撤銷其特許或許可」；石油管理法第41條之「廢止其經營許可執照」等，均係因相對人「未符合法規之要件」所致之撤銷或廢止，故非屬行政罰。

（三）稅捐稽徵法第24條之限制納稅義務人之財產不得移轉或設定他項權利，為行政保全措施不屬裁罰性不利處分。

（四）其他：行政契約之不履行，或行政處分附款性質之保證金事項，處「保證金不予發還」亦屬之。

五、罰金罰鍰數額之型態

（一）固定數額型

固定數額型又可分為設上下限規定及不設下限規定二種：

1. 設上下限規定者：罰金在16種法律中設有上下限規定者僅有6種，

且其上限與下限之間並無一定之比例，而罰鍰在150種法律中有上下限規定者居多數，而上下限係數之差距類型多達18類，差距最多者之上限為下限之40倍，最少者為2倍，但以5至10倍者為常。

2. 不設下限規定者：罰金不設下限者居多，罰鍰無下限規定者較少。

（二）浮動數額型

1. 設上下限規定者

浮動數額之倍數除設有最高限制外，並定有最低限制者，例如（舊）森林法第52條第1項規定：「竊取森林主、副產物，而有左列情形之一者，處六月以上五年以下有期徒刑，併科贓額二倍以上五倍以下罰金。」故贓額2倍為其下限，5倍則為上限。

2. 不設下限規定者

僅規定浮動數額計算之最高度者，例如建築法第86條規定，非經申請許可發給執照，擅自建造或使用者，處以建築物造價千分之五十以下罰鍰。

六、法律規定罰鍰應遵行之原則

（一）罰鍰上、下限應有固定倍數。

（二）罰鍰額度應與其他相關法律衡平及配合。

（三）應審酌違反行政法上義務行為應受責難程度、所生影響及因違反行政法上義務所得之利益，並得考量受處罰者之資力。

（四）違反行政法上義務之可非難程度較低者，應儘量考慮訂定最高額之罰鍰，如「新臺幣3,000元以下之罰鍰」，俾使行為人於違犯情節輕微時，得由行政機關審酌具體情形，不予處罰，並改以糾正或勸導措施，導正人民行為。

七、行政刑罰或行政秩序罰併列之立法

一行為同時觸犯刑事法律及違反行政法上義務規定者，依刑事法律處

罰之；惟各機關如認為刑罰過重、失衡或有其他不合時宜情事時，應適時檢討有無將此刑罰除罪化，僅處以行政罰之可能性。現行二者併列之立法例如下：

（一）對於違反行政法上之義務，先處以行政秩序罰，倘行為人仍不履行其義務時，則另處以行政刑罰

例如建築法第85條：「違反第十三條或第十四條之規定，擅自承攬建築物之設計、監造或承造業務者，勒令其停止業務，並處以六千元以上三萬元以下罰鍰；其不遵從而繼續營業者，處一年以下有期徒刑、拘役或科或併科三萬元以下罰金。」

（二）對於違反行政法上之義務者，依情節輕重，分別處行政秩序罰與行政刑罰

例如空氣污染防制法第68條：「違反第三十一條第二項所定辦法有關製造、販賣或使用之許可、記錄、申報及管理事項之規定者，處新臺幣十萬元以上二百萬元以下罰鍰，並通知限期補正或申報，屆期仍未遵行者，按次處罰；情節重大者，得令其停工或停業，必要時，並得廢止其販賣或使用許可或勒令歇業。」第52條：「違反第三十一條第二項所定辦法中有關輸入或輸出限制規定者，處六月以上五年以下有期徒刑，得併科新臺幣三十萬元以上一百五十萬元以下罰金。」

八、處罰法人之規定

（一）處罰法人之概念

經濟發達之結果，使法人已成為現代社會經濟活動之主角，其活動深深影響每個人之生活，如法人之業務行為人違法，僅處罰該行為人，則無法有效防止違法行為之產生，致使法人獲取非法利益，具有鼓勵作用，易造成脫法行為，不能達到法律所欲取締、處罰之目的。基於社會責任之觀點，為防範行為人於推展法人業務時發生違法行為，使法人負管理監督之責，有對法人一併處罰之必要。

（二）處罰法人之型態

1. 轉嫁規定

稱轉嫁規定者，亦稱轉嫁法則或代罰法則，係指行為人於為某特定行為後，或某特定事實發生後，不由真實行為人負其責任，而由行為人以外之人代為承受其行為責任，而受其處罰之謂。故其實質屬於行為主體或犯罪主體與受罰主體或承擔主體分離關係，自不以故意過失為其要件。此種情形在實質上約有兩種：

(1)正向轉嫁

由法人或非法人之團體轉嫁予自然人。例如證券交易法第179條規定，法人違反本法之規定者，依本章各條之規定處罰其為行為之負責人；銀行法第125條第3項規定：「法人犯前二項之罪者，處罰其行為負責人。」

(2)逆向轉嫁

由自然人轉嫁予非自然人。例如勞動檢查法第35條規定，工廠無故拒絕勞動檢查員進廠檢查者，處新臺幣3萬元以上15萬元以下罰鍰。蓋當此場合，實際拒絕勞動檢查員進廠檢查者，為自然人而非工廠本身也。其他立法例尚有職業安全衛生法第43條第4款、礦場安全法第45條等。

2. 兩罰規定

法人之代表人或負責人於從事法人業務，而違反行政法上之義務時，除處罰行為人之外，亦同時處罰法人，故稱為兩罰制。例如勞動基準法第81條第1項：「法人之代表人、法人或自然人之代理人、受僱人或其他從業人員，因執行業務違反本法規定，除依本章規定處罰行為人外，對該法人或自然人並應處以各該條所定之罰金或罰鍰。但法人之代表人或自然人對於違反之發生，已盡力為防止行為者，不在此限。」政府採購法第92條亦有類似之立法例。

此外，行政罰法第15條亦有私法人之代表權人併同處罰之普通法規定，如下：

(1) 私法人之董事或其他有代表權之人，因執行其職務或為私法人之

利益為行為，致使私法人違反行政法上義務應受處罰者，該行為人如有故意或重大過失時，除法律或自治條例另有規定外，應並受同一規定罰鍰之處罰。

(2) 私法人之職員、受僱人或從業人員，因執行其職務或為私法人之利益為行為，致使私法人違反行政法上義務應受處罰者，私法人之董事或其他有代表權之人，如對該行政法上義務之違反，因故意或重大過失，未盡其防止義務時，除法律或自治條例另有規定外，應並受同一規定罰鍰之處罰。

3. 主體擴張

稱主體擴張者，即處罰主體之法律性、擬制性張展，係指在對一定之人之應負義務的處罰規定，既直接地、逕行地適用於某特定主體之謂，既不悉同於轉嫁規則，亦有殊於兩罰規定之情形者而言。例如稅捐稽徵法第47條第1項規定：「本法關於納稅義務人、扣繳義務人及代徵人應處刑罰之規定，於下列之人適用之：一、公司法規定之公司負責人。二、有限合夥法規定之有限合夥負責人。三、民法或其他法律規定對外代表法人之董事或理事。四、商業登記法規定之商業負責人。五、其他非法人團體之代表人或管理人。」

九、行政罰中之連續處罰

（一）連續處罰之概念

即針對違法狀態不改善之行為，企圖藉由不斷增加之處罰，達到逼使行為人改善之目的。

（二）連續處罰之類型

現行連續處罰之立法例，約略可歸納如下六類：

1. 連續處罰

消防法第42條：「第十五條所定公共危險物品及可燃性高壓氣體之製造、儲存或處理場所……，未符合安全管理規定者，處其管理權人或行

為人新臺幣二萬元以上三十萬元以下罰鍰；經處罰鍰後仍不改善者，得連續處罰，並得予以三十日以下停業或停止其使用之處分。」

2. 按日連續處罰

（舊）水污染防治法第43條：「事業或污水下水道系統違反依第九條第二項所定之總量管制方式者，處新台幣三萬元以上三十萬元以下罰鍰，並通知限期改善，屆期仍未完成改善者，按日連續處罰。」

3. 按次連續處罰

山坡地保育利用條例第35條第2項：「前項各款情形之一，經限期改正而不改正，或未依改正事項改正者，得按次分別處罰，至改正為止；並得令其停工，沒入其設施及所使用之機具，強制拆除並清除其工作物；所需費用，由經營人、使用人或所有人負擔。」

4. 按件連續處罰

（舊）強制汽車責任保險法第43條第2項：「財政部為前二項處分時，得按件連續處罰至保險人改善為止，……。」

5. 按日處罰

（舊）水利法第93條之1第2項：「前項行為人，未在限期內回復原狀、清除或廢止違禁設施者，得按日處罰……。」

6. 按次處罰

水污染防治法第47條：「污水下水道系統違反第十九條規定者，處新臺幣六萬元以上六百萬元以下罰鍰，並通知限期補正或改善，屆期未補正或完成改善者，按次處罰。」

上述使用「連續」之用語，適用上不若「按次」之明確，故就立法技術而言，宜盡量採用「按次連續處罰」之罰則用語，以免適用上發生疑義。

十、罰鍰之強制執行

行政執行法第4條第1項規定：「行政執行，由原處分機關或該管行政機關為之。但公法上金錢給付義務逾期不履行者，移送法務部行政執行署所屬行政執行處執行之。」

罰鍰強制執行之規定，其法制句式如下：「依本法所處之罰鍰，經限期令其繳納，屆期仍不繳納者，依法移送強制執行」。

十一、法律規定罰則之原則

（一）以專條或專章規範為原則。

（二）僅處罰故意時，應明定「故意」或類似表彰具有故意始予處罰之文字。

（三）罰則規定，應按下列順序為之：1.先規定刑罰，再規定行政罰；2.先規定罰責較重者，再規定罰責較輕者；3.依違反條次之先後，排列罰責規定。

（四）訂定行政罰時，不論是名稱或用詞，應儘量與行政罰法所定用語或用詞一致。

（五）擬例外沒入非受處罰者所有物之必要時，除行政罰法第22條所定得予沒入之情形者外，應予明文規定。

（六）就違反同一行政法上義務之行為，避免於不同法律或自治條例重複為相同或不同之處罰規定。

（七）各機關如認為刑罰過重、失衡，或有其他不合時宜情事時，應適時檢討有無將此刑罰除罪化，僅處以行政罰之可能性。

（八）處罰之構成要件及數額，應在法律中明定；如法律就其構成要件，授權以命令為補充規定者，授權之內容及範圍應具體明確。

伍、附則

一、附則之概念

　　「附則」在一般分章法律中為最後一章，為整體包括總則及分則之輔助性、補充性之規定，又稱為附屬規定。附則大體上為過渡規定、授權訂定施行細則、規費或其他費用徵收之規定、法令施行地區之規定，及關於法令有效期間之規定、施行日之規定等，多屬對該法律實施有不可或缺的技術性規定者。

二、過渡規定

（一）過渡規定之概念

　　過渡規定又稱為「過渡條款」，乃規定法律施行時，各種法律關係之調整及法律施行之準備事宜。法規中之所以定有過渡條款，其用意乃在使主管機關得有充分之準備及於過渡時期為必要措施之時間，俾使新舊法律秩序的變革不致對社會造成過大的衝擊。

（二）評估過渡期間之因素

　　過渡期間之規定是否妥當安排，立法者可參酌下列因素評估：

　　1. 法律帶來社會變遷的複雜程度及其範圍。

　　2. 法律要求達到改變社會習俗和社會制度的深度。

　　3. 立法者的價值判斷，即以此達到保證迅速的變革和減少破壞性因素這兩方面的重要性。

（三）過渡規定之目的

1. 既得權利和地位的保護

　　社會關係乃在一定的法律秩序下展開的，若說需要新的法律秩序來代替因而否定原來舊的法律秩序一方，將妨害法的安定性，而在社會引發無用之混亂。為了防範這樣的事情發生，及保護人民信賴利益，所以必須採取各種的措施來尊重、保護向來就有的權利或地位。

2. 避免社會發生劇烈的變化

與既得權的保護有一脈相承的地方，就是為了對劇烈的變化採取緩和處置化，及對有些情況採行暫定的特例措施。例如：貨物稅稅率的暫定減輕、社會保險費率的暫定調高等。

3. 使不利益措施之效果能夠持續

對於在舊的法律下發生的事實，在新的法律下仍然應該與舊法時採取相同的評價以及措施才可以。不能說法律改變了，在舊法當時被認為違法遭受處罰的行為，竟然在新法下置於不問是否違反社會正義之處。例如：規定縱然刑罰法令被廢止了但於廢止前所作的違反行為，廢止後仍然與廢止前一樣處罰，將這樣的意旨納入放置於內就是一個例子。

4. 對原則性的規定採取必要的補充措施

如從事一定的業務（如代書、按摩師等），規定須具有一定的學經歷或考試及格時，原則上應基於現存的學校制度或考試制度等加以規定，但對以前的學校制度、考試制度等所取得的學經歷，如何對照適應新的規定，宜在附則中有例外規定加以補充。

（四）過渡規定之立法型態

過渡規定之內容因每個法律而相異，但一般而言其型態有如下幾種：

1. 舊法時期之法律行為是否仍然有效的過渡措施

此係規定根據以前的法律行為在新法下應如何處理之謂。規定這樣內容的過渡措施有二種情形：(1)行政機關所實施的有關許可、認可、取消、營業停止等之效力；(2)一般私人對行政機關進行的關於許可的申請等行為之效力即是。

前者之立法例，如（舊）稅捐稽徵法第50條之1第1項：「本法修正前，應徵稅捐之繳納期間已屆滿者，其徵收期間自本法修正公布生效日起算五年。」第2項：「本法修正公布生效日前，已進行之徵收期間，應自前項徵收期間內扣除。」又如（舊）專利法第134條：「本法修正施行前，未審定之專利案，其以後之程序，依修正後之規定辦理。」著作權

法第113條：「自中華民國九十二年六月六日本法修正施行前取得之製版權，依本法所定權利期間計算仍在存續中者，適用本法規定。」

　　後者如團體協約法第33條：「本法施行前已簽訂之團體協約，自本法修正施行之日起，除第十條第二項規定外，適用修正後之規定。」又如商業團體法第74條：「已成立之商業團體，在本法施行後，其組織與本法規定不相符合者，依本法規定改正之。」

　　另一種是對制度的重要部分實施修訂時，不繼承以前的處分之效力，採取限於期間內承認其效力的處理方式，如文化資產保存法第111條：「本法中華民國一百零五年七月十二日修正之條文施行前公告之古蹟、歷史建築、聚落、遺址、文化景觀、傳統藝術、民俗及有關文物、自然地景，其屬應歸類為紀念建築、聚落建築群、考古遺址、史蹟、傳統表演藝術、傳統工藝、口述傳統、民俗、傳統知識與實踐、自然紀念物者及依本法第十三條規定原住民族文化資產所涉事項，由主管機關自本法修正施行之日起一年內，依本法規定完成重新指定、登錄及公告程序。」

2. 舊法令規定之效力是否延長適用的過渡措施

　　改廢舊法令時，由於社會的需要，仍須持續將改廢的規定之功效維持下去，因此而有舊法延長適用之措施。

　　其又分為無期間限制情況與有一定期間限制情況二種。前者如民法繼承編施行法第1條：「繼承在民法繼承編施行前開始者，除本施行法有特別規定外，不適用民法繼承編之規定；其在修正前開始者，除本施行法有特別規定外，亦不適用修正後之規定。」又如地方制度法第87條：「本法公布施行後，相關法規應配合制（訂）定、修正，現行法規不牴觸本法規定部分，仍繼續適用……。」決算法第31條：「地方政府決算，另以法律定之。前項法律未制定前，準用本法之規定。」後者如（舊）電業法第114條：「本法施行前，各電業訂立之專營合約及營業規則，如與本法之規定不符，應於本法施行後六個月內修正之。」

3. 依據舊法核發之許可或證明書等，在新法下應如何處理的過渡措施

　　依從前的法令而來的文書、證件等，若其所依據的法令變更時，根據

從前的法令而產生的文書、證件等，在新法令下多半都採取承認的處理方式；有時則予以一定的期限或者限制條件然後再承認。

前者並無特別的限制期間，如證券交易法第181條：「本法施行前已依證券商管理辦法公開發行之公司股票或公司債券，視同依本法公開發行。」而後者則限制期間然後再予承認，如建築師法第52條第1項：「本法施行前，領有建築師甲等開業證書有案者，仍得充建築師。但應依本法規定，檢具證件，申請內政部核發建築師證書。」

4. 依據舊法賦予資格者其效力之延續或令其補正的過渡措施

跟隨新法令之創制、改廢，採取承認從以前就有的既得權利或地位，是為了避免社會混亂所必須的。譬如以前是自由營業的事業欲更改為許可制時，暫時給這些事業之營運者一定的延緩期間，使其能採取適當的措施是有必要的，如醫療法第119條：「本法修正施行前已設立之醫療機構與本法規定不符者，應於本法修正施行之日起一年內辦理補正；屆期不補正者，由原許可機關廢止其許可。但有特殊情況不能於一年內完成補正，經申請中央主管機關核准者，得展延之。」

此外，隨著考試制度之修訂，原來已任用但未符合標準資格者，為保障其既得利益，應有過渡條款限期補辦資格考銓手續，如（舊）派用人員派用條例第8條第1項：「本條例施行前，各機關設置之派用人員經認定與第二條設置標準不合者，其組織中原定之簡派、薦派或委派職等，應一律就原有職稱，分別改為簡任、薦任或委任。原任人員並予轉任，其未具法定資格者，由考試院以考試方法，限期銓定其任用資格。」

5. 關於罰則的過渡規定

因為犯罪後法律變動致使刑罰廢止時，該行為者將由法院諭知免訴之判決而免予處罰（刑事訴訟法第302條第4款），如刑法有變更時，即適用較輕者（刑法第2條）。

刑罰法律有改廢時，假使在附則沒有設置任何的規定時，即依照該一般原則來處理。但是如果依照這個一般原則來處理時，當犯罪未到裁判確定的期間若發生刑罰法律之改廢，致使行為者完全不受處罰，或比以前的

行為者其處罰更輕之結果，罪責就變成不均衡。為了避免這樣的事態發生，刑罰法律在改廢後，對於改廢前所作行為之罰則的適用，採取與改廢前同樣的處理之措施者較多。

三、規費徵收規定

（一）規費徵收規定之概念

所謂「規費」，係指政府機關基於公權力，向特定人提供特定給付或為特許所收取之費用。簡言之，規費乃特定人民對國家或地方公共團體的行政行為所納付的特殊報償。

規費之徵收，如僅限於該主管機關之權責者，無須於該法中規定，以規費法作為徵收授權依據。但規費之徵收，適用機關涵蓋該法主管機關以外之其他機關，包括地方政府，而有統一規範一體適用之必要時，則應於該法中明定徵收規費之依據。

（二）規費徵收之種類

1. 行政規費

各機關學校為特定對象之權益辦理下列事項，應徵收行政規費：

(1) 審查、審定、檢查、稽查、稽核、查核、勘查、履勘、認證、公證、驗證、審驗、檢驗、查驗、試驗、化驗、校驗、校正、測試、測量、指定、測定、評定、鑑定、檢定、檢疫、丈量、複丈、鑑價、監證、監視、加封、押運、審議、認可、評鑑、特許及許可。

(2) 登記、權利註冊及設定。

(3) 身分證、證明、證明書、證書、權狀、執照、證照、護照、簽證、牌照、戶口名簿、門牌、許可證、特許證、登記證及使用證之核發。

(4) 考試、考驗、檢覈、甄選、甄試、測驗。

(5) 為公共利益而對其特定行為或活動所為之管制或許可。

(6) 配額、頻率或其他限量、定額之特許。

(7) 依其他法律規定應徵收行政規費之事項。

前述各款因公務需要辦理者，不適用之。

2. 使用規費

各機關學校交付特定對象或提供其使用下列項目，應徵收使用規費：

(1) 公有道路、設施、設備及場所。

(2) 標誌、資料（訊）、謄本、影本、抄件、公報、書刊、書狀、書表、簡章及圖說。

(3) 資料（訊）之抄錄、郵寄、傳輸或檔案之閱覽。

(4) 依其他法律規定應徵收使用規費之項目。

（三）規費收費標準之訂定程序

規費法所稱收費「基準」，並非法規名稱，各業務主管機關依規費法第10條第1項訂定規費收費基準時，應以中央法規標準法第3條所定七種命令名稱如「標準」、「準則」或「辦法」等為之，並應洽商中央規費主管機關財政部同意後，依中央法規標準法第7條規定，以令發布同時送立法院查照。

四、授權訂定施行細則規定

（一）授權訂定施行細則規定之概念

就我國實定法觀察，除少數法律明文規定另定施行法，如兵役法第51條「本法施行法另定之」外，大多均於附則中授權主管機關訂定施行細則。

法律概括授權訂定之施行細則，僅得於符合立法意旨，且未逾越法律授權訂定施行細則之必要範圍內，就執行法律有關之細節性、技術性事項加以規定，其內容不得牴觸母法或對人民之自由權利增加法律所無之限制。

（二）訂定施行細則應遵循之原則

1. 同步原則

施行細則的目的在於協助施行母法，故施行細則應當與母法同時發布。

2. 協調原則

即施行細則的內容與母法的原則精神與具體內容應保持和諧一致。

3. 針對原則

施行細則係針對母法有待解決的問題，與母法所涉及的社會係不發生直接關聯問題，施行細則不宜加以規定。

4. 細密原則

施行細則為對母法就同一內容作更細密之規範，施行細則對母法的細密化，包括質的進一步規定、量的進一步明確、程序的進一步詳細。

5. 補充原則

施行細則比較母法而言是增加新的內容，但是新的內容必須是為實施母法的規定所必需的。

五、施行區域之規定

（一）施行區域規定之概念

原則上，國家所制定之法律應以全國領域為其適用範圍，但基於經濟、政治、社會或其他理由，也有法律明令特別地區或授權以命令另定施行區域者。

（二）施行區域規定之型態

1. 法律明令特別地區

即法律案已標明專為某一特定地區所制定的法律，僅適用於此一地區，如臺灣省實物土地債券條例、臺灣省內菸酒專賣暫行條例（已廢止）等。

2. 授權以命令另定施行區域

即原則上適用於全國的法律，而授權行政院以命令指定其施行區域者，其適用範圍暫時受到限制，如土地稅法第57條規定：「本法施行區域，由行政院以命令定之。」此外，亦有授權由立法院決定者，如民國86年修正前之外國人投資條例第23條規定：「本條例施行區域，暫以臺

灣地區為限；擴增時，由立法院決議定之。」（86年修正時已刪除）。

六、分裂規定

（一）分裂規定之概念

所謂「分裂規定」，乃謂法律施行上之分別處理。

（二）分裂規定之立法例

1. 規定不適用事項分裂規定

建築法第98條規定：「特種建築物得經行政院之許可，不適用本法全部或一部之規定。」

律師法第137條第1項規定：「本法中華民國八十一年十一月十六日修正施行前，已取得律師資格者，不適用第三條規定。」

2. 修正與施行日期分裂規定

立法時如須於各該條文規定施行日期者，應將「修正」與「施行」分開敘述，如規定「○年○月○日修正之條文施行前，……。」或「○年○月○日修正之第○條施行前，……。」而不再使用「生效」或「公布」等文字，而實際施行日期則依各該法條末條之規定認定。例如地方制度法第88條第2項：「中華民國九十八年五月十二日修正之條文，自九十八年十一月二十三日施行。」

七、施行期間之相關規定

（一）施行期間規定之概念

法規應規定其施行日期、期間，或授權以命令規定其施行日期。法規固須於公布後始得施行，惟公布與施行仍不得混為一談，法律因公布施行而生效，若僅公布而不施行，則尚無效力可言，因之，法律生效形式可分即時生效及定時生效二類。惟須特別注意者，乃不同法律之間，如其立法意旨相同且具關聯性，其施行日應相互配合，如其中一法律施行期間有所變更，他法亦宜檢討配合。

（二）施行日期之立法型態

1. 明定自公布日施行者

法律每於最末一條明文規定：「本法自公布日施行。」是法律公布之日，即為其施行之日，惟並非其生效之日。中央法規標準法第13條規定：「法規明定自公布或發布日施行者，自公布或發布之日起算至第三日起發生效力。」就法律及規章分別言之：法律若明定自公布之日施行者，則自公布之日起，算至第三日起生效，不問全國各縣市與公布法律的首都距離的遠近，其法律生效的日期，則各縣市完全相同；如係規章，則自發布之日起，算至第三日起生效，不問各地與發布該項規章的機關距離的遠近，其規章生效的日期，則各地完全相同。

2. 另定有施行日期者

法律亦有於最末一條規定：「本法自中華民國○年○月○日施行。」或規定：「本法施行日期另定之。」是則法律公布之日，並非施行之日，法律既特定有施行日期者，則自特定日期起發生效力。此即中央法規標準法第14條所規定：「法規特定有施行日期，或以命令特定施行日期者，自該特定日起發生效力。」在此情形，法律公布之日，與施行及生效之日不同，惟施行與生效的日期則彼此相同。如加值型及非加值型營業稅法第60條：「本法施行日期，除中華民國八十八年六月二十八日修正公布之第十一條、第二十一條自八十八年七月一日施行，⋯⋯由行政院定之。」

3. 特定有施行起迄日期者

法律特定有施行起迄日期者，於該特定期間內發生效力。如（舊）促進產業升級條例第72條第2項規定：「本條例中華民國八十八年十二月三十一日修正條文，自中華民國八十九年一月一日施行；中華民國八十九年一月一日以後修正條文，自公布日施行。但第二章及第七十條之一施行至中華民國九十八年十二月三十一日止。」

4. 施行日期授權以命令定之者

法律條文有明文規定：「本法施行日期，由某機關以命令定之。」是則該法律雖已公布，但為適應政治情勢、經濟型態、社會結構之重大變遷

等特殊情形難以立刻施行，或因屬新創法制，必須有一準備時期，特以法律授權於有權的主管機關，斟酌事實的需要，另以命令定其施行日期。如全民健康保險法第104條第1項：「本法施行日期，由行政院定之。」（舊）教師法第39條規定：「本法自公布日施行。但待遇、退休、撫卹、離職、資遣、保險部分之施行日期，由行政院以命令定之。」

5. 限時法者

限時法乃在立法之始專門針對特定時期之需，而制定之一種明定有效施行期間，或定有施行至特定日為止之法例。限時法因時效經過而自動失效，係於其立法時，即已預見之附有時效之立法設計使然。易言之，限時法之失效乃因制定法律之特別情況與立法目的之消失，而非因為法律見解之改變與社會因素、社會價值以及倫理道德標準等變遷而修正。

限時法又可分廣義及狹義二者。如戡亂時期貪污治罪條例，依其第1條規定僅適用於戡亂時期；又如戒嚴時期內的警戒地域或接戰地域，始有戒嚴法有關規定的適用等，可謂為廣義的限時法。至狹義之限時法指明定有效施行期間者而言，如民國89年公布施行之九二一震災重建暫行條例第75條第1項即規定，施行期間自生效日起算5年。

6. 施行日期延期適用之規定

立法要具備客觀條件，還意味著法律的公布要考慮到可行性，如果一時還不具備可行性，法律即使獲得通過並予公布，也要暫時不立刻生效施行，亦即公布後經過一段時間，準備好實施這些法律的條件，然後才生效施行，在預備相當的施行準備期間，政府得以使施行細則配合訂定，加強執行人員對法之認識或訓練，提高其素養及執行能力，及早完成各方面的準備工作，並藉法令之宣導，使全國人民能有相當時間瞭解新法律制度，以維護其權益並全力配合。如（舊）菸害防制法第35條第1項：「本法自公布後六個月施行。」

7. 部分修正條文與原施行條文分開訂定施行日期者

法律施行日期不可一日中斷，如遇有部分條文修正而須另定施行日期者，可分二項訂定。如藥師法第43條：「本法自公布日施行。本法中華

民國一百年一月十日修正之第十九條條文，自公布後三個月施行。」

8.適用期限之落日條款

　　落日條款係指某一條文就特定事項應於某期限內完成，逾期即失法律效力之規定。如（舊）省縣自治法第66條規定：「本法自公布日施行，至行政區域及行政層級重新調整劃分後一年內完成本法之修正，逾時本法失效。」

七、立法催生條款

　　為促使某特別事項儘速法制化，於法律條文中特別明定完成立法之期限，此種「立法催生條款」，為「日出條款」之一，此種規定理論上對於後來之立法者並無拘束力，其指示的立法為宣示性，如未能於所定期限內完成時，似不構成國家賠償之責任。例如行政程序法第44條第3項原規定：「有關行政機關資訊公開及其限制之法律，應於本法公布二年內完成立法。於完成立法前，行政院應會同有關機關訂定辦法實施之。」（嗣本條已配合政府資訊公開法之制定而刪除）。

八、日出條款

　　另一種日出條款是為適應新制度及準備相關配套措施，法律明定未來之生效時間，為定時生效條款，屆時具有拘束力。例如行政程序法於民國88年2月3日公布時，於第175條明定：「本法自中華民國九十年一月一日施行。」

─────────✎ 考古題 ─────────

1. 從立法技術之觀點，法律案中「附則」之草擬，其布局、結構包括有哪些內容？試述之。（96高考三）
2. 法律常在總則中作定義規定，其理由何在？定義規定又可分為哪幾種類型？請舉例說明之。（96警察特）

3. 行政機關依據法律之概括授權，擬定該法律之「施行細則」時，在立法技術上其應遵循哪些原則？（96地方特）

4. 試舉例說明法律施行日期和落日條款的規定方式。（97高考三）

5. 法規標題是由哪些要件組成？擬定法規標題時應注意哪些原則？（97警察特）

6. 法律經常於附則中明定過渡條款，其主要目的及類型各為何？（98升官等薦）

7. 何謂過渡規定（或稱過渡條款）？訂定過渡規定之目的為何？請分別加以說明。（99地方特、99警察特）

8. 我國立法體例上往往運用「適用規定」，標示該法律係屬普通法或特別法。請分別列舉表示普通法或特別法的句式及實例。（99警察特）

9. 請就中央法規標準法的相關規定，說明法規的施行日期及生效日期。（99警察特）

10. 依中央法規標準法第8條第1項之規定，法條得分為項、款、目。法條分項有哪幾種方式？請分別加以說明。（100高考三）

11. 法條分款方式有哪幾種？請分別加以說明。（100警察特）

12. 何謂法律的母子關係，並舉例說明之。又起草法案時，對於法律的母子關係之處理原則為何？（101高考三）

13. 法條用詞的定義，現行法規有集中於一條，亦有散見於各條；而集中於一條者，大抵規定於首部。就法制作業以觀，該用詞定義所表現的基本句式有哪幾種？併請舉例加以說明。（101警察特）

14. 請依中央法規標準法第10條的規定，說明法規修正的方式。另其中新增條文冠以「前條之一」、「前條之二」的「前條」意涵為何？試舉實例加以說明。（101警察特）

第一節　法規語意之概念

壹、法規之語意

　　法規範並不是文字、法條、裁判或各種禁止告示，而是這些媒介所表達的意義，是一種規範符號，由此建構法律概念的體系。所以法律詞語所代表的，並非文字表面的意義，而是法律範疇性的思想與意念。

一、形式上的語意

　　法律名詞各有其特殊意義，適用上應明確區分，故須要求法律文字在形式上的明確性，以避免法律文字在形式語意上的含糊或錯誤。例如犯罪嫌疑人（刑事訴訟法第27條）、被告（刑事訴訟法第27條）與受刑人（刑事訴訟法第469條），雖是同一人在訴訟程序中的不同稱呼，但意義卻大不相同。

二、實質上的語意

　　除形式表達的意義外，還有「意在言外」之意，也就是隱藏的意義，亦須注意，避免隱含的意義使人誤導，或產生不必要的感覺。

貳、造成法規詞語語意不清之原因

一、歧義（ambiguity）

指法律的詞語在不同的語境中具有不同的含義。如善意第三人、重傷。

二、模糊（vaqueness）

指法律詞語或概念所指的範圍界限不清，從而使有些事項無法明確地加以歸類。如猥褻、性騷擾、就業歧視、性別平等。

三、評價性（evaluation）

指法律條文內容包含價值性之不確定概念。如公共利益、顯失公平等語。

四、情況變化（changed circumstance）

指原來清楚的用語，因社會的發生變化而變得語意不清。如廣播電視原指無線，並不包括有線及衛星廣播電視。

參、法規詞語運用之重要性

所謂法條詞語運用，乃指運用適當的詞語以擬定法規條文之方法。由於法條定型化規範意義的限制，是著重於精確意義的分析。雖然，法條詞語有許多法規專有名詞，具有固定的法律意義，例如：「故意」、「因果關係」等，但是法條詞語中，仍然包括許多通俗或抽象的用語，有時無法就其中幾個字來加以理解，例如：「正當理由」、「相當處所」、「精神異常」、「認為必要時」、「其他相類的情形」、「其他非法之方法」、「致生公共危險」等不確定法律概念，似無法單就一詞或一句來加以認識，而必須注意到前後整個法條的通盤文義。由此可知，講求法條詞語運

用原則與技巧之重要性了。

第二節　法規詞語運用之原則

　　法諺所云：「一般用語，應依一般意思理解」，亦即，法條詞語之用意在於表現一般人均能瞭解之含義及意思。故表現法條之詞語，必須客觀、明確、簡潔、嚴謹及合乎事理，應避免誇張、主觀或暗示性之語句，因此，法案起草時，法條詞語運用上宜注意如下八項原則：

壹、符合法令文之文章構造

一、公文語體之特點

　　法令文是法規範之文章化，係屬公文語體之一種，而法令文具有論理性、抽象性、簡潔性、明確性、類型性等特色。法規範的內容變為文章是法令文的目的。有必要把發生於現實的，或預測即將發生的各種事務、論理整理後，排除一切多餘的部分，而簡潔、明瞭地表現其要件與功能。

二、為符合法令文之文章構造須注意事項

（一）使用公文特殊詞彙

　　在語言材料的運用上，法條用語力求準確、淺顯，不允許使用模稜兩可的歧義詞和生僻詞，而應使用一些公文事務體中的專用詞彙，在某些場合，普通用語應由公文特殊用語所取代。

（二）善用句法

　　法規語體句法上運用的短句多，完全句多。句法要求嚴格、少用省略句、長句、感嘆句和假設語氣。在修辭方面，因為法規語體大都是傳達政策，不宜使用誇張、雙關、婉曲、擬人、比喻等詞句。

（三）慎用代名詞

　　為達明確之要求，法規文字當中的一些代名詞，如「該」、「本」、

「其他」等,都有約定俗成的用法,不能隨意使用相近的字,以免指代不明,造成理解上、執行上的不統一。

(四)善用助動詞,俾使任意規定或強行規定得以明確分辨

法規既在表現一定作為或不作為之效果,則助動詞之用法,即成關鍵所在,如使用「得」、「應」、「不得」、「得不」等語時,宜先確定意旨何在,以免無法貫徹執行法規。又訓示性之規定,仍宜儘量避免。

(五)善用關係詞

如「或」、「及」、「而」、「並」、「等」、「但」、「凡」、「均」、「各」、「由」、「如……時」、「除……外」等。

(六)善用虛詞「之」字

法規條文能少用一個字,就少用一個字,對於併列的各款,最好求其一致。因此,如果前一款有「之」字,最好就各款都有,沒有就都沒有。

貳、辨析詞語的意義

一、辨析詞語意義之概念

法諺有云:「法律不明確,等於無法律」。法條中每個詞語都有自己特定的含義,如對法規詞語理解錯誤或不夠準確,都會影響法規的規範效果,甚至造成誤解。因此,辨析詞語意義,是造句的先決條件。

二、辨析同義詞意義應該注意之事項

(一)識別不同的義項

一個詞表示的概念意義可以不只一個,即可以包含幾個義項。一般說來,同義詞之間除了具有相同的義項之外,同時還具有不同的義項。要精確地掌握同義詞的用法,就要注意識別彼此間的義項的差異。

同義詞如依作用又分褒義、貶義、中性三種。詳言之,某些同義詞所包含的基本意義相同,而其感情色彩則不同,有的詞表達了對同一事物的

否定、貶斥的感情，含有貶義；有的詞具有肯定或讚許的感情者，為褒義詞；如介於中間，不褒不貶者為中性詞。因為所有的詞語，依照它們所使用的方法都有一些影響作用，有些詞語影響價值大於說明價值，即每一個詞代表人們對那個類名或事物不同的感覺，故須注意感情用法。就立法技術面言，詞語的選擇，為人性尊嚴之尊重，應儘量使用褒義詞，如「山胞」和「原住民」，山胞含有輕視的意味，改用「原住民」則為褒義；又如將「強制工作處」改為「技能訓練所」。

（二）衡量語義的輕重

　　有些同義詞的細微差別表現在語意的輕重上面。它們所表示的事物概念雖然相同，但在表現其某種特徵或程度方面，則有輕重的差別，衡量語義的輕重，用詞恰如其分，可以幫助我們更精確地表示思想感情。

　　例如「妨礙—妨害」：妨礙、妨害都有使事情不能順利進行，或不能保持正常狀態的意思。惟「妨礙」僅是指對人或事物造成不利影響；「妨害」是造成損害，語義比「妨礙」重。

（三）掌握範圍的大小

　　要用詞恰當，尚必須注意詞義範圍的大小。有些同義詞所指的雖然是同一種事物，但其中有的所指範圍大，有的範圍小，各不相同。例如：「食品」、「食物」都是指可以吃的東西，但「食物」是總稱，如食物中毒；「食品」專指食物中經過人工加工製作的部分，它的外延小於「食物」，如食品管理。

（四）分清使用的對象

　　有些同義詞，各有自己適應的使用對象，應配置適當，因為有些同義詞，雖然所代表的概念相同，但其適應的對象，卻有上下內外等之分，如「改正」和「改進」，改正用於消極的事物；改進則往往用於對積極的事物。而「改良」和「改善」都是表示在原有基礎上把事物變得更好一些，但兩者適用的對象不同。前者通常是比較具體的東西，如品種、產品、土壤、作物等；後者通常是比較抽象的東西，如關係、條件、生活、工作等。

參、講究詞語的簡潔

法諺有云：「簡潔乃法律之友」（simplicity is friend of the laws）。其意指法律語言表達以簡潔為上，力求「言簡意賅」，用最經濟的語言表達最豐富的思想，避免累贅煩冗，作到「句中無餘字」。至於詞語是否簡潔，立法技術專家認為可從以下四個特質加以檢驗：即「經濟」（economy）；「直接」（directness）；「熟悉語言」（familiarity of language）；「適當安排」（orderliness）。

肆、力求詞語的明確

法諺又云：「法律曖昧或不明確，如令遵守，實屬苛酷」。所謂「明確」，即指使用之詞語恰能符合客觀事物的本來面貌，表現法規之意旨，不致有含混或模稜兩可之情形。亦即使得法規概念及其構成要件因素之概念，清晰確定，藉以作為判斷的依據，而無待於專家之解釋，斯乃上乘之立法技術。故以形容詞如「以……為度」、「以……為準」、「以……為原則」之句型似宜避免。法規是否明確，以下三個要素作為判斷之基準：一、可理解性；二、可預見性；三、司法審查可能性。

伍、重視詞語的嚴謹

一、詞語的嚴謹之概念

所謂「嚴謹」（precision），即用字確切嚴密周詳，前後一致，無懈可擊。其含義在一定之構造上不另作其他解釋，亦即同一詞語只能表達同一概念，不同的概念不能用同一詞語來表達，否則就會造成混亂。

二、使用專門術語之原則

（一）儘量使用一般認知之技術性專門術語

隨著社會生產的發展、科學技術知識的普及、教育程度的提高、傳播

媒介部門的宣傳，相當多的技術性專門術語逐漸為社會上的一般人所知，進入一般通用詞，在法條詞語上應儘量使用如上一般認知之技術性術語。

（二）注意專門術語之單義性及體系性二大特點

如有使用專門術語之必要，應力求術語的單義性，排斥多義性，也就是說，每個術語在某種學科中只能具有唯一的意義，能反映概念的本質，避免引起概念的混亂和論調的模糊。

（三）專門術語應依專家之定義而說明

法律專門術語，因其增加了法律的內涵，縮小了原有外延，揭示了特定法律概念，如第三人、故意、擔保、證據、交付等，其法律含義，則應依專家所下之定義而說明之。

陸、遵循統一用字用語的規定

因法規為公文語體之一，用字用詞應力求一貫和統一，即同一文字在全部法條裡必須表示同一觀念或意思。

立法院為統一法律用字用語，特於民國62年3月第一屆第五十一會期第五次會議及嗣後第七十八會期第十七次會議先後認可「法律統一用字表」、「法律統一用語表」及「立法慣用詞及標點符號」等三種，並函請全國各機關轉函各下級機關查照辦理。嗣行政院法規會亦於行政機關法制作業實務要求「法制用字、用語之補充」。前揭各項規定，對各機關草擬法規統一用字用語具有重要參考價值，茲列表說明如後。

一、法律統一用字表

用字舉例	統一用字	曾見用字	說明
公布、分布、頒布	布	佈	
徵兵、徵稅、稽徵	徵	征	
部分、身分	分	份	
帳、帳目、帳戶	帳	賬	
韭菜	韭	菲	

用字舉例	統一用字	曾見用字	說明
礦、礦物、礦藏	礦	鑛	
釐訂、釐定	釐	厘	
使館、領館、圖書館	館	舘	
穀、穀物	穀	谷	
行蹤、失蹤	蹤	踪	
妨礙、障礙、阻礙	礙	碍	
賸餘	賸	剩	
占、占有、獨占	占	佔	
牴觸	牴	抵	
雇員、雇主、雇工	雇	僱	名詞用「雇」
僱、僱用、聘僱	僱	雇	動詞用「僱」
贓物	贓	臟	
黏貼	黏	粘	
計畫	畫	劃	名詞用「畫」
策劃、規劃、擘劃	劃	畫	動詞用「劃」
蒐集	蒐	搜	
菸葉、菸酒	菸	煙	
儘先、儘量	儘	盡	
麻類、亞麻	麻	蔴	
電表、水表	表	錶	
擦刮	刮	括	
拆除	拆	撤	
磷、硫化磷	磷	燐	
貫徹	徹	澈	
澈底	澈	徹	
衹	衹	只	副詞
並	並	并	連接詞
聲請	聲	申	對法院用「聲請」
申請	申	聲	對行政機關用「申請」
關於、對於	於	于	
給與	與	予	給與實物
給予、授予	予	與	給予各位、榮譽等抽象事物
紀錄	紀	記	名詞用「紀錄」
記錄	記	紀	動詞用「記錄」
事蹟、史蹟、遺蹟	蹟	跡	

用字舉例	統一用字	曾見用字	說明
蹤跡	跡	蹟	
糧食	糧	粮	

二、法律統一用語表

統一用詞	說明
「設」機關	如：「教育部組織法」第5條：「教育部設文化局，……」。
「置」人員	如：「司法院組織法」第9條「司法院置秘書長一人，特任。……」
「第九十八條」	不寫為：「第九八條。」
「第一百條」	不寫為：「第一〇〇條」。
「第一百十八條」	不寫為：「第一百『一』十八條」。
「自公布日施行」	不寫為：「自公『佈』『之』日施行」。
「處」五年以下有期徒刑	自由刑之處分，用「處」，不用「科」。
「科」五千元以下罰金	罰金用「科」不用「處」，且不寫為：「處五千元以下『之』罰金」。
「處」五千元以下罰鍰	罰鍰用「處」不用「科」，且不寫為：「處五千元以下『之』罰鍰」。
準用「第〇條」之規定	法律條文中，引用本法其他條文時，不寫「『本法』第〇條」，而逕書「第〇條」。如：「違反第二十條規定者，科五千元以下罰金」。
「第二項」之未遂犯罰之	法律條文中，引用本條其他各項規定時，不寫『本條』第〇項」，而逕書「第〇項」。如刑法第37條第4項「依第一項宣告褫奪公權者。」
「制定」與「訂定」	法律之創制，用「制定」；行政命令之制作，用「訂定」。
「製定」、「製作」	書、表、證照、冊、據等，公文書之製成用「製定」或「製作」即用「製」不用「制」。
「一、二、三、四、五、六、七、八、九、十、百、千」	法律條文中之序數不用大寫，即不寫為：「壹、貳、參、肆、伍、陸、柒、捌、玖、拾、佰、仟」。
「零、萬」	法律條文中之數字「零、萬」不寫為：「〇、万」。

三、立法慣用語規定

（一）條文中如僅有一連接詞時，須用「及」字；如有二個連接詞

時，則上用「與」字，下用「及」字；不用「暨」字作為連接詞。

（二）條文中之「省市政府」或「省政府及直轄市政府」用語，均改為「省（市）政府」。依此體例將「縣市政府」改為「縣（市）政府」；將「鄉、鎮、公所」改為「鄉（鎮）公所」；將「鄉、鎮（縣轄市）公所」改為「鄉（鎮、市）公所」；將「鄉、鎮（市）、區公所」改為「鄉（鎮、市、區）公所」。

（三）引用他處條文，其條次係連續者，則用「至」字代替中間條次，例如「第三條、第四條、第五條」，改為「第三條至第五條」。項、款、目之引用準此。

（四）條文中「第〇條之規定」字樣，刪除「之」字，改為「第〇條規定」。項、款、目準此。

（五）配合民國85年立法院審查會決議，條文中「如左」、「左列」，改為「如下」、「下列」。

四、行政院規定「法制用字、用語之補充」

（一）「定」及「訂」之慣用法：明「定」；增「訂」；「定」之（如「……之辦法，由……定之」）；所「定」（如「依本法所定之……辦法……」）；新「訂」。

（二）應使用「修正」、「制定」或「訂定」，不使用「修訂」、「修改」或「制訂」。

表明法律之「制定」及命令之「訂定」時，可使用「法規之制（訂）定」；合併表明新訂及修正時，應使用「法規之制（訂）定、修正」或「法規之訂修」。

（三）名詞解釋時，用「所稱」，其他情形用「所定」，如：「本法所稱各級學校，指……」「本法所定各級學校，應由教育部……」。

（四）解釋名詞之條文，使用「用詞」，不使用「用辭」或「用語」，如：「本法用詞，定義如下：一、二、…………」

（五）核定、備查之用法，如：「……應擬定……計畫，報……核

定。」「……應訂定……計畫，報……備查。」

（六）於表示「核定」（行政處分）時，不使用「核備」、「備案」等文字。在同一法規中，使用「許可」、「核定」、「核准」、「同意」等准駁用詞，應注意統一使用或按情形分別使用。

（七）在一定期間內必須行為者，使用「屆期」，不用「逾期」；表達已過一定期限之事實，則使用「逾期」；如：「……應限期令其改善；屆期不改善者……。」「……請求權之行使，以二年為限，逾期不予受理。……」

（八）引述條文時，應在條文之後加列「規定」二字，不寫「之規定」，如：「本辦法依醫療法第○○條第○項規定訂定之。」「違反第二十一條規定者，處新臺幣五萬元以上二十五萬元以下罰鍰。……」「依前條規定申請許可證時，應填具申請書，並檢具下列文件、資料，……」「有第七條各款規定（或所定）情事之一者，……」

（九）序言有「者」字，各款不再使用「者」字，反之亦然，如：「有下列各款情事之一者，處新臺幣一萬元以上五萬元以下罰鍰：一、違反第五條第二項規定者。二、違反中央主管機關依第十二條第三項規定所為之命令者。……」

（十）法規條文不宜太長，立法技術上，可採分項、款、目方式規定，並善用標點符號「、」「，」「；」「。」以利大眾閱覽及明白。

（十一）處罰機關之體例，如：「本法所定之罰鍰、停業……，由直轄市、縣（市）主管機關處罰之。」

柒、審慎選擇句式及語態

一、概說

要使語言表達具有準確、明白的效果，除要選詞恰當外，還應注意句子構成形式的選擇。法規係屬公文語體，句法和語態為符合格式化需要，必須作適當的選擇。

二、法規使用句式之原則

（一）使用常式句為準，不宜使用變式句：因為法規具有程式化性質，不宜使用變式句。

（二）使用短句為原則，不宜使用長句：因法規為公文語體之一種，要求簡明性、準確性，故以一個條或項、一個短句為原則，以符合「一條一文主義」。

（三）使用主動句為原則，被動句為例外：法規句式原則上應用主動句，但如為語氣貫通，使語意明確，避免歧義起見，亦可例外使用被動句。

（四）使用直陳句為準，不得使用反問句：直陳句是用直接陳述的方式來表達肯定或否定的意思，法規為公文事務語體，請求客觀地敘述事理，故應使用直陳句，不應使用反問句。

三、法規語態之選擇

（一）語態之概念

法規條文之用語，是法律借以發揮作用之媒介，有正面語態，如「應」、「得」；亦有反面語態，如「不得」、「非有……不得」。

（二）正反語態之作用

1. 正面語態的作用

(1) 用於說明規定者：說明性或陳述性的規定，例如警察法第2條：「警察任務為……。」

(2) 用於訓示之規定者：表示訓示之意義者，用正面語態「應……」。

2. 反面語態「不得」之作用

(1) 用於禁制規定者：如「不得為……之行為」。

(2) 用於消極事項之規定者：如「有下列情形之一者，喪失退休金之權：一、……。二、……。」

(3) 反面語態較正面語態易於表示者：如「政黨及候選人不得接受下列競選經費之捐助：一、……。二、……。」

3. 反面語態「非……，不得……」之作用

(1) 強調立法政策

如勞動基準法第54條：「勞工非有下列情形之一，雇主不得強制其退休：一、……。二、……。」

(2) 強調法定條件或程序

表意重心放在程序性規範上，強調行為的過程，亦即行為人應注意依法定條件或程序，解釋上應限縮。例如醫師法第11條：「醫師非親自診察，不得施行治療、開給方劑或交付診斷書。……」

4. 正、反面語態舉例

例如74年以前（舊）警械使用條例第4條：「警察人員執行職務時，非遇有左列各款情形之一者，不得使用警刀或槍械：一、為避免非常變故，非使用警刀或槍械，不足以維持社會治安時。二、騷動行為足以擾亂社會治安，非使用警刀或槍械，不足以制止時。三、依法應逮捕、拘禁之人拒捕或脫逃，非使用警刀或槍械，不足以制止時。四、……。」

前揭規定強調依法定條件或程序，解釋上為限縮，造成警察人員使用槍械猶豫或遲疑而傷亡案件頻傳。74年修正之警械使用條例第4條，將原條文之序言「非遇有……，不得……。」修正為「遇有……，得……。」即：「警察人員執行職務時，遇有左列各款情形之一者，得使用警刀或槍械：一、為避免非常變故，維持社會治安時。二、騷動行為足以擾亂社會治安時。三、依法應逮捕、拘禁之人拒捕或脫逃時。四、……。」

前揭條文已從反面語態改成正面語態，即授權警察人員使用槍械之裁量自由度增大，從而減少傷亡案件。

捌、善用標點符號

一、概說之作用

「標點符號」是用來標明詞句關係、性質以及種類的，它的功用包括消極與積極兩方面：

（一）**消極方面**：可以增加文句意義的明確，而使文章流暢、明晰，因而免除讀者的誤讀和誤解。

（二）**積極方面**：能夠表達出文句的聲音、神情及語氣，助長文詞的氣勢，使作者的文章表達得更加明白確切。

二、立法使用標點符號之規定

按中央法規標準法第8條規定：「法規條文應分條書寫，冠以『第某條』字樣，並得分為項、款、目。……，並應加具標號符號。」目前各機關草擬法規條文時，一般均已依照前揭規定，加具標點符號，而法條常見之標點符號為：句號、逗號、頓號、分號、冒號、引號、夾註號等七種。立法院為統一標點符號，曾於民國76年8月1日函請各機關查照處理如下：

（一）標題不使用標點符號。

（二）有「但書」之條文，「但」字之上標點使用句號「。」；同理，條文中有「……者，亦同。」時，該句上亦宜加句號，如「……。……者，亦同。」

（三）「及」字為連接詞時，「及」字上之標點刪除。

（四）「其」字為代名詞時，其上用分號「；」。如「其組織以法律定之」，「其」字上，須用分號「；」。

第三節　法條之種類及其基本用語

法律中的諸多法條，其彼此並非只是單純並列，而是以多種方式相互關聯，只有透過它們的交織及相互合作，才能產生一個規範，依不同的標準，可將法條種類作如下之劃分：

壹、嚴格法條與衡平法條

法條可以依其對主管機關（特別是法院）拘束力之強弱，而區分為嚴格法條與衡平法條。

一、嚴格法條

（一）嚴格法條之概念

　　所謂嚴格法條，指當構成要件被合致時，該法律效果便毫無例外地因而發生，法院或其他主管機關，對此不享有判斷餘地（乃就法律構成要件部分而言）或裁量餘地（乃就法律效果部分而言）。各該法條便在此種特性下，嚴格地拘束適用此等法條之機關，故通稱為嚴格法條，又稱為「嚴格規定」。如刑事訴訟法第199條：「鑑定人，不得拘提。」噪音管制法第21條：「警察機關依第六條規定進行查察時，知悉有違反第九條第一項所定情事者，應即通知直轄市、縣（市）主管機關處理。」

（二）「應」字在法律規範中之含義

1. 必須之意

　　它意謂著「應當或必須作某事」，如刑事訴訟法第102條第1項：「羈押被告，應用押票。」監獄行刑法第4條第1項：「未滿十八歲之少年受刑人，應收容於少年矯正學校，並按其性別分別收容。」

2. 義務之意

　　為義務性規範，如果主管機關不作該事或不履行該項義務，就要承擔一定的法律責任。如文化資產保存法第6條第1項：「主管機關為審議各類文化資產之指定、登錄、廢止及其他本法規定之重大事項，應組成相關審議會，進行審議。」

二、衡平法條

（一）衡平法條之概念

　　即賦予主管機關就法律效果之發生與否及其範圍，得加以裁量。有時甚至將某種法律效果繫於並不被明確規定之構成要件，亦即系爭構成要件中包含有不確定的概念。此等授權由主管機關自由裁量或判斷餘地之法條，便是所謂的衡平法條，又稱之為「衡平規定」。

（二）衡平法條之類型

1. 授予裁量權規定

其立法用語如下：

(1)「得」字類型。

(2)「得不」類型。

(3)「上下限」類型。

(4) 選擇性的「或」字類型。

(5)「整體關聯」類型。

(6) 主觀裁量「認為……，得」類型。

(7)「必要時得」類型。

2. 概括規定

指對於某種有效或無效的行為，或某種應命令或禁止的行為，沒有具體地指明其法律事實或其構成要素，而僅以抽象的語氣，為含混籠統之規定的條文。如「必要時」、「認為有公益上之必要」、「符合國家經濟發展需要」、「無正當理由」、「致生公共危險」、「其他……」等，概括規定具有承接規範之功能，其本於輔助性原則有補結構遺漏之功能。申言之，架構性規範若有缺漏而導致功能不足時，由概括條款承接並彌縫之，以發揮規範完整功能。如民法第148條第2項規定：「行使權利，履行義務，應依誠實及信用方法。」就是典型之概括條款。又如土地徵收條例第3條前段：「國家因公益需要，興辦下列各款事業，得徵收私有土地；……。」

3. 空白規定

指對於其他法律構成要件之一部或全部不予規定，而授權其他法律或命令為之補充之法律而言。而補充該法律要件之規範，則稱為補充規範。補充之空白規定，每因其富時間性或空間性，立法者於立法當時並無法預知，必須授權行政機關隨時適應需要，斟酌至當，而以命令或公告之形式出之，以資肆應。

如懲治走私條例第2條第3項所規定，其第1項所稱管制物品，由行政

院公告其管制品項及方式；依（舊）文化資產保存法第56條第2款規定，經主管機關指定之珍貴稀有動植物等皆是。

貳、強行法條與任意法條

依當事人得否依其意思適用或變更適用，而區分強行法條與任意法條。

一、強行法條

法律規定之內容涉及國家或社會公益，不許當事人任意變更，而應絕對適用者。強行法條之關鍵用語為「應」、「不得」、「非……不得」等。強行法條依其性質屬於積極或消極，可再細分為命令行為法條與禁止法條二者，茲分述之：

（一）命令行為法條

指命令系爭當事人為一定作為之行為。如戶籍法第9條：「結婚，應為結婚登記。離婚，應為離婚登記。」

（二）禁止法條

即禁止為某種行為的法律或命令不作為之規定。如（舊）藥事法第51條：「西藥販賣業者，不得兼售中藥；中藥販賣業者，不得兼售西藥。但成藥不在此限。」

二、任意法條

法律規定之內容主要在規範私人利益，與國家或社會公益無直接關聯，可由當事人任意選擇或變更，僅能相對適用，或除命令當事人為一定行為外，更授予當事人以一定法律上的地位者。任意法條之關鍵用語為「得」、「告訴乃論」、「契約另有訂定者，從其約定」等。如社會秩序維護法第55條第1項：「被處罰人不服警察機關之處分者，得於處分書送達之翌日起五日內聲明異議。」

參、禁止法條與授權法條

依禁止或授予當事人可為一定行為或不行為，而區分禁止法條與授權法條。

一、禁止法條

即禁止為某種行為的法律或命令不作為之規定。此種法條句式均用「不得」之消極規定。「不得」乃「得」之反面，表示禁制之意義。如民法第1186條第1項：「無行為能力人，不得為遺囑。」

二、授權法條

即除命令當事人為一定行為外，更授予當事人以一定法律上的地位者，學者又稱之為「授權規定」。如護理人員法第3條：「經護理人員考試及格者，得請領護理人員證書。」

肆、完全法條與不完全法條

依法條結構是否兼具法律構成要件與法律效果兩者區分。

一、完全法條

指該法條中兼備構成要件與法律效果二個部分，並將該法律效果繫於該構成要件。如刑法第271條第1項：「殺人者，處死刑、無期徒刑或十年以上有期徒刑。」又如醫師法第6條：「經醫師考試及格者，得請領醫師證書。」

二、不完全法條

主要係指不具備法律效果之規定（法律效果則另在後或罰則章中規定）。因為不具備法律效果之規定，當然只能被用來進一步說明、限制或

引用另外一個法條或章節。如這種法條不與其他法條聯合，以組成命令或授予規定，即無法發揮規範的功能。不完全法條依立法技術之不同，可分成下列四種：

（一）說明性法條

1. 說明性法條之概念

即是對於法條中所用的語句，在另一條項加以說明的法條類型，因其只單純地對法律用語給予立法解釋，而不同時賦予法律效果（即命為一定的行為或授予一確定的資格、能力、權利或權限），從而具有不完全性。

2. 說明性法條之型態

(1) 定義型：亦稱名詞界說，是給一個事物說明它是什麼的方法，定義型法條須嚴格按照一定的公式為之，又稱為定義規定。

(2) 註解型：此類型不拘泥於任何形式，只作一般性說明即可，既可說明人，亦可說明物，更可說明方法等，註解方式可用文字敘述，亦可用括弧加註其範圍，不一而足。如刑法第10條第1項：「稱以上、以下、以內者，俱連本數或本刑計算。」

（二）限制性法條

1. 限制性法條之概念

因法律上所使用的用語，所涵蓋的範圍太廣，以至於法條涵蓋其所不應涵蓋的事項，故以目的限縮解釋方式，用來限制其他法條適用範圍的法條者。

2. 限制性法條之用語

其關鍵用語為「但不包括……」、「以……為限」、「……不適用之」、「……不在此限」。例如稅捐稽徵法第2條前段規定：「本法所稱稅捐，指一切法定之國、直轄市、縣（市）及鄉（鎮、市）稅捐」，但後段卻限制謂：「但不包括關稅」的範圍。

（三）引用性法條

1. 引用性法條之概念

法條常在其構成要件或法律效果的規定中，引用其他的法條，又分原因引用、結果引用兩者。

2. 引用性法條的主要功能

(1) 避免遺漏或重複。

(2) 節省立法者時間。

(3) 減少爭論範圍，避免政治糾紛。

(4) 促進法律統一。

3. 引用性法條之類型

(1) 適用

立法時避免重複規定，而明定某種事項逕行適用同樣事項已有之規定。即完全依其規定直接辦理，不必變通。如國家賠償法第5條：「國家損害賠償，除依本法規定外，適用民法規定。」

(2) 準用

法律明文規定，將關於某事項所設之規定，適用於相類似之另一事項上。「準用」與「適用」在範圍上仍有區別，準用只就某事項所定之法規，於性質不相牴觸之範圍內，變通、間接適用所援引之法規。換言之，準用非完全適用所援引之法規，而僅在應予準用事項之性質所容許之範圍內，始能類推適用而已。如廣播電視法第32條：「第二十一條及第二十六條之一第二項規定，於廣告準用之。」（註：廣告管理準用節目之規定）。

(3) 比照

立法時避免法條文字之繁複，特將某種事項，明定比照其類似事項已有之規定，而處理者。如民法第89條規定：「意思表示，因傳達人或傳達機關傳達不實者，得比照前條之規定撤銷之。」

(4) 「……亦同」

通常被用於法律效果的準用上，因法律事實同屬於一個上位案件類型

所必要的共同特徵，故在法律上的意義，其效果係屬相同。如國家賠償法第8條第1項：「賠償請求權，自請求權人知有損害時起，因二年間不行使而消滅；自損害發生時起，逾五年者亦同。」

(5)「……有同一效力」

這一用語，則幾乎都用於擬處理之案件類型與擬被引用之法條所規範之案型其法律事實不同的情形。它們所以被賦予同一法律效果的理由，與「……亦同」之句式一樣，係基於同一之規範上的評價。如仲裁法第37條第1項：「仲裁人之判斷，於當事人間，與法院之確定判決，有同一效力。」

(6)「依……之規定」

此種用語即法律原因及法律效果之準用。須注意者，係此用語之運用，在效果上並非一致，其引用之範圍亦有不同，通說視該引用性法條是否為充分之構成要件，而將之分為原因引用與結果引用。

A. 原因引用

又稱為法律構成要件之引用，指引用法條本身並無法律要件之規定，尚須借助其他規定，故只引用被引用法條之「原因」而已，至其法律效果之發生，仍須符合其構成要件始可。如民法第45條：「以營利為目的之社團，其取得法人資格，依特別法之規定。」

B. 結果引用

又稱為法律效果之引用，即無須依靠被引用法條，本身即可為完全之構成要件，故只須引用其他法律之「結果」，即法律效果，而毋庸引用其「原因」。如優生保健法第13條：「未取得合法醫師資格，擅自施行人工流產或結紮手術者，依醫師法第二十八條懲處。」

（四）擬制性法條

1. 擬制性法條之概念

擬制，係屬法律效果之賦予，即立法者將具類似性質，但不同一之法律事實擇其中一主要事項予以界定，而將其他事項透過擬制方式賦予同一之法律效果。

2. 擬制性法條之用語

(1) 視為

因涉及公益需要，對於某種事實的存在與否，依據法規的作用，而加以認同擬定，使類似事實擴大認定為同一。縱然其結果與真的事實相反，也不容許提出反證推翻已經認同的情事。例如民法第7條：「胎兒以將來非死產者為限，關於其個人利益之保護，視為既已出生。」即胎兒將來並非死產，且係為保護其利益，便構成既已出生之要件，依法便應視為既已出生，不能因為經證明該胎兒尚未出生而否定此一規定之適用。

(2) 視同

視同與前述之視為，在法律上的效果幾近相同，均就事實之認定而言，如事物及其性質有異於其他事物，就一定之法律關係，以同一之法律處理者也。如兵役法第38條第2項：「依法成立之武裝團隊，戰時納入戰鬥序列者，視同現役。」

(3) 以……論

為引用性擬制法條之一種用語，一般均在刑法上使用，至民法、行政法上則使用「視為」為多，惟其法律效果均相同。如刑法第44條：「易科罰金、易服社會勞動、易服勞役或易以訓誡執行完畢者，其所受宣告之刑，以已執行論。」

第四節　類似語辨異

所謂法規的類似語，乃指構成法規內容的用語，或在法規範疇內的習見詞句，其含義彼此類似者而言，其或似同而實異，惟其性質相同或近似者，仍不失其為類似語。為澈底瞭解每一法規專門術語之含義，正確運用法規詞語，須要對類似語加以辨別。

壹、列舉、例示

一、列舉

（一）列舉之概念

　　為了預防法規在適用時發生疑義，特把所要規定要件標準等具體的事物，以項款逐一舉出來，用以說明某一上位概念的意義或該列舉事物之總效果的法條，謂之列舉規定。此種法條句式，須依下列之二法諺解釋之：

　　1. 明示其一，排除其他。

　　2. 省略規定之事項，應認為有意省略。

（二）列舉之分類

　　1. 正面表列：法律明確列舉允許事項，未列舉允許者推定為禁止。

　　2. 負面表列：法律明確列舉禁止事項，未列舉禁止者推定為允許（政策鬆綁用）。

二、例示

（一）例示之概念

　　即以例指事物或種類以說明某一上位概念的意義。例示之「例」具有舉以為例，提供部分範程之意。法條中列舉數事項，而於列舉事項之末，綴以概括全部事項之文句，前者謂之例示規定，後者謂之概括規定。法條中使用「……等」，亦屬例示規定。

（二）例示之解釋規則

　　1. 類似點應是本質的屬性，不可為偶然的屬性。例示事項應具有類似性或共通性。

　　2. 類似的各屬性與待論事物的關係，當是彼此相容納，相適合的，不可矛盾衝突。

　　3. 互相比較的二事物之類似點不可過少。

貳、但書、隱但書、除外規定

一、但書

（一）但書之概念

但書，乃法條中本文之下，指出例外、附加限制或附加補充，而以「但」字開端之文句，目前為法規條文上特有之名詞。但書前之規定為原則法，「但」字後之規定則為例外法。

（二）但書之性質與形式

1. 明確例外相反性質之但書：其句式為「但……不得」。
2. 隱含例外相反性質之但書：其句式為「但……不在此限」。
3. 明確例外相反並肯定指示性質之但書：其句式為「但有……者依（從）其……」。
4. 限制性質之但書：其句式為「但以……為限」。
5. 附加補充性質之但書：其句式為「但……應」或「但……得」。

二、隱但書

（一）隱但書之概念

所謂隱但書，即但書的喬裝，換言之，就是在但書之中，倘要加入另一個但書，便換個方式表現出來，或者在但書的「本文」裡另為一種喬裝，不使這一但書公然「露面」。

（二）隱但書之形式

1. 如書

即自「如」字以下，便是隱但書的領域，如（舊）刑法第16條：「不得因不知法律而免除刑事責任。但按其情節得減輕其刑。如自信其行為為法律所許可而有正當理由者，得免除其刑。」

2. 除外規定

　　法條中為避免兩個但書規定同時出現於同一條項、款內，在立法技術上乃將第二個但書以除外規定代之。

3. 變體除外

　　係指法條中並未有「除外」字樣，然就其內容觀之，顯在排除某種事實之適用，亦即條文之形式雖非除外規定，而實質內容為除外規定，其句式有三：(1)「得……不受……限制」；(2)「……不在此限」；(3)「……不適用之」。

4. 條文第2項雖無但書之形式，卻具有但書之實質

　　即法條中之第1項為原則規定，第2項為例外規定，故第2項為第1項之但書規定，如民法第1039條第2項：「前項財產之分割，其數額另有約定者，從其約定。」即為第1項之例外，有但書之性質。

三、除外規定

（一）除外規定之概念

　　除外規定，乃法條中以「除」字開端，而以「外」字結尾之文句，學者又稱為「除書」，以與「但書」相對稱。

（二）除外規定之作用

1. 擴充內容

　　乃擴充法條包括之內容，並非除去，而是擴充。如民法第293條第2項：「除前項規定外，債權人中之一人與債務人間所生之事項，其利益或不利益，對他債權人不生效力。」

2. 相反規定

　　條文中，欲為相反（或例外）規定時，可用除外句式，此時與但書（指出例外者）具有同樣作用，為避免但書之重複，在同一條文中，可將但書與除外規定交替使用為宜。

3. 指出特別法

某種事項須適用特別法（或特別規定），而後始用本條補充時，可用除外規定指出特別法。如（舊）陸海空軍刑法第1條：「本法於陸海空軍軍人之犯罪適用之；陸海空軍軍人，除本法所列各罪外，有犯其他法律者，適用其他法律。」

參、撤銷、廢止、註銷、吊銷

一、撤銷

撤銷，即對既得權益之剝奪，並使其自始無效之意。

現行法制上所使用之「撤銷」有二種意義：

（一）訴願法或行政程序法上之「撤銷」

乃有權機關對於行政機關所為不當或違法行政處分之糾正或救濟，其目的在使原行政處分不發生效力，回復其未處分以前之狀態。

（二）其他行政法或罰則之「撤銷」

通常係對於違反行政法上義務者之處罰，將其既有之權益，基於行政機關之處分予以剝奪之謂。對於資格、決議、權利（包括許可、特許之事項）及證照，無論是書面或非書面之事項，除為部分限制或禁止者外，均有使用「撤銷」用語之實例，故「撤銷」一詞係表示對既得權益之剝奪。

二、廢止

指就原已成立並生效之無瑕疵行政處分，基於法律上、政策上或事實上的原因，如所依據之法規或事實發生變更，而決定將其全部或一部廢棄，使其自將來喪失效力的行為。

三、註銷

註銷有二意義：

（一）指發照機關將已登記有案之證照等，予以塗銷，使失效力之謂。此係行政罰之一種。

（二）對未完成行政程序之處置，而將已登記有案之證照予以塗銷失效，並不以收回為必要，其並非為對違反行政法上義務人所加之處罰。

四、吊銷

「吊銷」一詞，一般僅在於對「證照」類之牌照、執照、證件等為對象之撤銷，且指已發給權利人之證照而言，非如前述註銷可就有權機關所掌有之書面為之。其意在使已核發的證照繳回，如醫療法第111條：「醫療機構受廢止開業執照處分，仍繼續開業者，中央主管機關得吊銷其負責醫師之醫師證書二年。」

肆、特許、許可、認可、登記

一、特許

特許，即法人之設立須經特別立法或國家特別許可，始得設立，為設權行為之一，故限定家數。國家為特許時，依法律或特許命令書，一方面對於事業經營予以必要之種種保護特典，以助其事業之成功；他方面也加以特別之監督統制，課以種種負擔，以防事業之失敗。如金融機構、廣播電視公司均為特許事業。

二、許可

許可者，禁止一般人為之特定作為，對於特定人，或關於特定事項，解除其禁止，使其得以適法為之行為。即依法定條件申請，經主管機關審查及准許者始可設立。其與前述之特許最大不同之處，在於許可並未限定家數。如公益法人之許可。

三、認可

公共團體、特許公司及其他在國家特別監督之下者之法律行為，非受認可，即不能有效成立，即國家予以同意，以完成其效力之行政處分。故在學理上又稱之為「補充之行政處分」。如對人民團體章程之認可。

四、登記

登記為公示方法之一，即人民或法人將法定應登記事項申報於登記機關，登記機關將其登記於登記簿，經完成登記後，產生當事人權利取得之效力，非經登記，不生效力。如商業登記、工廠登記、土地登記、法人登記等。

伍、核定、核備、備查

一、核定

主管機關對於所陳報（未生效）之事項，必須加以合法性及適當性審查，並作成決定。地方制度法第2條第4款用詞定義：「核定：指上級政府或主管機關，對於下級政府或機關所陳報之事項，加以審查，並作成決定，以完成該事項之法定效力之謂。」

二、核備

主管機關審查無違反有關法規之合法性後，予以備查之意（僅為合法性監督：如上級未表示相反意見，原決定即已生效；如有反對意見，即撤銷原決定）。

因核備有不明確之虞，故地方制度法已不予規定。

三、備查

即使上級機關知悉已經過之事實如何，並不影響原事項之效力（屬資

訊性監督）。地方制度法第2條第5款用詞定義：「備查：指下級政府或機關間就其得全權處理之業務，依法完成法定效力後，陳報上級政府或主管機關知悉之謂。」

陸、立案、備案

一、立案

「立案」一語係任何個人或人民團體，以其創辦之事業，依法向政府主管機關申請核准，使具有法人資格的過程。其與備案不同，立案乃向主管機關申請，且須經其核准。

二、備案

主管機關行使其行政上之指揮、監督權，由法規明定之一種必要程序。即創辦事業者依法向主管機關報告有關事項，請求備查，使有案可查，即備查之意。

柒、審查、審核、審議

一、審查

各機關本於職權，就一定的事件，為得出結論而調查其內容的意思，可由個別或少數人為之。

二、審核

各機關本於職權處理公務之調查或研究程序，其性質及作用與「審查」相同，不須嚴謹的法定人數。

三、審議

合議制機關本於職權，就一定的事體作充分詳細評議的意思，須有法定人數，始發生法律效力。

再者，在立法程序上，議案之處理，因審查主體不同而區分如下：

（一）**審議**：立法院院會對議案之討論及處理程序。

（二）**審查**：立法院各委員會對院會所交付議案之討論及處理程序。故委員會又叫「審查會」。

捌、協議、決議

一、協議

「協議」在法律上的解釋，乃當事人之意思表示須合致，亦即主體、內容、參與者等須有完全一致之意思表示。

二、決議

「決議」即參與會議者有一定比例之出席，與一定比例之可決即成立，其並不要求全體同意。

玖、委任、委託、委辦、委由

一、委任

所謂「委任」，指隸屬關係之上級機關或人員，將其職權範圍內的事項，交由所屬下級機關或人員行使的措施。亦即行政上之職權，被委任後移轉至被委任者行使，委任者僅負有監督責任。再者，「委任」亦為公務人員任用法第5條所規定之官等之一。

二、委託

所謂「委託」，指行政機關基於需要，將其職權範圍內的事項，請求無隸屬關係的其他機關或團體與個人代為行使，以處理有關業務之措施。

三、委辦

由中央行政機關或上級地方自治團體交付下級地方自治團體辦理的事務，可由其執行機關直接辦理，而不須經過其議事機關的議決，且無須地方負擔經費者，為委辦事務。地方制度法第2條第3款用詞定義：「委辦事項：指地方自治團體依法律、上級法規或規章規定，在上級政府指揮監督下，執行上級政府交付辦理之非屬該團體事務，而負其行政執行責任之事項。」

四、委由

地方各級政府不宜將權限移轉予中央機關，下級地方政府亦不宜將權限移轉予上級地方政府，以免紊亂地方自治監督體系（含民意機關之監督）、行政救濟體系及國家賠償責任之歸屬。至請中央機關或上級地方政府代為辦理之事務，不涉及權限移轉者，自非法所不許，亦毋庸以法規授權；如為明確計，認須以法規明文規範，宜使用「委由」文字，以與委託、委辦之概念區辨。

拾、賠償、補償

一、賠償

賠償指行政上之損害賠償，即公務員執行職務之際，違法地侵害人民權利時，國家對受害人損害所為之賠償。

二、補償

補償指損失補償，即國家基於公益之目的，合法地實施行政權，如因而致人民遭受之損失，超過其應盡社會義務之忍受範圍，即造成所謂之特別損失（或稱特別犧牲），基於公平合理之原則，仍應酌予補償。

拾壹、屆期、逾期

一、屆期

在一定期間內必須行為者，使用屆期，以示積極力促改善。如「……應限期令其改善，屆期不改善者……。」

二、逾期

表達已過一定期限之事實，而仍消極不作為則使用「逾期」。如「……請求權之行使，以二年為限，逾期不予受理。」

拾貳、違法、不法、非法

一、違法

公法上用語，公法行為是國家站在優越之地位，行使公權力之行為，其使人民遭受損害，乃是常有之事，故非從阻卻違法原因來討論，應視其是否違背法令規定，如違反法令之規定，尤其違反法律之禁止，即為違法，如不違法，即屬適法。

二、不法

私法上用語，一般採廣義說，舉凡客觀上欠缺正當性之行為就是不法，除非有阻卻違法之原因。詳言之，違反現行法律命令之明文規定固不待言，諸如基本人權之尊重、權利濫用之禁止、公序良俗或誠信原則等法

律一般原則，以及法理、習慣法或國際條約等，亦得為判斷違法性之標準。倘有違反，即屬不法行為。

三、非法

即不正當之方法，亦即非法之方法。如刑法第146條第1項規定：「以詐術或其他非法之方法，使投票發生不正確之結果或變造投票之結果者，處五年以下有期徒刑。」

拾參、公告、公布、發布、下達

一、公告

所謂公告，依公文程式條例第2條第1項第5款稱公告為「各機關對公眾有所宣布時用之」。就此，公告屬機關對不特定大眾宣告之行為。換言之，公告是一種公的意思表示之行為，為一種事實行為，而非法規之名稱。其方法包括：刊登公報、新聞紙、布告欄貼示、電子上網周知下載程式等。

二、公布

公布，指刊登於一定之刊物，或張貼於公眾易見之處所，使眾所周知之意。然在法定程序上，法律或自治條例通過後，公開刊載於機關公報、新聞紙，俾使生效力之謂。依據司法院大法官會議釋字第161號解釋：「中央法規標準法第十三條所定法規生效日期之起算，應將法規公布或發布之當日算入。」

三、發布

發布與公布之意相同，須使眾所周知。在法定程序上，指命令訂定完成使其生效之表示。為使法規命令、第二類行政規則等生效，而公開刊載於公報、新聞紙。

四、下達

下達並不必然包含使眾所周知，即上級機關對下級機關或所屬公務員告知之意。機關內部行政規則訂定完成經核定後即生效，並應予下達，但不必於末項明文經核定或下達始生效之規定。

拾肆、以上、以下、以內；滿、未滿；逾、超過；不得少於、不得超過

一、以上、以下、以內

刑法第10條第1項規定：「稱以上、以下、以內者，俱連本數或本刑計算。」此係指用以計數時，連同本數計算。本數，指一定範圍內之起點或終點之任何一端數目。

二、滿、未滿

「滿」，依文理解釋，包括本數，如「滿50人」，即50人以上；至於「未滿」、「不滿」係指未及之意，自不包括本數或本刑計算。

三、逾、超過

「逾」，指超過本數，故不包括本數；「超過」亦不包括本數，如以分數為例，「三分之一以上」包括三分之一，「超過三分之一」則不包括三分之一。

四、不得少於、不得超過

「不得少於」則包括本數，如「本國自製節目不得少於百分之二十」，指須百分之二十以上；至於「不得超過」亦包括本數，如「審議委員中，同一政黨者不得超過二分之一」，係指剛好二分之一或二分之一以下之數目。

拾伍、或、及

一、或

「或」為選言命題之連接詞，即多者中選一即可，又可分為兼容意義及排斥意義二種：

（一）兼容意義

即相互間可相容者，如刑法第121條：「公務員或仲裁人對於職務上之行為，要求、期約或收受賄賂或其他不正利益者，處……」前述三個法律要件同時均可能同時違法。又如刑事訴訟法第42條第4項：「筆錄應令依本法命其在場之人簽名、蓋章或按指印。」前述三者全部或部分處理均可。

（二）排斥意義

在邏輯上又稱為「選擇判斷」，各項間互不相容，如為法律效果之規定，只能選擇裁量其一。如「處三年以下有期徒刑、拘役或五百元以下罰金」，三種懲罰只有一種為真即成立，不可能兩者同時執行，只能選取其一。

二、及

「及」表示各項均包含之連接詞，在意義上往往有主次之分，前項為主，後項為次，位置不能更換。

此外，在解釋上，如為構成要件之規定，須全備；如為賦予權利之規定，可擇一。

拾陸、者、等

一、者

「者」有二種用法如下：

（一）被飾代詞

並不是一般所謂「關係代詞」，只是代表被修飾的「人」，如「殺人者，處死刑、……」。

（二）複指名詞

以引起一種判斷語或描寫語，如「有下列情形之一者，不在此限……」。立法實務上，序言中有「者」字時，各款則不再使用「者」字。

二、等

「等」是代詞，表示詞組內部的並列成分列舉未盡，而將類似的事項含糊地包含於「等」中，為例示之規定。

考古題

1. 立法技術中法律條文常見以「負面表列」方式為之，試舉例說明其運用之情形。（94地方特）
2. 何謂但書規定？何謂隱但書？隱但書有哪幾種形式？請分別加以說明。（94高考三）
3. 立法技術常見於法條中使用「適用」、「準用」、「推定」及「視為」等用語，試分析其意義及用法。（95高考三、95警察特）
4. 試述法律的正面語態與反面語態。（95警察特）
5. 根據立法院法律統一用字表、用語表及法制作業之要求，請簡答以下各組內二個類似用語之主要區別：（96地方特）
   （一）公布、發布
   （二）申請、聲請
   （三）紀錄、記錄
   （四）給與、給予
   （五）制定、訂定

6. 引用性法條之主要功能為何？引用性法條中「適用」、「準用」、「比照」三個用語又如何區別？（96警察特、97地方特）

7. 簡述下列法規用語或句式，其被使用之理由及目的：（97警察特）

　　（一）「……，視同……。」

　　（二）「非有……，不得……。」

　　（三）「……。但以……為限。」

　　（四）「本法所稱……，例示如下：一、……二、……。」

　　（五）「……，依……之規定。」

8. 法律的「但書」作用何在？如法條中出現兩個「但書」時，在立法技術上應如何安排方稱允當，試舉例說明之。（98警察特）

9. 法律措詞之作用，旨在使一般人能瞭解法條的意涵。在草擬法案時須善用法律語態。試分別說明法律正面語態及反面語態之作用。（98高考三）

10. 謂除外規定？除外規定有何作用？請分別加以說明。（98地方特）

11. 何謂一條一文原則？又法條分項有哪幾種方式？請分別加以說明。（98地方特）

12. 行政院、中央主管機關對自治條例的監督方式，大抵分為核定與備查。請依地方制度法相關規定，說明核定與備查的含義及兩者的區別。（99地方特）

13. 何謂擬制性法條？何謂引用性法條？兩者在立法技術上，通常使用何種字樣？請分別加以說明。（100地方特）

14. 請分別說明概括規定、訓示規定、禁止規定之意涵，並請分別舉例說明之。（101高考三）

第一節　法律之修正

壹、法律修正之意義

　　韓非子曾云：「治民無常，惟治為法，法與時轉則治，與時移則有功。」蓋法律公布施行以後，社會發生變遷，或因事實需要，或因法律內容尚欠完備，或因適用上窒礙難行，均須不斷進行驗證和修改，才能發揮規範功能。

　　所謂法律之修正，乃對現行有效法律的部分內容，加以變更刪除、追加或補正，致意識性地變更法律內容之謂。

貳、法律修正之原因

一、基於政策或事實之需要，有增減內容之必要者

　　任何法律的內容，不得與現實社會、特定時期的政策或實際社會生活的需要背道而馳，是以社會情勢發生變遷時，法規之內容自應隨之改變而加以修正，至於修正範圍的大小，端視政策或事實需要而定。

二、因有關法規之修正或廢止而應配合修正者

　　法律之內容應力求其完整妥適，而不容彼此分歧、重複與矛盾等現象存在。因此在相互關係的法規中，倘其中某一法規之內容，業已修正或廢止，為避免造成分歧與矛盾之後果，其他法規自應配合修正。此外，母法修正後，其子法如施行細則等亦須配合修訂。

三、規定之主管機關或執行機關已裁併或變更者

　　政府立法定制，各有所司，倘法規所定之主管機關或執行機關，業經依法裁併或變更，而該法規仍未配合修正，則可能造成雖有法規，但卻無主管與執行機關之結果，或雖有機關、有業務卻無法規依據之漏洞缺失情事。前者將使法規成為具文，後者將產生政府機關之行政無法可依之不合法現象。

四、同一事項規定於二以上之法規，無分別存在之必要者

　　國家機關行事，應力求職有專司，責有所歸，以避免政出多門，而形成有權則爭，有過則諉之流弊，故凡同一事項已有法規規定者，其他法規即不必再重複規定，俾執行或適用法規之機關有所遵循。

參、法律修正之方式

一、增訂（Addition）

　　即法律由少變多，擴張範圍，充實內容，此種方式可增加新章、新節、新款、新款目，用法很廣，若修正法規增加少數條文時，得將增加之條文，列在適當條文之後，冠以前條之一、二、三等條次，例如土地法第46條之1、第46條之2、第46條之3。如果增訂之條文很多，且無性質相近之適當條文時，可重新調整條文條次。再者，冠以某條之一、之二等法律條文中，如引述前條法律時，「前條之含義，指其緊接之前一獨立條文，非指某條前一番號之法律條文」，如第10條之5，倘有「前條」字樣，係指「第10條之4」，非指第9條。

二、更換（Substitution）

　　即以修正後之新條項款目，代換舊有者，以適應新需要。此種方式之更換，是屬於法規之局部代換（replacement of a statute or a rule in part）。

三、取代（Supersession）

如修改條文甚多，且名稱和若干政策性的條文亦有變更，即以一部新法規取代舊法規，例如民國80年制定公布「社會秩序維護法」取代「違警罰法」；82年制定「勞動檢查法」取代「工廠檢查法」等是。

四、合併（Amalgamation）

即將相近或重複之法規，加以合併以求精簡，而利執行。

五、刪除（Rescission）

即在使法律條文由多變少，縮小範圍淘汰陳舊等，以去蕪存菁，有效可行。其方式則為將法規中之有關條文予以剔除，使其不生效力。中央法規標準法第10條第1項規定：「修正法規廢止少數條文時，得保留所廢條文之條次，並於其下加括弧，註明『刪除』二字。」

六、修飾（Modification）

即對法條文字、造句遣詞，加以潤色修飾。

肆、法律修正之程序

一、法律修正程序之概念

法律之修正程序，依中央法規標準法第20條第2項規定「準用本法有關法規制定之規定」。因此，法律修正之機關與制定之機關相同，凡有權制定法規之機關，即有權隨時就有關法規提出修正。

至於修正之程序，亦與制定程序相同，以新法變更舊法，舊法因而失效。亦須經由立法院三讀通過，並經總統公布（中央法規標準法第4條）。

二、法律修正程序之分類

（一）法律修正案

即對已經生效的法律進行變更、刪除或者補充的議案。

（二）立法修正案

即對正在審議過程中的法律草案進行變更、刪除或者補充的議案。

三、法律修正案之體例

（一）二以上法規合併

二以上法規合併為一法規時，不宜稱為修正案，按制（訂）定案之體例辦理。

（二）法律修正案之標題

1. 全案修正

修正草案中如修正條文達二分之一以上時，則全部條文均需列出，其法案標題為「○○○法修正草案」。如列全部條文者，未修正之條文亦應於修正條文及現行條文二欄內全部照列，說明欄註明「本條未修正」，不宜省略，以求完整。

2. 部分條文修正

修正草案僅四條以上，未達全部條文之二分之一修正者，實務上稱為部分條文修正案，其標題為「○○○法部分條文修正草案」。

3. 少數條文修正

修正草案在三條以下者，實務上稱為少數條文修正案，草案標題採列舉式，即「○○○法第○條、第○條及第○條修正草案」。

四、立法修正案審議之限制

在立法修正案方面，修正議案於立法審議時，前述全案修正與部分修正有所不同。即依立法院先例謂：法律案如係制定或全案修正時，在其所

附具條文之外，另提議增加條文，應視為修正動議，毋庸依照委員提案辦理，至於部分或少數條文修正案，依慣例則不得對條文之外，提修正動議增列條項。

伍、法律修正之立法沿革

一、立法沿革之概念

立法沿革又稱為立法歷史，為立法理解的外部輔助資料之一，其有助於證明法律的目的，通過確認立法目的來確認文字含義，探求立法原意。

二、立法沿革資料之內容

（一）需要解釋之文字的法案條文，即在廢止、修正或制定前的相關立法資料，包括總說明及逐條說明。

（二）起草機關舉辦公聽會、研討會，及法制審查資料或審查報告。

（三）國會審議公報，即委員會審查、辯論或公聽會發言紀錄、審查結果報告、黨團協商結論、院會討論等資料。

第二節　法律之廢止

壹、法律廢止之意義

所謂法律之廢止（repeal），即因情勢變遷或因任務完成，已無存在之必要，而依法定程序，將現行有效之法規予以廢棄，而不再適用之謂。蓋法規經公布施行後，發生效力，一旦廢止，即喪失一切形式上及實質上之效力，不得作為政府執行與適用之依據，人民亦無奉行遵守之義務。

貳、法律廢止之原因

一、機關裁併，有關法規無保留之必要者

　　行政機關是執行行政任務時所憑藉的工具與手段，一旦設立目的之任務達成，該機構自無再予存在之理由，允宜加以裁撤。如政府組織再造後，各機關執行之業務，倘有重複或趨於萎縮時，依精簡機構之原則，即有加以裁併之必要。原機關無保留之必要者，即通過立法程序明令廢止。

二、法規規定之事項已執行完畢，或因情勢變遷，無繼續施行之必要者

（一）業務執行完畢

　　政策乃是一種執行行動之指引。若欲成為政府行事之依據與人民行為之規範，則必透過立法形式，而為法律。法律既為政策之具體化，在政策目的業已執行完畢，其所賴以執行之法律理當予以廢止。如我國政府歷年所發行之短期公債、建設公債及各年度總預算施行條例，均於還本付息或年度施行屆滿，以業務執行完畢，而循立法程序明令廢止。由是，業務執行完畢亦為廢止案提出之原因。

（二）情勢變遷

　　任何法律之制定，自不能與特定社會、特定時期的眾人的實際生活與需要背道而馳，倘因情勢發生變遷，致使法律無法適應當前需要，亦即法律所預期之行為，與社會的實際情況不相吻合。如此之際，法律已未具實效，失去法律制定之目的，固可依立法程序予以明文廢止，如戒嚴令解除後，我國臺灣地區與中共之敵對狀態宣告終止，因此項情勢之變遷，原適用於戡亂時期之各種特別條例，自無繼續施行之必要，乃分別於民國80年經立法程序予以明令廢止。

三、法規因有關法規之廢止或修正致失其依據，而無單獨施行之必要者

在法源關係上，由母法產生子法，亦即子法之產生淵源於母法之規定者，倘母法經修正或廢止，子法自然失其依據。因此，該子法自無單獨存在之必要，自應予以廢止。

四、同一事項已定有新法規，並公布或發布施行者

法律常為政策之具體化，因之，此一新的政策之實施，仍應予以立法方式來施行。此時，同一事項乃有先後兩個同類之法律予以規定，或有些不同之規定。在適用之際，雖可依「後法廢止前法」之原則，以施行在後之法律，代替施行在前之法律；惟為維持法規統一起見，施行在前之法律，應予以明令廢止為宜。如「社會秩序維護法」取代原來之「違警罰法」，即將原違警罰法明令廢止。

參、法律廢止之程序

一、檢送擬予廢止之法律全文

在立法實務上，行政院函請立法院審議廢止法律時，應將擬予廢止之法律全文隨函檢送，立法院委員會於審查後，應於二讀會中報告時，附具廢止法律全文。

二、廢止案須經二讀程序

廢止程序與立法同，但實務上廢止法律案不必經三讀程序。因並無文字修正問題，無三讀之必要。

三、廢止案之生效

（一）廢止案經立法程序者

　　法律如予以廢止，則喪失其效力，惟並非於公布或發布之日起，即行失效，而係自公布或發布之日起算至第三日起失效。此與「法規明定自公布或發布日施行者，自公布或發布之日起算至第三日起發生效力」，其理相同。

（二）限時法

　　法律已定有施行期限者，期滿即當然廢止，其廢止之日，即為其失效之日，而不適用「自公布或發布之日起算至第三日起失效」的規定。

第三節　法律修廢立法技術之新模式

壹、法律包裹立法

一、法律包裹立法之概念

（一）包裹立法之意義

　　包裹立法係屬集合式之立法，即為一個共同之立法目的，將數個要修正或要制定，乃至要廢止的法律，整合在一個法律案中作處理，可謂是整合法案橫向處理的一種科學立法方式。

（二）採用包裹立法技術之原則

　　乃為避免規範各個不同領域之法律彼此產生衝突，於一個共同立法政策之基礎上，蒐集相關法律規範加以檢討，就必要變更（舉凡增訂、修正或廢止均屬之）之法律規範作成一個法律包裹，以求法律包裹裡之各個法律彼此之協調性，不同於以往上下垂直法律位階牴觸無效之概念，從而使橫向相同位階之法律在橫向運作上絲毫無扞格不入之處。故包裹立法技術具有政策性、全局性、同步性、經濟性之實益，值得重視推動。

（三）包裹立法之立法過程

在立法技術上，即是把相關該定、該修、該廢的法規條文併在一個法案中處理，此法案稱為「外法」；在立法程序上，即予逐條討論、通過該「外法」。但是被指示須要修正或廢止的原來個別法律，則稱為「裡法」，在立法程序上，「裡法」是經逐法議決通過即可。裡法的修正或廢止本身便是外法的內容，外法套裡法，猶如電腦的指令，裡法就如輸入指令後輸出的文字，隨外法的通過而當然生效。

二、包裹立法之類型

（一）第一種類型

此種立法方式習見於小幅度修改相關法律，即在一種主要法律之後，以附則之型態規定其他相關法律條文所作之修正或廢止。一般此種類型之立法有所謂主從之關係，學者有稱之古典型式的包裹立法。

例如民國88年修正之民事訴訟法施行法第7條之1規定：「民事訴訟法規定之推事，除第二編第二章至第四章已修正者外，一律改稱為法官。」可認定為係包裹立法之第一種類型，惟寫法上宜改為：「民事訴訟法規定之推事，除第二編第二章至第四章已修正者外，一律修正為法官。」

（二）第二種類型

基於一個共同的立法目的，必須同時作數個法律的部分條文增訂、修正或廢止，乃以一個整合的法律案，將個別應為增訂、修正或廢止之數個法律的部分條文，以一個法律為一章之分章方式，及每一章即一個單獨立法之法律案，合併在一個大的法律包裹，依立法程序審議討論完成立法。舉例如下：

中華民國加入世界貿易組織修正部分相關法律綜合法草案

第一章　總則
第二章　貿易法之修正
第三章　商品檢驗法之修正

第四章　商標法之修正

第五章　專利法之修正

第六章　公司法之修正

第七章　關稅法之修正

第八章　貿易稅條例之修正

第九章　營業稅法之修正

第十章　證券交易法之修正

（以下略）

行政院於85年5月送請立法院審議之「中華民國加入世界貿易組織修正部分相關法律綜合案」，原本即有意採包裹立法方式處理。但在立法院正式審議前竟率爾自行撤回，一仍舊慣以一般法案方式審議。學者有推測係因立法委員對此一新立法制度仍不熟悉使然。後來，立法院依黨團成員比例組成21人之「WTO立法推動小組」，由立法院院長擔任召集人，並以「包裹黨團協商」之方式圓滿解決。

三、包裹立法之優點

（一）彰顯立法政策之目的

包裹立法既是基於共同之立法目的，即將此共同立法政策有關之所有法律，打包成一個法律包裹，一起送請審議。依此模式所移請立法機關審議之法案，自然能突顯提案機關之立法政策，引起立法機關之重視。尤其往往在組織的變動或統一名詞修正的運用上，更能發現包裹立法在彰顯立法政策之目的與便利性。

（二）維護法律秩序之完整

包裹立法應檢視所規範之內容是否與新提案送請修正之法律案相牴觸，或將產生新的法律漏洞，或者可能造成整體法律失序，使人民對於立法者之規範意志無所適從，或職司司法工作之法官在執行審判工作所欲從事之法律解釋發生困難，甚至成為法官造法之疑惑。因此在作法律包裹之審查時（前），必須審視各相關法律間秩序與規範之完整，減少疏忽。

（三）同步完成立法之工作

　　立法工作如能同步完成，可避免法律發布程序在步調上之混亂。主管機關即便能以單一立法方式逐一檢討，亦能維護法律秩序之完整，但以單一立法方式逐一檢討通過之法案，卻必須「等待」相關法律案均完成立法後一起公布，才能使法律同步生效，不免缺乏效率。採用包裹立法之方式，更能兼顧法律同步完成所代表之意義。

（四）程序經濟功能，提升立法議事之效率

　　在人民普遍認為立法議事效率有待提升之時，採用包裹立法以提升立法議事之效率，應能符合人民之期待，人民並不在乎立法院一個會期完成多少法案，人民更在乎尚有多少法案躺在立法院等待審議，單一立法所完成的立法個數，固然較包裹立法的法律包裹為多，但就實際解決的法律案而言，人民可以實際感受到，如果所完成的包裹較多，剩下的問題減少，立法效率便有長足的提升。

（五）減少法律贅文

　　以往行政機關為使特定之政策得以突顯，有將相關法律作相同規定之情形，尤其在立法程序中因擔心法律案不一定能同時通過，乃就前述特定規定之條文於相關法律中作重複性之規定，此種重複性規定在體例上原本即應避免，但行政機關基於該政策考量與立法過程中無法掌握之因素，常以重複無害之想法，重複規定於各相關法律中，故若採包裹立法，則較可以避免上述問題。

四、包裹立法之缺點及其因應之道

（一）立法工程品質之要求會更嚴苛

　　為期使完成一特定法律目的之立法工作，基於此一立法目的，必須使其他相關法律亦能同步配合修正，從事行政機關法律審議工作之法規委員會與立法機關之各種委員會，應就相關法律仔細查詢，避免掛一漏萬，反而產生闕漏。時至今日，資訊工業發達，由電腦協助擔任搜尋之工作，使

此一缺點所造成之不便與難度降低。

（二）法典編纂工作之精細應更講究

法律案在包裹立法完成之後，如前述第一種類型，此種立法方式習見於小幅度修改相關法律，在印製法典時，僅將主法部分印製完成；從法如以附則方式完成立法者，則其條文均可括號註明「省略」，而以註解方式指引修正之法律名稱與條號，以便查閱。依此種方式被修正之法律，在法典編纂印製上，須將被修正之法律依新修正之條文決議內容納入，又為交代立法資訊之來源則以註解之方式指明立法公告文件。如為第二種類型之包裹立法，總統府公報所公布者為外套法，各別單一法律條文之整理，由從事法律事務之機關來處理，我國因無此種經驗，除主管機關外，並無官方機關從事包裹立法之編纂工作，惟行政院曾印製中央法規彙編，除主管機關外，似應由主管院將此包裹立法之編纂工作一併承擔。

（三）行政立法運作之模式須更靈活

就提案審議過程而言，針對不同主管機關所主管法律案業務之部會署主管，行政院在提案前，應由行政院負責法律打包的工作，換言之，爾後行政院審議相關法律、行政命令時，其審議工作不能再只就單一法案進行審查討論，審查法案作業必須要廣泛搜尋相關法律規定，避免不同法律彼此產生規範衝突。因此，在行政院法規委員會的審查工作將益形吃重。

其次，在立法院的議事處、程序委員會等受理法案窗口，就行政院提案，甚至委員所作法律修正提案，亦應儘量讓相關的法案，同步進行審查始符合議事效率，並能維護法律秩序之完整者，即有必要以包裹立法之方式審查這些相關法案，因此立法院的議事處、程序委員會在院會審查法案交付委員會時，即可建議由該主管法案業務之委員會負責審查，並與相關之法律提案作成法律包裹一併審查。

（四）委員會審議之專業分工難以落實

立法程序中交付各委員會審查之最大意義在於加強專業立法、監督行政機關、內部整合、蒐集資訊、提高議事效率等功能，而包裹立法技術在

委員會階段的立法程序將會是一個兩難。如果將包裹中之各法律案拆散還原到原來應該分配審查的委員會以落實專業立法等上述功能，則包裹立法與單一立法並無差異；設若如上述所述，在院會審查法案交付委員會時，議事處、程序委員會即可建議由該主管法案業務之委員會負責審查，並與相關之法律提案作成法律包裹一併審查，則就前述委員會功能之角度言，應會有若干功能之喪失。尤其幾次不同法律包裹所完成之立法程序以後，法律案修正所應保存之資料與檔案之建置、整編關係爾後立法之依據，不可不慎。

五、我國以往採用類似立法技術之檢討

（一）直接於現行法條上增刪修飾

即以直接、原文修正之技術為主。

（二）另行制定一特別法

或以優先適用參照規定來間接修正原普通法之內容，例如現行法規所定貨幣單位折算新臺幣條例第2條規定：「現行法規所定金額之貨幣單位為圓、銀元或元者，以新臺幣之三倍折算之。」

（三）不直接更動相關法規之條文，而是就其規定在本法所適用方式或範圍作延伸性規定

例如民國83年修正公布大學法第30條規定：「教育人員任用條例第二十五條、第二十六條及第三十七條之規定與本法相牴觸之部分，應不再適用。」

貳、綜合法案立法

一、綜合法案立法之概念

美國之所謂「包裹立法」（packaging legislation），係將法案適用對象相同、涵蓋層面廣闊之相關事項合併為一個法案處理。目前以「綜

合法案」（omnibus bills）或稱之為「公車式立法」（Omnibus Legislation）使用最多。亦即凡有關之行政行為，不論其為組織法、作用法、程序法，抑或救濟法，皆一齊提出規範或修正。俟此大法案通過後，再視其內容，分別歸入美國法典（United States Code）的50篇中。

二、綜合法案立法之優點

（一）體系完整

因為綜合法案包括原有機關的組織調整或新機關的設立、原有授權之改進或賦予新的授權、原有行政程序之改進或行使新的授權所應履行的行政程序，甚至為利害關係人設立新的救濟途徑等，故體系完整，適用方便。

（二）程序經濟

審查通過一個大型綜合法案，比數個小型法案所花費的時間要來得節省。

（三）隱藏敏感法條

小型法案容易使立法者從頭到尾注意每條條文之內容，而大型綜合法案可能前面的條文易引起注意，後面則較被疏於注意，故起草人如將敏感性或不受歡迎之條文放在法案之最後部分，反而容易通過。

參、日落立法

一、日落立法之意義

附有一定有效期限之法律，在英美法又稱為日落條款，即期限一到就如落日一樣，必須重新檢討其存廢，否則該法律就自動失效，通常日落條款都與預算的審核配合運用。詳言之，日落法律即係經一段時間，授權行政機關執行之法律非經再授權，則變成無效。類似我國之限時法。

二、日落立法之目的

（一）對行政機關所執行的政策加以監督考核

敦促立法機關對行政機關和其所負責執行的政策加以監督考核，並對其從事定期性之評估，包括是否按照日落法律之旨意行事、執行是否具有效能等。

（二）用以決定將來是否還有必要繼續維持

一旦評估的結果，發現行政機關並未按旨意行事，並缺乏效率者，則該機關或政策非經再授權即會自動無效，瀕臨日落的境地。

三、日落立法之原則

（一）自動終止原則

日落立法所涵蓋的機構或政策，一到了其所規定的期限，若未經由立法機關根據政策評估的資訊，予以積極的肯定，准許持續運作，就會自動終止。

（二）定期性的終止原則

日落立法所定的終止期限，必須是定期的（即每隔4年、6年或12年），其目的在於將政策評估的過程加以制度化，以便依據已定的評估標準，進行系統性、廣博性的評估。

（三）漸進適用的原則

日落立法制度的建立，正如所有重大的革新一樣，不能操之過急，宜採漸進適用的過程，由那些最能適用的機構或政策開始進行，再擴大適用的範圍，以免阻力過大而功虧一簣。

（四）同時評估的原則

政策領域相同下的機構或政策，務必同時進行評估，俾使有合併、協調、增刪的機會，進而符合功能一致、事權統一的原則。

（五）行政機關先行評估的原則

日落立法評估的準備工作，由職司的行政機關先行為之。此乃因受評估的機關，一則最易蒐集到評估的資訊，以為平日機關管理之用；二則受評估的機關，往往為了維護其生存，而熱衷於提供其所呈現的績效數據，以為立法機關參考的準據，進而減輕其工作的負荷。

（六）設定一般性的評估標準原則

機關或政策之持續或終止，賴於有意義、有深思的評估。為了達到這個目的，日落立法制度就必須建立一套一般性的評估標準，用以指引政策評估的過程。一般最基本的評估標準為順服性、需要性、效率性及效能性。

（七）提出整套決策方案的原則

日落立法由於設有終止的機能，因之決策者在作成任何決定前，有關機關有必要進行一項有意義的評估，以確保每一項終止、重組或持續的決定，均有事實作為正當性的論據。因此，有關機關必須事先準備整套的決策方案，提供簡潔的評估資訊，使決策者能在最短的時間內體會其內涵，並憑常識的判斷就能作成政治性的決定。

（八）立法機關內委員會重組的原則

立法機關內的各種委員會，基於法律的規定，在其管轄的職務範圍內，具有監督的責任。不過，委員會的主席或委員們，未必嚴格服膺評估的原則，委員會的結構又往往受制資深委員和中階層的官僚或利益遊說團體，是以委員會的重組，乃有意義評估的先決條件。

（九）設立保障措施條款的原則

日落立法本身含有種種的冒險，為了防止不當決定發生，排除任何武斷終止的機會，日落立法本身應設有過渡保障條款，例如，准許被裁撤的機關持續存立一年，以處理各項善後事宜，在這一年緩衝的時間裡，如發現裁撤的決定過於武斷，或違背了公共利益，則該機構的支持者，有機會平反裁撤的決定，重新賦予其生存的活力。

（十）大眾參與的原則

　　日落立法的目標之一，乃在於顯示公職人員經常在設法改善政府機關的效率，俾有助於恢復一般人民對政府的信任。這個目標的達成，大眾參與務必是日落立法有效運作的主要關鍵。因為大眾參與而提升支持的程度，減輕大眾對政府的冷漠或疏離感，增強機構或政策回應人民需求的程度。

肆、實驗性立法（試行性立法）

一、實驗性立法之概念

　　實驗性立法，指的是針對一項手段或目標仍未完全確定的政策性措施，為了在全面實施前掌握其利弊得失及發展潛能，而就特定人或地區，在一定期間內試行，就此提供的必要法律規定。如德國「寬頻線纜示範實驗法」、「媒體試驗及發展條例」。

二、實驗性立法之特色

（一）限時限區性

　　可明定其實施範圍為某些地區，法律有效期間亦得限定幾年，並得延長幾年。

（二）試驗標的明確

　　試驗的目的在解開特定疑難，故實驗性立法開宗明義即須明白提出試驗標的。

（三）合理規模

　　即屬實驗性質，則投資規範應達到一定「合目的性」，至少可預期其結果對所懸問題能提供相當明確的答案。同時必須設法減少被試驗者在模擬情境下所造成不利之因素。如試驗期太短，投資者即可能不惜成本投試驗者所好而使真相不易呈現。再者，另一方面對投入參與者也應有一定限

制，原則上以完成相當可信的試驗為度。如投資過於龐大而易放難收，則難免假試驗之名造成既成事實之虞。

（四）科學評估

社會實驗需要科學評估以定其結果。這項評估須由客觀、嚴謹、獨立的專家學者組成，自始參與其事。尤其當涉及利益衝突時，評估團體成員的選任必須特別慎重，不宜任意在法律中授權政府「另以命令定之」，而應在法律中明定其組成方式及評估程序、方法、評估者的獨立地位及權限，以建立公信。

三、我國實驗性立法之經驗

我國規範立法的「中央法規標準法」並未針對實驗性立法有何特別規定，其性質可歸類於限時法。在法規命令方面，民國89年行政院大陸委員會曾訂頒「試辦金門馬祖與大陸地區通航實施辦法」，明定試辦通航期間為一年，如有必要得予延展，此可謂試行法規之案例。在法律方面，司法院已草擬完成「人民觀審試行條例」，尚待立法院審議。

✎ **考古題**

1. 請依中央法規標準法的規定，說明法規修正的原因。（95警察特、99警察特）
2. 試就中央法規標準法相關規定，說明法規廢止的原因。（98高考三）

第一節　行政命令之概念

壹、概說

一、行政命令之意義

　　按行政命令一詞，為行政機關所發布命令之泛稱，指行政機關所發布之具有一般性、抽象性特徵的法規範。除了憲法規定之緊急命令外，行政程序法僅規定有法規命令及行政規則二種，不包括中央法規標準法第7條的「職權命令」。

二、職權命令不能存在之理由

　　立法權為整體國民意志的表現，反映公權力民主正當性最重要的中介。

　　由於法治國與議會民主均需仰賴法律對行政權力的規範控制來加以實現，因此，行政機關的法規命令訂定權，勢必要透過立法者的授權或中介，而不能站在憲政秩序的基礎上獨立發動。亦即，行政機關並不能直接依據自己的職權來發布發生法規範效果之職權命令。

貳、授權訂定行政命令之原因

一、減少國會時間之壓力

　　現代國家立法事項繁多，國會無足夠時間或人力對任何公共政策作周

延之考慮。

二、配合技術性之需要

立法內容多半具有濃厚的技術性，須作充分的瞭解和討論，故國會不得不授與行政機關運用科學或各種專業知識加以妥善處理。

三、符合變動性之需要

立法事項因社會環境之需要，有變動不居的現象，故授權行政機關允許其較大彈性，訂定較為廣泛之條款，以資適應環境之變遷。

四、緊急權力之需要

行政立法權能對不可預見之非常情況作迅速之反應或處理，如須依議會制定法律反而不能切合時宜，如戰爭、嚴重罷工、經濟危機等緊急狀態。

五、立法定制之實驗

解決或改革社會、勞動關係問題上，有需要實驗後再制定法律，以免將來施行或修法時，遭遇到不必要的歧見與反抗，則授權行政機關以行政立法先作實驗，將有所助益。

六、配合瑣細事項之規定

瑣細事項如皆由法律規定其有關事項，則其制定或修正程序較為嚴格、費時，必將妨礙行政機關適應政治、社會、經濟等現實環境變化之時效性。

第二節　行政命令之法制作業

壹、法制作業之意義

法制作業之意義，如就我國法治思潮以及現今法制業務範疇而言，可分為廣義與狹義兩說，茲分述如下：

一、廣義之法制作業

指行政機關於法規制（訂）定過程中，及行政處分等行政行為作成前，為確保實效性及妥適性，就其格式、體例及內容所為之相關整理作業。亦即，除行政機關為遂行國家政策意志法規化之手段與技巧外，更論以其實質範圍之探討，尚須配合行政機關法制實務需求，而擴及於行政法規意旨及疑義之研釋、行政法規資料整建及檢討整理等事項。

二、狹義之法制作業

即一般所稱之法制作業，其多局限於行政機關法規及行政規則擬議過程中所為者，並不及於立法機關之立法程序，甚至不包括行政處分等其他行政行為部分。狹義之法制作業，僅涉及法規之制（訂）定、修正、廢止等作業事項，其與立法學上所稱之立法技術，二者意涵似為相同。

貳、法制作業之目的

一、使規範實定法化，建構完善法律體系

民主法治國家，首重依法行政，法制作業即在遵循依法行為的原則及一般行政法上之原則。再者，法與時轉則治，治與事宜則有功，故法制作業著重在掌握社會脈動，瞭解世界潮流，制定不與現實社會過於脫節之法規，建構完善的法律體系。

二、使法規範及執行忠實反映政策目標

法規範乃貫徹國家政策的工具,立法政策是否正確,乃法律能否發生規範功能的基礎,如在錯誤的立法政策之下所制定的法律,有時不但不能產生預期的立法功能,而且反生諸多負面的後果,嚴重損傷法律的威信。法制作業即是在政策合法化過程中為忠實反映政策目標所採取的技術性工作。

三、謀求法秩序之調和,避免衝突牴觸

立法本身是系統化的社會科學工程,法制作業是對未來立法項目之設想和安排,能有效處理各個立法項目之間縱橫交錯的複雜關係,避免法案間的衝突、牴觸、交叉重疊,從而保障整個法律體系的和諧統一,並使相關機關協力合作,有準備並協調一致地參加立法工作。

四、透過標準化作業流程,提高立法效率

由於現代法律的內容廣泛複雜,致使法條數目日增,有法令多如牛毛之困境,為使一般人民能普遍瞭解與遵循,立法時不得不對法律結構與體系作符合邏輯順序的安排,對法律文字及格式、體例作標準化之處理。亦即法制作業主要是技術,其真義在於透過標準化作業程序,確保政策落實,減少實務爭擾,提高立法效率。

第三節　法規命令之法制作業

壹、法規命令之概念

一、法規命令與行政規則意義之不同

(一)法規命令

依行政程序法第150條第1項定義規定:「本法所稱法規命令,係指

行政機關基於法律授權，對多數不特定人民就一般事項所作抽象之對外發生法律效果之規定。」

質言之，由於法規命令之訂定是行政機關承接國會立法的結果，因此其整體規範架構與規範控制機制，都必須圍繞在「法律授權」這個核心概念上，受到授權母法在實質內容上的拘束。

（二）行政規則

行政程序法第159條第1項定義規定：「本法所稱行政規則，係指上級機關對下級機關，或長官對屬官，依其權限或職權為規範機關內部秩序及運作，所為非直接對外發生法規範效力之一般、抽象之規定。」

質言之，行政規則，原則上只能扮演行政機關內部「行事準則」的角色，而不能直接對外發生效力，否則人民權利將因欠缺國會法律的把關，而無法獲充分的保護。

二、法規命令與行政規則之區別

（一）法規命令乃對外關係之抽象規定，必須有法律之授權；行政規則乃對內關係之抽象規定，不必有法律之授權。

（二）法規命令應遵守依法行政之原則，因其係對外關係，故須遵守法律優位原則及法律保留原則。行政規則僅對機關內部有拘束力，法規命令對任何人均有拘束力。行政規則僅係內部規定，與一般人民無關，故不受法律保留原則之支配，惟其仍為行政作用之一種，亦須受法律優越原則之拘束。

（三）法規命令依中央法規標準法第3條之規定，有規程、規則、細則、辦法、綱要、標準或準則；行政規則係機關內部規定，不受名稱之支配，可使用須知、要點、注意事項、規範、程序、守則、作業規定、基準等名稱。

（四）法規命令須發布，即應刊登在特定機關公報或新聞紙始生效力；行政規則無須對外公布，只須相關機關瞭解即可，故以下達、通報，使機關內部人員瞭解為原則。

（五）法規命令須送立法機關查照；行政規則理論上無須立法院查照。

三、實質意義之法規命令

實質意義之法規命令（簡稱實質法規命令）係指經法律授權應訂為法規命令之事項，因性質特殊，得經法律授權，以公文程式「公告」或「令」發布，仍應刊登政府公報，不適用中央法規標準法所定法規名稱、法條形式之規定。例如法條中明定：「……，由○○機關公告之」或「……，由……○○機關定之」等規定。

前項所稱性質特殊，係指其規範內容簡單或複雜繁瑣，或變動頻繁或具急迫性，無須或未能以法規形式定之，且具有下列情形之一者：

（一）社會或經濟發展需要

例如懲治走私條例第2條第1項：「私運管制物品進口、出口者，處七年以下有期徒刑，得併科新臺幣三百萬元以下罰金。」第3項：「第一項之管制物品，由行政院依下列各款規定公告……」

（二）專門技術性質

例如商品檢驗法第5條：「商品檢驗執行之方式，分為逐批檢驗、監視查驗、驗證登錄及符合性聲明四種。各種商品之檢驗方式，由標準檢驗局公告之。」

（三）其他行政上特殊需求

例如（舊）全民健康保險法第19條第1項：「前條被保險人及其每一眷屬之保險費率以百分之六為上限；……如需調整，由主管機關報請行政院核定之。」

實質法規命令仍應踐行行政程序法預告之程序，以「公告」或「令」發布後，刊登公報應即送立法院，並應於「公告」或「令」中敘明生效日期；其修正、廢止，亦同。

貳、法規命令之分類

一、具體授權之法規命令

　　原則上，法律授權訂定法規命令必須具體明確，包括授權的內容、目的與範圍，依行政程序法第150條第2項規定：「法規命令之內容應明列其法律授權之依據，並不得逾越法律授權之範圍與立法精神。」

　　例如醫療法第14條第2項：「前項醫院設立或擴充之許可，其申請人之資格、審查程序及基準、限制條件、撤銷、廢止及其他應遵行事項之辦法，由中央主管機關定之。」中央主管機關即依據前揭授權訂定「醫院設立或擴充許可辦法」，除於第1條明定其法源依據外，並依母法授權之事項範圍訂定相關條文。

二、概括授權之法規命令

（一）概括授權訂定施行細則之概念

　　法律未將授權的內容及範圍具體規定，而僅概括授權訂定施行細則者，其條文句式為「本法施行細則，由○○部定之」。授權訂定施行細則之主要目的，在授權主管機關針對母法條文不確定概念部分進一步作細節性及技術性之解釋或補充性規定，包括法條所定文義有關之質、量及程序之進一步詳細，如職務分配、申請與審查程序、表格等。

（二）訂定施行細則時應注意之原則

　　1. 同步原則：施行細則的目的在於協助施行母法，故施行細則應當與母法同時發布。

　　2. 協調原則：即施行細則的內容與母法的原則精神與具體內容應保持和諧一致。

　　3. 針對原則：施行細則係針對母法有待解決的問題，與母法所涉及的社會係不發生直接關聯問題，施行細則不宜加以規定。

　　4. 細密原則：施行細則為對母法就同一內容作更細密之規範，施行

細則對母法的細密化，包括質的進一步規定、量的進一步明確、程序的進一步詳細。

5. 補充原則：施行細則比較母法而言是增加新的內容，但是新的內容必須是為實施母法的規定所必需的。

6. 不得轉委任原則：不得於施行細則中再授權訂定命令或行政規則如要點等

參、法規命令訂定之程序

一、程序之遵守

原則上行政機關訂定法規命令應依行政程序法所定之程序為主，但關於軍事、外交及其他重大事項而涉及國家機密或安全及法律另有規定者為例外。

二、草擬、提議

（一）行政機關自行草擬

（二）人民或團體提議

提議以書面敘明法規命令訂定之目的、依據及理由，並附具相關資料。

（三）機關之處理

1. 非主管之事項，依行政程序法第17條之規定予以移送。

2. 依法不得以法規命令規定之事項，附述理由通知原提議者。

3. 無須訂定法規命令之事項，附述理由通知原提議者。

4. 有訂定法規命令之必要者，著手研擬草案。

三、預告

（一）原則

　　公告並載明：訂定機關之名稱，其依法應由數機關會同訂定者，各該機關名稱。例外不公告：情況急迫，顯然無法事先公告周之。

（二）訂定之依據

（三）草案全文或其主要內容

　　任何人得於所定期間內向指定機關陳述意見之旨意。

四、聽證

　　舉行聽證時，應於政府公報或新聞紙公告，載明下列事項：

　　（一）訂定機關之名稱，其依法應由數機關會同訂定者，各該機關之名稱。

　　（二）訂定之依據。

　　（三）草案全文或主要內容。

　　（四）聽證之日期及場所。

　　（五）聽證之主要程序。

五、核定

　　如依法應經上級機關核定者，應經核定。

六、發布

　　有權責機關發布或會銜發布（數機關會同訂定者），並刊登政府公報或新聞紙。

肆、法規命令之草擬

　　依據中央行政機關法制作業應注意事項之規定，法規命令及行政規則

訂定之法制作業如下：

一、準備作業

（一）把握政策目標

　　法規（指中央法規標準法所稱法律、命令，包含行政程序法所稱法規命令，以下同）是否應制（訂）定、修正或廢止，須以政策需要為準據。

（二）確立可行做法

　　法規必須就其可行性進行評估，並採擇達成政策目標最為簡便易行之做法。

（三）提列規定事項

　　達成政策目標之整套規劃中，唯有經常普遍適用且必須賦予一定法律效果之作為或不作為事項，方須定為法規，並應從嚴審核，審慎處理。下列事項，不應定為法規：

　　1. 行政程序法第159條第2項第1款所定之機關內部一般性規定與第2款之解釋性規定及裁量基準。

　　2. 上級機關對下級機關之指示。

　　3. 機關於其權限範圍內之職務協助事項。

（四）檢討現行法規

　　1. 應定為法規之事項，有現行法規可資適用者，不必草擬新法規；得修正現行法規予以規定者，應修正有關現行法規；無現行法規可資適用或修正適用者，方須草擬新法規。

　　2. 制（訂）定、修正或廢止一法規時，必須同時檢討其有關法規，並作必要之配合修正或廢止，以消除法規間之分歧牴觸、重複矛盾。

二、草擬作業

（一）構想要完整

　　法規應規定之事項，須有完整而成熟之具體構想，以免應予明定之事

項，由於尚無具體構想而委諸於另行規定，以致法規施行後不能貫徹執行；草擬時，涉及相關機關權責者，應會商有關機關；必要時，並應諮詢專家學者之意見或召開研討會、公聽會；有增加地方自治團體員額或經費負擔者，應與地方自治團體協商；對於法案衝擊影響層面及其範圍，亦應有完整之評估。

（二）體系要分明

制（訂）定、修正或廢止法規，須就其內容，認定該法規在整個法規體系中之地位以及與其他法規之關係，藉以確定有無其他法規必須配合制（訂）定、修正或廢止，並避免分歧牴觸。

（三）用語要簡淺

法規用語須簡明易懂，文體應力求與一般國民常用語文相切近，並符合法律統一用字（語）。

（四）法意要明確

法規含義須明顯確切，屬授權性質之規定，其授權目的、內容及範圍，應具體明確。

（五）名稱要適當

制（訂）定法規及修正現行法規時，宜就其所定內容之重心，法規命令依下列規定定其名稱：

1. 規程：屬於規定機關組織、處務準據者稱之。
2. 規則：屬於規定應行遵守或應行照辦之事項者稱之。
3. 細則：屬於規定法律施行之細節性、技術性、程序性事項或就法律另作補充解釋者稱之。
4. 辦法：屬於規定辦理事務之方法、權限或權責者稱之。
5. 綱要：屬於規定一定原則或要項者稱之。
6. 標準：屬於規定一定程度、規格或條件者稱之。
7. 準則：屬於規定作為之準據、範式或程序者稱之。

三、法規命令草案之格式

（一）法規制（訂）定案

1.標題

載明「（法規名稱）草案」。

2.總說明

法規制（訂）定案應加具撰一「總說明」，於序言中說明必須制（訂）定之理由（必要時應包括所用名稱之理由），並逐點簡要列明其制（訂）定之要點，同時說明執行所需人員及經費之預估。

3.逐條說明

每一條文及其立法意旨，逐條依式說明，其表稱為逐條說明。

（二）法規修正案

1.標題

法規名稱有修正時，應以舊名稱為標題名稱，其書寫方式如下：

(1) 全案修正：修正條文達全部條文二分之一者，書明「（法規名稱）修正草案」。

(2) 部分條文修正：修正條文在4條以上，未達全部條文之二分之一者，書明「（法規名稱）部分條文修正草案」。

(3) 少數條文修正：修正條文在3條以下者，書明：「（法規名稱）第○○條修正草案」或「（法規名稱）第○○條、第○○條、第○○條修正草案」。

2.總說明

法規修正時，應加具「總說明」，於序言中彙總說明法規制（訂）定或修正之沿革、必須修正之理由或法規名稱之變更，並逐點簡要列明其修正要點。其標題名稱如「（法規名稱）第○○條修正草案總說明」、「（法規名稱）部分條文修正草案總說明」、「（法規名稱）修正草案總說明」，同時說明執行所需員額及經費之預估。

3. 條文對照表

條文對照表之標題名稱如「（法規名稱）第○條修正草案條文對照表」、「（法規名稱）部分條文修正草案條文對照表」、「（法規名稱）修正草案條文對照表」。

第四節　行政規則之法制作業

壹、行政規則之概念

一、行政規則之分類

（一）行政程序法之分類

1. 第一類行政規則

行政程序法第159條第2項第1款：「關於機關內部之組織、事務之分配、業務處理方式、人事管理等一般性規定。」

即行政機關為了具體規劃、分配針對行政內部之組織與權限，所訂定之一般性規則。

2. 第二類行政規則

行政程序法第159條第2項第2款：「為協助下級機關或屬官統一解釋法令、認定事實、及行使裁量權，而訂頒之解釋性規定及裁量基準。」

即行政機關為了對其所適用之法律進行解釋或具體化，使之得以於個案中被以一貫性的方式理解與適用，而訂定之統一準則。

（二）依功能性質之分類

1. 內部組織事務分配之行政規則

如處務規程，因僅涉及行政內部之工作推展，故不僅欠缺法律上對外效力，通常亦不具備事實上對外效力。

2. 作業性行政規則

如對於以相關職務之公務員為對象，所下達有關處理事務之規定，不

生對外效力問題，僅屬有無違背公務員之服務義務。

3. 裁量性行政規則

行政機關以行政規則使其裁量具體化，並在實務上經常予以引用，即應於個別案件予以維持，而產生間接對外效力。

4. 解釋性行政規則

如行政機關因適用不確定法律概念而有判斷餘地時，可以在判斷餘地內，就不確定法律概念作成自我負責及有拘束力之解釋，行政機關經常予以援用，即應受其拘束，行政機關據以作成之行政處分便因而產生間接之對外效力。

5. 關於特別權力關係之行政規則

傳統之特別權力關係應指內部規範，但此內部規範往往產生身分上重大變更，實難全盤否認其外部效力之發生。例如國軍軍眷業務處理作業要點。

6. 補助金交付之行政規則

指國家或地方自治團體給予私人補助或提供服務之給付基礎，例如審定出國研究之機票、差旅費補助等。當機關作成拒絕給予給付時，亦可能產生外部效力。

7. 行政指導基準之行政規則

機關發布行政指導，如預先予以成文化，例如公平會之行業導正行為，其內容係對特定之人並課以行政法上之作為義務，無論其權益是否受影響，似即已產生外部效力。

8. 規範具體化之行政規則

行政機關將具有科技性、專業性法律中所出現不確定法律概念部分予以具體化，其象徵專業團體對系爭事務一般性的看法，其內容被視為法律規範的延伸。

即有關環境、衛生、科技性之法律，因涉及專業性、技術性判斷及鑑定之必要，故常仰賴主管機關訂定具體安全標準，以具體形成科技法規

範內容。例如空氣污染防制法第38條第1項規定：「汽車於一定場所、地點、氣候條件以怠速停車時，其怠速時間應符合中央主管機關之規定。」此種非明確授權卻間接要求主管機關另訂命令規範此事項者，因屬具有規範具體化之性質，應有與法規命令同等之外部效力。

二、第二類行政規則

（一）第二類行政規則之概念

第二類行政規則之主要目的是控制下級機關或屬官對不確定法律概念的解釋和適用、判斷餘地的適用和裁量權的行使。依其功能又可分為下列三種：

(1) 解釋規範之行政規則：即以敘述性方式闡釋母法中有關不確定概念部分立法原意之解釋令函。

(2) 替代法律之行政規則：即以逐點方式（但條文不用法規之條，而稱為點）將母法有關不確定概念條文之內涵予以具體化之規範，如認定要點、作業要點、處理要點等。

(3) 裁量準則：即為了建立一致性之裁量權行使模式而訂定之基準。如違反○○法罰鍰裁量基準。

（二）解釋性行政規則

1. 法規解釋的概念

當抽象的法條適用於具體事實時，難免發生模稜兩可的疑義，或因為法條文字本身的意義不明，或因為時代變遷致適用有所疑義，或由於此法規是否與其他法規相牴觸而有爭議。故為澄清疑義，以期法規能正確地適用，則有賴法規的解釋。解釋令函之目的在對母法或依授權訂定之法規命令條文中有不確定法律概念部分，加以闡明其原意，俾使下級機關或屬官能夠有所遵循，統一步調。

2. 法規解釋的重要性

法案經立法機關三讀通過後，即立刻脫離立法者之手。依司法院大法

官釋字第2號解釋：「適用職權之機關皆應自行研究，以確定其意義而為適用。」故行政解釋為最優先，司法院統一解釋次之。

3. 解釋令函與行政法令查詢之不同

(1) 解釋令：認為有全體機關一體適用之必要，以令發布並刊登公報者（依行政程序法第159條第2項第2款）。

(2) 解釋函：如係關於具體個案之法律適用疑義，須以函答復後，如認為有全體機關一體適用，並刊登公報者（依據同上）。

(3) 行政法令之查詢：依行政程序法第168條向主管機關陳情，該機關據以現行法規內容以函答復陳情人者，即非解釋令函。

4. 解釋文之草擬

解釋令之目的，在對母法或依授權訂定之法規命令條文中有不確定法律概念部分，加以闡明其原意，俾使下級機關或屬官能夠有所遵循，統一步調。故解釋內容中應引據母法或法規命令之條文，然後再說明其法規之含義。

（三）替代法律之行政規則

1. 概說

替代法律之行政規則，係指在法律未予規範，或未予充分規範的事務領域，行政機關基於實務需求，依職權訂定，以規範下級機關或屬官的一般性規定。

2. 替代法律行政規則之功能

其主要功能在於填補「非經具體化即無法適用」的法律規範漏洞。基於行政主動、積極、彈性、專業的特質，行政機關有義務對法律規範不足之處進行補充，甚至代替法律發揮提供規範標準的功能。

（四）裁量基準

1. 裁量之概念

裁量即就多數行為中選擇其一。裁量則有伸縮餘地，原則上依行政機關對該法律效果在行政秩序上之預測而定。裁量又可分為決定裁量與選擇

裁量兩種。

　　裁量只有妥當與否的問題，故原則上不受司法審查，只有在例外時，如裁量逾越、裁量濫用、裁量怠惰，司法才予審查。

2. 裁量之限制

　　基於行政目的、平等原則、比例原則、公益原則等的要求：

(1) 通案之行政裁量基準。

(2) 具體個案正義。

3. 裁量基準之訂定

　　裁量基準本來是基於職權訂定對其所執行法律的解釋，其並不設定人民之權利義務，而只作為行政執法之依據。例如：○○機關違反○○法罰鍰裁量基準。

　　裁量基準為法律規範的延伸或細化，故行政機關於訂定裁量基準時，除作原則性或一般性裁量基準之決定外，仍應作例外情形時裁量基準之決定，始符合立法者授權裁量之意旨，以達具體個案之正義。

貳、行政規則草案之格式

　　行政規則以逐點方式規定者，其格式分訂定案及修正案二種，如下：

一、行政規則訂定案

（一）標題

　　行政規則之名稱避免與法規名稱相同，其以逐點方式規定者，以「第○點」稱之，不使用「第○條」、「條文」等字詞。

（二）總說明

　　如附總說明，則其標題名稱為「（行政規則名稱）草案總說明」，其序言應說明必須訂定之理由，並逐點簡要列明其訂定之要點。

（三）逐點說明

　　每一點及其規定意旨，逐點依式說明，其表稱為逐點說明。

二、行政規則修正案

（一）標題

行政規則名稱有修正時，應以舊名稱為標題名稱，其書寫方式如下：

1. **全案修正**：修正各點達全部點次二分之一者，書明「（行政規則名稱）修正草案」。

2. **部分規定修正**：修正各點在4點以上，未達全部點次之二分之一者，書明「（行政規則名稱）部分規定修正草案」。

3. **少數規定修正**：修正各點在3點以下者，書明：「（行政規則名稱）第○點修正草案」或「（行政規則名稱）第○點、第○點、第○點修正草案」。

（二）總說明

行政規則修正時，如附總說明，於序言中彙總說明必須修正之理由或名稱之變更，並逐點簡要列明其修正要點，其標題名稱如「（行政規則名稱）修正草案總說明」、「（行政規則名稱）部分規定修正草案總說明」、「（行政規則名稱）第○點修正草案總說明」。

（三）對照表

對照表之標題名稱如「（行政規則名稱）修正草案對照表」、「（行政規則名稱）部分規定修正草案對照表」、「（行政規則名稱）第○點修正草案對照表」。

參、行政規則之體例

一、不列編、章、節、款；可分別以甲、乙或壹、貳區分。

二、條次不列「第○條」，逐以一、二、三……定之。各點、項內得以參酌法規格式，分款目，或以（一）、（二）……及1.、2.……等定之。

三、行政規則中少數條文新增或刪除時，其他條文條次不變之立法技術規定，不宜適用。

四、除為統一執行某行政事項之時間，得明定其實施或生效日期外，

原則上依一般行政命令之規定，自函到或送達之日生效，不採發布方式，亦不另列「自發布日施行」或使用「發布」、「頒行」等規定。行政規則之生效日期，可於發布令或分行函或刊登公報之分函中說明。

　　五、各機關就其主管法規為協助下級機關或屬官所為統一解釋法令之「函釋」內容，自行政程序法施行後，即應改以「令」發布。

　　六、不列核准、權責或訂頒之機關：因非法規之命令，應本於職權所訂頒者，原則上其權責機關為本機關，行政上即使有送請某機關會商、會辦或陳報上級機關核定或核備之必要，仍屬行政系統上之當然事項，毋庸於文內再加說明。

　　七、如無存在之必要，應分函各有關機關敘明不再適用，而不採「廢止」方式。

肆、行政規則之生效

一、概說

　　行政規則對外法規範效力之發生，必須以行政機關的自我拘束為條件。亦即，行政規則之訂定，往往正是基於讓行政權在個案中對法律的解釋與適用，盡可能一致的考量而來。

二、行政規則生效之手續

（一）第一類行政規則

　　即一般行政規則，下達下級機關或屬官（於下達函中敘明生效時間）。

（二）第二類行政規則

　　即裁量性準則、解釋性規則、替代法律之行政規則，登載於政府公報發布、下達（發布令或函中敘明生效時間）。

三、行政規則之效力

（一）行政規則效力之概念

行政機關如違背其經由行政規則之適用所形成之慣例，即違反憲法平等原則。因此，行政規則乃經由「行政實務」及「平等原則」之行政自我約束而產生事實效力，亦即間接之對外效力。

（二）解釋性行政規則、替代法律之行政規則之效力

如行政機關因適用不確定法律概念而有判斷餘地時，可以在判斷餘地內，就不確定法律概念作成自我負責及有拘束力之解釋或替代法律之行政規則，行政機關經常予以援用，即應受其拘束，行政機關據以作成之行政處分便因而產生間接之對外效力。

（三）裁量性行政規則之效力

行政機關以行政規則使其裁量具體化，並在實務上經常予以引用，即應於個別案件予以維持，而產生間接之對外效力。

第五節　法律授權公告

壹、公告之意義

公告，原稱布告，為對公眾宣布事實或有所勸誡、示禁或徵求人力、物力或人民意見時所用之文書，為「公告周知」之意。公文程式條例第2條第1項第5款明定其定義，稱公告為「各機關對公眾有所宣布時用之」。就此，公告屬機關對不特定大眾宣告之行為。換言之，公告是一種直接對外意思表示之行為，而此種意思表示通常係針對某項具體事件或特定法律概念所為。至於公告的方法，包括刊登新聞紙、政府公報、在指定布告欄貼示，亦包括使用電子方式，上網周知並提供下載程式等。

貳、法律授權公告之理由

法律授權公告，指法條中明定：「應將……公告之」或「……，

由……機關公告之」之規定，即主管機關被嚴格拘束須將有關事項公告者。

在今日科技專業及福利國家的時代，行政法逐漸顯現其重要性，以往為立法優越，消極防止行政機關過度擴權，而以法律保留作為行政機關之界限，似乎無法配合此種趨勢，即由於科學技術快速發展變遷，立法程序之繁複費時，必須有一不斷主動積極，適應客觀環境變遷之機關，則此非行政機關莫屬，而公告即屬採取適應變遷彈性便宜及講求程序經濟之手段之一。

為因應科技專業及福利國家時代之立法需要，行政院特予規定，下列事項，本於法律保留原則，得經立法授權由主管機關以公文程式之「公告」或「令」，而非以中央法規標準法第3條所定之七個命令訂定，此即為實質意義之法規命令（簡稱為實質法規命令）：

（一）內容簡單，無需以法規條文形式定之者

規範內容具有行政上特殊需求、社會或經濟發展需要、變動頻繁或急迫性，或專門技術性質，雖對外發生法效果且反覆施行，但因內容簡單，無需以法規條文形式定之，或複雜繁瑣，必須彙集成冊，未能以法規條文形式定之者，例如：

1. 消費者保護法第45條之4第1項：「關於小額消費爭議，當事人之一方無正當理由，不於調解期日到場者，調解委員得審酌情形，依到場當事人一造之請求或依職權提出解決方案，並送達於當事人。」同條第4項規定：「第一項小額消費爭議之額度，由行政院定之。」

2. 管制藥品管理條例第3條第2項：「前項管制藥品限供醫藥及科學上之需用，依其習慣性、依賴性、濫用性及社會危害性之程度，分四級管理；其分級及品項，由中央衛生主管機關設置管制藥品審議委員會審議後，報請行政院核定公告，並刊登政府公報。」

（二）特定之行政措施，立法授權簡單明確者

例如「本法施行日期，由行政院以命令定之」、「本條例之施行區域，由行政院以命令定之」。

　　實務上，經主管機關核定後，即以「公告」或以「令」發布周知，並對外發生效力。

參、法條中明定「公告」之體例與效力

　　依法律授權之公告，有行政命令及一般處分之性質，其中行政命令又可分為空白刑法要件補充、行政法要件補充或單純公告周知，其種類繁雜，具多樣性。因立法體例及其效力差異甚大，故判斷公告之性質及其合法性，應依據該公告所稱之法令依據而定。茲分述如下：

一、空白刑法授權行政機關以公告補充構成要件

　　空白刑法係指刑罰法規中，僅規定其法定刑度及要件之部分，而對於其他犯罪構成要件之一部或全部則不予規定，而授權其他法律或命令為之補充之法律而言。而補充該空白刑法法規空白之規範，則稱為補充規範。補充規範無論為法律或命令，其所規定者莫不屬犯罪構成要件之一部或全部。

　　空白刑法之所以被重視，以其能貫徹國家之政策，維護社會生活之秩序，適應國家當前情勢之需要。因而其內容皆富時間性或空間性，致此項補充犯罪構成要件之補充規範內容亦即委諸命令或公告予以補充之空白規定，立法者於立法當時並無法預知，必須授權行政機關隨時適應需要，斟酌充當，而以命令或處分之形式出之。又因其富時間性或空間性，每因情勢之變遷，此項以命令或公告予以補充之補充規範亦必隨之有所變更，以資肆應。惟此種專案公告之內容變更，為事實變更，並非法律變更，對於變更前行為之處罰，不能認有刑法第2條之適用。

　　空白刑法授權行政機關以公告補充構成要件，其雖名為公告，但其內容具有行政命令之性質，此種立法例如下：

　　（一）懲治走私條例第2條第1項：「私運管制物品進口、出口者，處七年以下有期徒刑，得併科新臺幣三百萬元以下罰金。」第3項：「第一項之管制物品，由行政院依下列各款規定公告……。」

（二）**糧食管理法第17條**：「違反主管機關依第十二條所為公告管理之規定者，處三年以下有期徒刑、拘役或科或併科糧價總額以下之罰金。」

二、行政作用法授權主管機關以公告補充構成要件

行政作用法中亦有授權主管機關以公告補充構成要件之立法例，如下：

（一）**社會秩序維護法第63條第1項**：「有左列各款行為之一者，處三日以下拘留或新臺幣三萬元以下罰鍰：一、……。八、製造、運輸、販賣、攜帶或公然陳列經主管機關公告查禁之器械者。」

（二）**消防法第12條第1項**：「經中央主管機關公告應實施認可之消防機具、器材及設備，非經中央主管機關所登錄機構之認可，並附加認可標示者，不得銷售、陳列或設置使用。」

三、授權主管機關訂定行政命令，並以公告代替發布

立法者有意使公告內容得不以法規命令之方式定之者，為一種例外規定。此時，公告為代替發布之意涵。茲列舉立法例如下：

（一）（**舊**）**電業法第89條**：「小型電業，擬定或修正營業規則、電價及其各種收費率，應於中央主管機關核准後公告之。」

（二）**貿易法第11條第2項**：「前項限制輸出入之貨品名稱及輸出入有關規定，由主管機關會商有關機關後公告之。」

四、授權主管機關對不特定人之通知，得以公告送達

行政機關對於不特定人之送達，得以公告或刊登政府公報或新聞紙代替之，法律也有些特別規定對不特定人之通知，得以公告為之，不特定人在公告特定的時點上，才會發生確定的效果。茲列舉立法例如下：

（一）**憲法訴訟法第36條**：「經言詞辯論之判決，應宣示之；不經

言詞辯論之判決,應公告之。經言詞辯論之裁定,應宣示之;終結訴訟之裁定,應公告之。裁判,應以正本送達當事人及指定之執行機關。但不受理裁定,僅送達聲請人。各大法官之協同意見書或不同意見書,由憲法法庭隨同裁判一併公告及送達。」

(二)**強制執行法第64條第1項**:「拍賣動產,應由執行法院先期公告。」

五、適用範圍授權主管機關認定並公告

適用規定是指適用某一規範的條件、範圍和情況,即在什麼範圍內、什麼情況下適用該規範,這些內容多出現在立法目的之後、法律實體規範之前的條款中,惟有些適用範圍因有不確定性而須授權主管機關以公告予以補充,此種公告使適用範圍之構成要件加以確定。茲列舉立法例如下:

(一)**要塞堡壘地帶法第15條**:「已經決定建設要塞、堡壘之地區,在未建設之前,亦得公告適用本法之規定。」

(二)**野生動物保育法第55條**:「適用本法規定之人工飼養、繁殖之野生動物,須經中央主管機關指定公告。」

(三)**(舊)植物品種及種苗法第4條**:「適用本法之植物種類,為經中央主管機關公告之種子植物、蕨類及其他特定植物。」

六、用詞定義中授權主管機關以公告補充內容

用詞定義之目的在於特定或規約一個詞語的意義。其中內涵性的定義即說明其特性及使人瞭解其意義,惟有些專門之內涵性定義,須靠專業人員掌握其專門性者,或具有時代性,須掌握時勢使法能順時轉治,以免突兀不合者,故有些法律即特別授權主管機關藉由專業知識判斷,並以公告予以補充,以保持彈性。茲列舉立法例如下:

(一)**毒性及關注化學物質管理法第3條**:「本法用詞,定義如下:一、毒性化學物質:指人為有意產製或於產製過程中無意衍生之化學物質,經中央主管機關認定其毒性符合下列分類規定並公告者。……」

　　（二）**藥害救濟法第3條第6款**：「嚴重疾病：指主管機關參照全民健康保險重大傷病範圍及藥物不良反應通報規定所列嚴重不良反應公告之疾病。」

　　（三）**糧食管理法第3條**：「本法所稱糧食，指稻米、小麥、麵粉、含稻米量達百分之五十以上之混合穀物，與經主管機關公告管理之雜糧及米食製品。」

七、列舉概括型之最後一款授權主管機關以公告補充內容

　　列舉規定是為了預防法律在適用時發生疑義，特將規定要件、標準等逐項列舉，但在立法技術上，為免掛一漏萬，往往例外於最後一款加上抽象、概括的文句，如「其他有關……事項」。其中亦有在此概括文句中授權主管機關以公告補充內容者。茲列舉立法例如下：

　　（二）**社會工作師法第27條第1項**：「社會工作師事務所之廣告，其內容以下列事項為限：……四、其他經中央主管機關公告容許登載或宣傳事項。」

　　（二）**營造業法第8條**：「專業營造業登記之專業工程項目如下：……十二、其他經中央主管機關會同主管機關增訂或變更，並公告之項目。」

八、特定事項之生效日期及期間以公告日起算為準

　　有些法律雖已公布施行，但為適應某些政、經、社會重大變遷等特殊情形難以立刻施行，或因屬新創制度，必須有一準備時期，特以法律授權主管機關斟酌事實的需要，另以公告定其生效日期。茲列舉立法例如下：

　　（一）**植物品種及種苗法第23條**：「木本或多年生藤本植物之品種權期間為二十五年，其他植物物種之品種權期間為二十年，自核准公告之日起算。」

　　（二）**森林法第28條**：「就保安林編入或解除，有直接利害關係者，對於其編入或解除有異議時，得自前條第一項公告日起三十日內，向當地主管機關提出意見書。」

九、公布姓名等資訊作為制裁違法之方法

資訊先天具有權力之特質，可用為制裁之武器。即主管機關對私人公布不利的資訊，如姓名、照片、廠商或機構名稱等，對該個人名譽所造成的傷害，往往不亞於司法或行政機關對其所作不利的處分，此時此種公布即作為行政制裁之手段。茲列舉立法例如下：

（一）兒童及少年福利與權益保障法第96條第1項：「父母、監護人或其他實際照顧兒童及少年之人，違反第四十八條第一項規定者，處新臺幣二萬元以上十萬元以下罰鍰，並公布其姓名。」

（二）（舊）兒童及少年性交易防制條例第34條：「犯第二十二條至第二十九條之罪，經判刑確定者，主管機關應公告其姓名、照片及判決要旨。」

十、證照等授權主管機關以公告註銷，使其從此失效

所謂「證照」，係指主管機關對許可或特許行業所製發之標誌或標誌物，例如營利事業登記證、許可證、專用標誌。而「註銷」係指發照機關將已登記有案之證照等，予以塗銷，使失效力，且不以將已發給之證照收回為必要。註銷處分後即以公告對外意思表示使不特定人知悉該證照權利已被撤銷，而發生制裁之效力。茲列舉立法例如下：

（一）（舊）菸酒管理法第17條：「菸酒製造業者經撤銷許可者，中央主管機關應通知其限期繳銷許可執照；逾期不繳銷者，公告註銷之。」

（二）學位授予法第17條第1項：「學校授予之學位，有下列情事之一者，應予撤銷，並公告註銷其已頒給之學位證書；有違反其他法令規定者，並依相關法令規定處理：一、入學資格或修業情形有不實或舞弊情事。二、論文、作品、成就證明、書面報告、技術報告或專業實務報告有造假、變造、抄襲、由他人代寫或其他舞弊情事。」

十一、在過渡條款中以公告為事項之生效日

過渡條款乃規定法律施行時,各種法律關係之調整及法律施行之準備事宜。由於過渡條款是授權於過渡時期為必要措施之時間,故有法律授權由主管機關以公告為時間生效日者。茲列舉立法例如下:

(一)**工廠管理輔導法第36條第1項**:「本法修正施行前,製造、加工或使用危險物品達管制量以上之既有工廠,於本法修正施行後,應依中央主管機關公告之期限,申報其所有之危險物品、投保公共意外責任保險。」

(二)**專利法第148條第2項**:「本法中華民國九十二年一月三日修正之條文施行前,已審定公告之新型專利申請案,其專利權期限,適用修正前之規定。」

肆、實質法規命令之公告或發布程序

一、實質法規命令之預告

實質法規命令仍應踐行行政程序法預告之程序。

二、實質法規命令之刊登政府公報

以公文程式「公告」或「令」發布,並應於「公告」或「令」中敘明生效日期,此外,仍應刊登政府公報。其修正、廢止,亦同。

三、送立法院查照

以「公告」或「令」發布後,除刊登政府公報外,並應即送立法院查照。其修正、廢止,亦同。

第六節　地方立法權與地方自治法規

壹、中央與地方立法權之劃分

一、概說

　　地方自治團體對於地方事務享有制定規範之立法權，不僅是發揮地方自治功能所必須之法律制度，而且也具有減輕立法者制定法律工作負擔、縮短立法者與人民間差距、顧及地區差異性，及迅速適當變化，以因應地方環境變遷需要等之優點。有關中央與地方立法權的劃分，應參照憲法第107條以下一系列規定、憲法增修條文，及地方制度法加以解釋，亦即以均權原則出發，再從「功能最適觀點」來加以詮釋、活化其內涵。

　　根據公法學者的研究，對於中央與地方立法權的劃分方式及劃分基準，應為：

　　（一）**中央獨占**：無涉及地方權限或歸屬中央所必要之事務，屬中央專屬立法權。

　　（二）**中央框架立法**：有密切涉及地方事務權限，為中央框架立法權。

　　（三）**立法權共享（平行立法權）**：為個別任務之達成所應擁有對同一事項之立法權共享。

　　（四）**地方立法權限**：地方色彩比重高、屬地方事務性與技術性事項，歸屬地方立法權。

二、中央與地方立法權之劃分原則

（一）中央專屬立法權

　　中央專屬立法權的事項，通常具有全國一致的性質，並有全國統一規律的必要事務。憲法第107條規定：「左列事項，由中央立法執行之：一、外交。二、國防與國防軍事。三、國籍法及刑事、民事、商事之法律。四、司法制度。五、航空、國道、國有鐵路、航政、郵政及電政。

六、中央財政與國稅。七、國稅與省稅、縣稅之劃分。八、國營經濟事業。九、幣制及國家銀行。十、度量衡。十一、國際貿易政策。十二、涉外之財政經濟事項。十三、其他依本憲法所定關於中央之事項。」

因此，上述事項屬於中央專屬立法權範圍，由中央立法並執行之。

（二）競合立法權

依其事件之性質，既不屬於中央專屬立法權事項，也不屬於地方專屬立法權事項的情形，應歸屬中央及地方均得共同立法事項的範疇，亦即中央與地方均享有競合的立法權。在此類共同立法事項中，中央應享有優先的立法權，亦即中央法律已經規定之事項，地方即不得在為與之相牴觸之立法規範。雖地方法規制定在前，而中央法律制定在後，中央法律仍應優先適用，地方法規仍不得與之相牴觸。因此，地方自治團體只有在不違反法令的範圍內，享有立法權。茲詳述如下：

1. 地方只有在法律的授權範圍內，享有部分的立法權

因此，我國地方制度法第18條、第19條及第20條雖規定直轄市、縣（市）及鄉（鎮、市）的自治事項，並於第25條規定直轄市、縣（市）及鄉（鎮、市）得就其自治事項制定自治法規。但就該等自治事項，如其事件之性質，屬於共同立法事項時，則中央仍有優先立法權，倘中央個別的行政法律已經加以規範者，則地方立法權之行使，即不得與之相牴觸。

2. 在此類共同立法事項，地方自治團體在下述情形，並不違背中央（國家）法律而得進行地方立法

(1) 中央法令就某事項並未制定規範者，亦即中央法令處於空白狀態。

(2) 地方法令所規範的事項與中央法令所規範的事項相同，但立法目的不同。

(3) 地方法令與中央法令的立法目的相同，但規範對象不同。

（三）地方專屬立法權

地方自治團體本來以處理地方公共事務為成立目的，因此地方自治

團體所應處理的本來事務，為固有的事務，包括：1.直接增進居民福祉的各種事業之經營及設施的設置與管理的事務；2.有關團體本身的組織的整備、處理事務的立法、處理財務事務等屬於團體存在所直接必要的事務。又地方自治團體為防止或排除對於地方公共利益的侵害，而對於居民的權利加以限制或規制其自由，例如維持地方的消防、治安、衛生、環保等，在該地區內凡不屬於國家事務的行政事務，也屬於地方自治事務的範圍內，似可於一定範圍內，承認地方專屬立法權。所謂自治事項，依地方制度法第2條第2款規定，係指「地方自治團體依憲法或本法規定，得自為立法並執行，或法律規定應由該團體辦理之事務，而負其政策規劃及行政執行責任之事項」是以，地方政府就自治事項領域，自得訂定並執行自治法規。

有關地方專屬立法權，憲法似乎也加以承認，例如憲法第110條規定：「左列事項，由縣立法並執行之：一、縣教育、衛生、實業及交通。二、縣財產之經營及處分。三、縣公營事業。四、縣合作事業。五、縣農林、水利、漁牧及工程。六、縣財政及縣稅。七、縣債。八、縣銀行。九、縣警衛之實施。十、縣慈善及公益事業。十一、其他依國家法律及省自治法賦予之事項。前項各款，有涉及二縣以上者，除法律別有規定外，得由有關各縣共同辦理。」

再者，地方制度法對於地方自治事項，第18條以下是採取「列舉規定」方式，因此若地方制度法以及其他法律所未規定事項，地方有無自治空間，即容易引起爭議。學界通說認為，在不牴觸憲法及法律的範圍內，地方自治團體應有自治立法的權限。尤其是事件的性質上，有因地制宜的必要者，更應如此解釋。就此地方制度法如能規定法律所未規定事項，其事務有地方之性質者，亦即不屬於全國一致之性質者，即屬於地方自治範圍，應更為明確。此時地方就其自治事項雖得行使立法權，但往往即面臨不同位階法規範間衝突的問題，其解決方式若再參照地方制度法第30條之規定，當可證出地方自治團體就其自治事項所擁有之立法權，其實仍屬十分有限。

貳、地方自治立法權之體系

一、概說

　　地方自治立法權係指地方自治團體基於其自治權而有自主立法之權能，與國家立法權為相對之概念，為住民全體意志之表達與決定，並編列預算加以執行。在性質上，地方立法權為「形成權」，係地方居民直接、間接經由地方代議機關而為政治意志之展現；地方自治由於地方立法權始為完整，地方立法權乃地方自治之同位語。

　　地方自治法規其命名雖與法規命令及行政規則類似，但依地方制度法規定卻另成一系統。

　　自治法規是由地方立法機關與地方行政機關所制定。地方立法機關可制定自治條例、自律規則；而地方行政機關可制定自治規則與委辦規則。茲分述其種類及規範如後。

二、地方議會立法權

（一）自治條例

　　自治條例指經地方立法機關通過，並由各該行政機關公布者，此為地方制度法第2條所明定，形式上具有地方性之法律或區域性之特別法律。

1.自治條例保留事項

　　法律保留原則係由民主原則、法治國家原則及基本權利所導出，因此限制人民自由、權利之規範，自當為法律及法律具體授權之法規命令方可。此外，依德國聯邦憲法法院發展出來的「重要性理論」，不僅干涉人民自由、權利之行政領域，應有法律保留原則之適用，在給付行政之領域，凡涉及人民之基本權利之實現與行使，以及公共利益之重大決定，均應由具有直接民主基礎之國會，以法律自行規定，或以法律明確授權行政機關發布法規命令。

　　就自治條例之制定權限行使而言，地方制度法認許自治條例中得為法定範圍內之罰則規定，已符合以自治條例之罰則規定而限制人民權利時之

法律保留要求。故地方制度法第28條即明定：「下列事項以自治條例定之：一、法律或自治條例規定應經地方立法機關議決者。二、創設、剝奪或限制地方自治團體居民之權利義務者。三、關於地方自治團體及所營事業機構之組織者。四、其他重要事項，經地方立法機關議決應以自治條例定之者。」

　　基此，地方議會對於地方自治事項，其有涉及居民之權利義務者，得制定自治條例。就此學者有認為此係法律概括授權地方自治團體得限制居民權利，並符合憲法第23條及司法院大法官釋字第38號解釋有關法律保留原則之要求。

2. 自治條例命名應冠以各該地方自治團體之名稱

　　依地方制度法第26條第1項規定，自治條例應分別冠以各該地方自治團體之名稱，即定名之體例為：「○○縣（市）○○○○自治條例」，例如新竹縣處理妨害交通車輛自治條例、臺中市廢棄物代清除處理自治條例等，不得僅命名為「○○縣（市）○○○○條例」，因「條例」為中央制定法律定名時之用語，為避免造成一般人民之混淆，地方自治條例在定名時，不得省略「自治」二字；其次，在自治條例中之條文文字亦不宜簡稱「本條例」，而應稱為「本自治條例」，以符法制用語。

　　再者，依前揭法條規定，自治條例並稱明如：(1)在直轄市稱直轄市「法規」；(2)在縣（市）稱縣（市）「規章」；(3)在鄉（鎮、市）稱鄉（鎮、市）「規約」。

3. 自治條例得訂定罰則及其界限

　　依據地方制度法第26條第2項、第3項規定：「直轄市法規、縣（市）規章就違反地方自治事項之行政業務者，得規定處以罰鍰或其他種類之行政罰。但法律另有規定者，不在此限。其為罰鍰之處罰，逾期不繳納者，得依相關法律移送強制執行。前項罰鍰之處罰，最高以新臺幣十萬元為限；並得規定連續處罰之。其他行政罰之種類限於勒令停工、停止營業、吊扣執照或其他一定期限內限制或禁止為一定行為之不利處分。」

　　前揭訂定罰則之規定，存有如下之限制：

(1) 罰則制定權主體之限制

　　僅有直轄市法規或縣（市）規章得以自治條例方式規定罰則，鄉（鎮、市）規約並無制定罰則之權。因在鄉（鎮、市）轄區較小，如許其自定罰則，容易造成法規過分細分，制度太過歧異，影響法秩序維持之後果，準此，鄉（鎮、市）之自治立法即存有不得規定罰則之界限。

(2) 不得創造處罰種類之限制

　　自治條例雖可規定行政罰，但地方立法者並未如同中央立法者享有廣泛之行政制裁權，自治條例中罰鍰之處罰以新臺幣10萬元為限，其他行政罰，亦限於「暫時性之處罰」，即勒令停工、停止營業、吊扣執照或其他一定期限內限制或禁止為一定行為之不利處分，如屬終局性之處分，或沒有期間限制之永久性不利益處分，自治條例均不得規定。在實務上認為，撤銷許可、吊銷許可證、註銷攤販證、沒入攤架、非屬於「一定期限內」之不利益處分、影響名譽之處分及警告性處分等均非屬地方制度法第26條所定之範圍。

(3) 須先送上級監督機關核定之限制

　　自治條例規定有罰則時，須先送上級監督機關核定，始能公布，未定罰則之自治條例僅須於公布後送請上級監督機關備查。

（二）自律規則

　　地方制度法第31條第1項規定：「地方立法機關得訂定自律規則。」即基於地方立法機關自律的原則，地方立法機關於其自律權限內，得自行訂定自律規則，為議會之內部規範，其情形與國會自律權之行使，並無不同。

　　自律規則可參照司法院大法官釋字第342號及第381號解釋，僅包括立法機關內部事項的各項規範，如議事規則、設置內部組織、紀律懲戒規則、公聽會或聽證會實施辦法等，按自律規則只能適用於地方立法機關內部事項，涉及其他機關權利義務的調整，已非屬內部規範的性質，故應以外部法規為之，其作用相當於後述之行政規則，僅應有對內效力，而無外部規範權能。

地方立法機關之自律規則，由各該地方立法機關發布，並報各該上級政府備查。

三、地方行政立法權

（一）自治規則

1. 自治規則之定位

按地方制度法第27條第1項規定：「直轄市政府、縣（市）政府、鄉（鎮、市）公所就其自治事項，得依其法定職權或法律、基於法律授權之法規、自治條例之授權，訂定自治規則。」但行政程序法所稱法規命令，僅指行政機關基於法律授權者而言。準此，地方行政機關依其法定職權或依「自治條例授權」訂定之自治規則，應非行政程序法所稱之法規命令。

其次，地方行政機關依法律授權訂定之自治規則，如其內容係屬對多數不特定人民就一般事項所作抽象之對外發生法律效果之規定，則為行政程序法所稱之法規命令。

綜上，自治規則係指地方政府所訂定適用於地方的自治法規，規範無涉及人民權利義務之事項，而僅係行政機關貫徹依法行政之內部作業規定，性質上應比照中央法規命令與職權命令，其位階則低於法規命令，而與行政規則相較則有其相似之處，這點可以從其立法過程得到確認。蓋自治規則係由地方政府訂定，雖不須送地方立法機關審議，但須送地方立法機關查照。

2. 自治規則之名稱

依地方制度法第27條第2項規定，自治規則應分別冠以各該地方自治團體之名稱，並得依其性質，定名為規程、規則、細則、辦法、綱要、標準或準則。

（二）委辦規則

因地方立法權所及的範圍，除自治事項外，還包括委辦事項。委辦事項，係指其事務原本乃屬於中央或上級地方自治團體之權限，但基於方便

或實際需要之考量，故委由地方自治團體（或下級地方自治團體）代為執行，地方對之原則上僅負「行政執行責任」；有別於對「自治事項」地方尚須負「政策規劃」之責任。

依據地方制度法第2條第3款之規定，所謂委辦事項係指「地方自治團體依法律、上級法規或規章規定，在上級政府指揮監督下，執行上級政府交付辦理之非屬該團體事務，而負其行政執行責任之事項」職是，如係專屬中央之事務者，亦即屬憲法第107條規定之中央立法並執行之事項，而委由地方政府辦理者，因其原本即非地方政府的自治事項，委辦機關自得訂定一般性的行政規則，並擁有令函權，而要求地方接受中央之指令，亦即中央政府於此情形中，於合法性監督外，仍可為合目的性的監督，並擁有最終決定權，而地方政府似應受中央機關所訂定之行政規則之拘束。

委辦規則係指原屬中央事項，而地方政府為執行中央委辦事項而訂立之規範。地方制度法第29條第1項明定：「直轄市政府、縣（市）政府、鄉（鎮、市）公所為辦理上級機關委辦事項，得依其法定職權或基於法律、中央法規之授權，訂定委辦規則。」其名稱準用自治規則之規定，即定名為規程、規則、細則、辦法、綱要、標準或準則。

基此，委辦規則係地方行政機關基於「授權」或「法定職權」所訂定之規範，依性質其可分為二種如下：

1. **具有法規命令性質之委辦規則**：基於法律或中央法規命令之授權而訂定的委辦規則。如委辦規則要限制人民權利，自需有法律授權，方符法律保留原則。

2. **具有行政規則性質之委辦規則**：基於法定職權或組織法上之權限所訂定之規範機關內部秩序及運作，或非直接對外發生效力的委辦規則，其類同行政程序法之行政規則。

（三）行政規則

行政規則的訂定權係行政機關本其固有行政指揮監督權，並自行承擔而履行的「原始權限」，可稱係無待他人授權而為行政權本身所擁有的「家產」，地方制度法雖沒有行政規則之規定，但並不影響地方行政機

關訂定行政規則的權力，其程序適用行政程序法第159條至第162條之規定。

參、地方自治法規之效力

一、地方自治法規之效力位階

地方所訂定之自治法規，其效力位階，地方制度法第30條第1項至第3項定有明文，分述如下：

（一）自治條例之效力位階

自治條例與憲法、法律或基於法律授權之法規或上級自治團體自治條例牴觸者，無效。其效力位階為：

憲法＞法律＞法律授權之法規＞自治條例（上級團體＞下級團體）

（二）自治規則之效力位階

自治規則與憲法、法律、基於法律授權之法規、上級自治團體自治條例或該自治團體自治條例牴觸者，無效。其效力位階為：

憲法＞法律＞法律授權之法規＞自治條例（上級團體＞下級團體）＞自治規則

（三）委辦規則之效力位階

委辦規則與憲法、法律、中央法令牴觸者，無效。其效力位階為：

憲法＞法律＞中央法令＞委辦規則

二、自治法規牴觸無效之函告

地方制度法第30條第4項規定：「第一項及第二項發生牴觸無效者，分別由行政院、中央各該主管機關、縣政府予以函告。第三項發生牴觸無效者，由委辦機關予以函告無效。」

三、自治法規疑義之解釋

地方制度法第30條第5項規定：「自治法規與憲法、法律、基於法律授權之法規、上級自治團體自治條例或該自治團體自治條例有無牴觸發生疑義時，得聲請司法院解釋之。」

肆、地方自治法規訂定程序

一、概說

依中央法規標準法之規定，法規之生效，依其性質之不同，法律應經「公布」；行政命令應分別經由「發布」或「下達」之程序。地方制度法亦仿照此種規定方式，茲先整理其訂定及生效圖示再詳述如後。

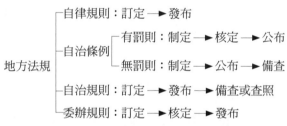

圖7-1　地方法規之訂定及生效程序

二、自治條例之訂定

地方自治法規之訂定不適用行政程序法之規定，按地方制度法第25條規定：「直轄市、縣（市）、鄉（鎮、市）得就其自治事項或依法律及上級法規之授權，制定自治法規。自治法規經地方立法機關通過，並由各該行政機關公布者，稱自治條例……。」因自治條例之制定應經地方立法機關議決通過，故自治條例非屬本法所定之法規命令或行政規則。從而，地方自治團體於制定自治條例時，自無行政程序法相關規定之適用。茲以臺北市議會為例，並參照地方制度法及臺北市議會議事規則之相關規定，簡述其立法程序，如下：

（一）提案

1. **議員提案**：應有議員3人以上之附署；如為3人以上共同提出者，得不經附署；但市法規之提案，應有議員總額五分之一以上之附署，且均應於分組審查15日前提出。

2. **市政府提案**：應經市政會議通過，並於下列時間前以府函提出；但經大會同意之緊急提案不在此限：

(1) 定期大會之提案，應於分組審查15日前提出。

(2) 臨時大會之提案，應於開會10日前提出。

市法規案之提出，應擬具條文並附理由書，其修正時亦同。

（二）議會程序委員會審查

1. 提案須先經程序委員會審查，並將審查結果提報大會；必要時，主席得提出交議案逕送大會討論。

2. 經程序委員會審查報請大會不予審議之提案，如有出席議員之提議，並有6人以上之附署或附議，經大會通過者，仍應成為議案予以審議。

（三）議會各常設委員會審查

1. 以臺北市議會為例，其設置民政委員會、財政建設委員會、教育委員會、交通委員會、警政衛生委員會、工務委員會、法規委員會等常設委員會負責審查相關行政機關之議案。

2. 議案之內容涉及二個以上委員會範圍者，得由程序委員會依議案性質建議大會指定有關委員會召開聯席會議審查。

（四）三讀會

市法規案及預算案，應經三讀程序為之：

1. **第一讀會**：由主席將議案名稱或標題宣付朗讀行之。議案於宣讀名稱或標題後，應交付有關委員會審查。但經大會議決，得逕付二讀或撤銷之。

2. **第二讀會**：應將議案逐條朗讀，提付討論；或就原案要旨或委員會審查意見，先作廣泛討論。

3. **第三讀會**：除發現議案內容有互相牴觸或與中央法令牴觸者外，僅得為文字之修正，不得變更原意。

因三讀程序時已將法規案內容及議員討論情形適時刊登於議會公報上周知，故不必再踐行「預告」程序。

（五）覆議

按覆議制度除有彰顯權力分工與制衡之功能外，亦有促使議會重新討論並表決的程序意義。由於議會於審議自治條例草案所作決議，地方行政機關如認為窒礙難行可適用地方制度法第39條規定移請覆議。

法規議決案窒礙難行提出覆議之處理程序，如下：

1. 覆議案之提出

直轄市政府對市法規之議決案，如認為窒礙難行時，應於該議決案送達直轄市政府30日內，就窒礙難行部分敘明理由送請直轄市議會覆議。

2. 覆議案之審議

直轄市議會對於直轄市政府移送之覆議案，應於送達15日內作成決議。

3. 休會期間覆議案之處理

如為休會期間，應於7日內召集臨時會，並於開議3日內作成決議。覆議案逾期未議決者，原決議失效。

4. 覆議案之表決與效力

覆議時，如有出席議員三分之二維持原議決案，直轄市政府應即接受該決議。但有議決自治事項與憲法、法律或基於法律授權之法規牴觸者無效之情事者，不在此限。

覆議為政府要求議會對議事前所通過之法案，重行再議，具有行政否決權之意義，故各國憲法規定均須有高額之三分之二表決人數，我國地方制度法對地方政府請求覆議，議會維持原決議之額數亦採用高額之三分之二。但須特別注意者，乃根據我國憲法增修條文第3條第2項第2款規定，行政院對於立法院決議之法律案、預算案、條約案，移請立法院覆議，如

經全體立法委員二分之一以上決議維持原案，行政院院長應即接受該決議。可見，目前行政院移請立法院覆議，立法院僅全體二分之一以上決議就可維持原案，要達到行政否決之目的較地方政府更加困難。

（六）核定或備查

核定，指上級政府或主管機關，對於下級政府或機關所陳報之事項，加以審查，並作成決定，以完成該事項之法定效力之謂。「核定」是上級政府或主管機關行政監督的手段，範圍包括對於所陳報（未生效）之事項，必須加以合法性及適當性（合目的性）審查，並作成決定。而備查，指下級政府或機關間就其得全權處理之業務，依法完成法定效力後，陳報上級政府或主管機關知悉之謂。「備查」，或稱備案，即使上級機關知悉已經過之事實如何，並不影響原事項之效力，故性質上僅為資訊性監督。地方自治條例經各該地方立法機關議決後之核定或備查，依下列情形而定：

1. **定有罰則時**：如為直轄市政府應報經行政院；如為縣（市）政府應報經中央各該主管機關核定後公布。

2. **未定有罰則時**：除法律另有規定外，如為直轄市法規於公布後，應報中央各該主管機關轉行政院備查；如為縣（市）規章於公布後，應報中央各該主管機關備查；如為鄉（鎮、市）規約於公布後，應報縣政府備查。

自治條例
　無罰則：公布後
　　直轄市法規：報中央主管機關轉行政院備查
　　縣（市）規章：報中央各該主管機關備查
　　鄉（鎮、市）規約：報縣政府備查
　有罰則：議決後
　　直轄市法規：報行政院核定後公布
　　縣（市）規章：報中央各該主管機關核定後公布

圖7-2　自治條例之核定及備查程序

（七）公布

自治條例應經公布始對外發生效力，為避免地方行政機關怠於公布業經地方立法機關議決通過之自治條例，致影響其效力，故地方制度法第

32條規定其公布方式，視下列三種情形而定：

　　1. 地方行政機關公布：自治條例經地方立法機關議決後，函送各該地方行政機關，地方行政機關收到後，除提起覆議、報請上級政府予以函告無效或聲請司法院解釋者外，應於30日內公布。

　　2. 地方立法機關代為公布：自治條例經地方立法機關議決後，地方行政機關未依規定期限公布者，得由地方立法機關代為公布。

　　3. 上級政府代為公布：經上級政府核定者，由核定機關代為公布。

三、自治規則之訂定

（一）屬法規命令性質者：即依法律授權訂定之自治規則，應適用行政程序法之相關程序規定

　　1. 自行草擬，或由人民或團體提議。

　　2. 草案預告。

　　3. 得依職權舉行法規聽證。

　　4. 核定，如依法應經上級機關核定者，應於核定後始得發布。

　　5. 發布，並刊登政府公報或新聞紙。

　　6. 備查：函報各該法律所定中央主管機關備查。

（二）屬職權命令性質者：不適用行政程序法第174條之1之規定

　　1. 核定：自治規則依規定應經其他機關核定者，應經該機關核定。

　　2. 發布：發布方式，視下列二種情形而定：

　　(1) 地方行政機關發布：應於核定文送達各該地方行政機關30日內發布。

　　(2) 地方立法機關代為發布：地方行政機關未依規定期限發布者，該自治規則自期限屆滿之日起算至第三日起發生效力，並由地方立法機關代為發布。

　　3. 備查或查照：依法定職權或自治條例授權訂定者，分別函送上級政府及各該地方立法機關備查或查照。

自治規則 {
　　法律授權：函報各該法律所定中央主管機關備查
　　職權規則：函送上級政府備查
　　自治條例授權：函送各該地方立法機關查照

圖7-3　自治規則之核定及備查程序

四、委辦規則之訂定

（一）具有法規命令性質之委辦規則

即依法律授權訂定之自治規則，應適用行政程序法相關法規命令訂定之規定如下：

1. 自行草擬，或由人民或團體提議。

2. 草案預告。

3. 得依職權舉行法規聽證。

4. 核定，如依法應經上級機關或委辦機關核定者，應於核定後始得發布。

5. 發布，並刊登政府公報或新聞紙。

6. 備查：函報各該法律所定中央主管機關備查。

（二）具有行政規則性質之委辦規則

1. 核定：地方委辦規則應函報委辦機關核定。

2. 發布：發布方式，視下列二種情形而定：

(1) 地方行政機關發布： 應於核定文送達各該地方行政機關30日內發布。

(2) 地方立法機關代為發布： 地方行政機關未依規定期限發布者，該委辦規則自期限屆滿之日起算至第三日起發生效力，並由地方立法機關代為發布。

伍、總預算案之審議

一、預算案決議之效力

　　預算，即預先算定之意。乃政府在一定期間內，由行政機關預計政府經費支出之需要與收入之財源，使之收支平衡而擬編之計畫，經立法機關議定，作為該時期之收支準則。

　　預算決議，是指立法機關審議總預算案時對歲入、歲出項目金額的增刪，及其直接附隨之決定。其種類有三：

（一）法定預算決議

　　法定預算決議，指歲入、歲出金額的增刪之決議，其法制用語，包括如下：

　　1. 照列：照原編列之金額通過。

　　2. 減列：刪減部分原編列之金額。

　　3. 暫照列：原編列金額暫時予以通過，但附加未來調整之條件。

　　4. 統刪：總額統一刪減一定百分比率之課稅收入或歲出後由行政機關自行調整之決議通案決議，是指無法歸屬各預算科目之通案性決議，則列於通案決議項目中。

（二）附加條件或期限決議

　　地方制度法第41條第2項規定：「法定預算附加條件或期限者，從其所定。但該條件或期限為法律、自治法規所不許者，不在此限。」此即為法定預算附加條件或期限之單純決議。

　　所謂「條件」與「期限」，係分別指法律行為之效力之發生或消滅「繫於將來是否發生之不確定客觀事實」與「將來確定之事實之發生（即期日、時限之屆至）」，蓋條件與期限均屬於附款之類型，自應附隨於主意思表示而存在，與法定預算具有不可分割之關係。亦即議會為「預算科目及金額」相關內容未來實際執行所附加條件或期限之決議事項。例如臺北市政府暨所屬各機關處市議會審議預算案審議意見作業要點第3點第

2款規定：「……就預算之動支附以須一定條件成就或係將來確定事實到來，始得執行，通常以但書之形式表現。」

此種附加決議之程序，是議會於審議總預算相關科目時，由議員自行提案，並與法定預算同時作成之決議，並列入預算審查報告中，經二、三讀程序通過者，例如「〇〇科目部分預算金額凍結，〇〇主管機關須至議會報告並經同意後始得動支」。

（三）附帶決議

地方制度法第41條第3項規定：「直轄市議會、縣（市）議會、鄉（鎮、市）民代表會就預算案所為之附帶決議，應由直轄市政府、縣（市）政府、鄉（鎮、市）公所參照法令辦理。」

此種附帶決議，係於整個總預算案通過時，再於預算案決議及附加條件或期限決議之外，另就其他注意事項、附帶意見或附帶建議所作成之單純決議。例如臺北市政府暨所屬各機關處理市議會審議預算案審議意見作業要點第3點第3款將其界定為：「係指市議會在所通過之各筆預算本身之外，另外對於特定市政業務之執行，提出要求或建議。市議會審議預算案所作審議意見，指明為綜合決議、附設意見、附帶建議等名稱及無涉及預算動支之但書意見其性質與附帶決議相似者，視為附帶決議。」可資參考。

附帶決議與前述附加條件或期限決議不同之處，即前者與預算科目連結，而後者係於通過預算案各筆科目之外，另就特定行政業務之執行或無涉預算動支而提出要求或建議意見之謂。此種決議文直接函請地方行政機關參考處理，因這種附帶決議應在參照法令下辦理，所謂「參照法令辦理」原意，係指依法令規定予以辦理，如決議內容有違背法令者，自不發生辦理效力。故其僅具建議或參考辦理性質，不具有法的拘束力。

二、預算案之覆議

依地方制度法第39條規定，直轄市政府對市預算之議決案、縣（市）政府對縣（市）預算之議決案，及鄉（鎮、市）公所對鄉（鎮、

市）預算之議決案，如認為窒礙難行時，應於該議決案送達直轄市政府、縣（市）政府、鄉（鎮、市）公所30日內，就窒礙難行部分敘明理由送請直轄市議會、縣（市）議會、鄉（鎮、市）民代表會覆議。

至於預算案覆議之提出，覆議案之審議、休會期間覆議案之處理、覆議案之表決與效力等，依地方制度法第39條規定，與前述自治條例法案之覆議程序完全相同，不再贅述。

惟不同之處，乃地方制度法第39條第5項對預算案覆議如原決議失效之處理有特別規定，即直轄市、縣（市）、鄉（鎮、市）預算案之覆議案，如原決議失效，直轄市議會、縣（市）議會、鄉（鎮、市）民代表會應就直轄市政府、縣（市）政府、鄉（鎮、市）公所原提案重行議決，並不得再為相同之決議，各該行政機關亦不得再提覆議。

三、預算案決議爭議之處理

（一）未完成審議之報請上級協商

地方制度法第40條第4項規定：「直轄市、縣（市）、鄉（鎮、市）總預算案在年度開始後三個月內未完成審議，直轄市政府、縣（市）政府、鄉（鎮、市）公所得就原提總預算案未審議完成部分，報請行政院、內政部、縣政府邀集各有關機關協商，於一個月內決定之；逾期未決定者，由邀集協商之機關逕為決定之。」

（二）覆議後仍維持原決議之報請上級協商

地方制度法第40條第5項規定：「直轄市、縣（市）、鄉（鎮、市）總預算案經覆議後，仍維持原決議，或依前條第五項重行議決時，如對歲入、歲出之議決違反相關法律、基於法律授權之法規規定或逾越權限，或對維持政府施政所必須之經費、法律規定應負擔之經費及上年度已確定數額之繼續經費之刪除已造成窒礙難行時，準用前項之規定。」

考古題

1. 何謂法規命令？法規命令之訂定須符合哪些要件？請依行政程序法相關規定加以說明。（95地方特）

2. 行政規則之體例，係由立法實務所形成之格式，試說明訂定行政規則之體例為何？（96警察特）

3. 本於法律保留原則，那些事項得經立法授權由主管機關以公文程式之「公告」或「令」訂定？此種以「公告」或「令」訂定者，應否送立法院查照？（97警察特）

4. 得由法律授權主管機關以「公告」拘束人民之情形有哪些？此種立法技術之發展，其主要原因為何？請舉例說明之。（98升官等簡）

5. 〈案例〉甲鄉之自治條例規定：「競選廣告應經合法申請張貼於鄉公所布告欄或指定之地點。未經合法申請張貼之競選廣告，依其違規張貼之數量及範圍，得處新臺幣2千元以上，20萬元以下之罰鍰。」

   某日甲鄉舉辦鄉長選舉，因競爭非常激烈，乙候選人於無鄉公所布告欄且禁止張貼廣告之鄉有零售市場，違規張貼巨幅之競選廣告，因未經合法申請，被處新臺幣15萬元罰鍰。

   針對前述案例，請依地方制度法之規定解析，說明何種自治條例得規定處以罰鍰或其他種類之行政罰？有何種限制？而有罰則規定及其餘規定之自治條例，各應循何種程序完成立法？（99高考三）

6. 何謂法規命令？法規命令之訂定須符合哪些要件？請依行政程序法相關規定加以說明。（100警察特）

7. 依據「中央行政機關法制作業應注意事項」規定，法規草擬作業應注意哪些事項？（100警察特內）

8. 直轄市政府對直轄市議會所作預算的議決案，認為有窒礙難行時，得移請直轄市議會覆議。請依地方制度法相關規定，分別說明覆議案的處理期限、表決數額及其限制。（100高考三）

9. 直轄市法規經直轄市議會議決後，視其是否定有罰則而分別報經行政院核定或中央各該主管機關轉請行政院備查。何謂自治條例？何謂核

定？何謂備查？請依地方制度法相關規定加以說明。（100警察特）

10. 何謂自治法規？中央主管機關如何對其行使立法監督權？請依地方制度法相關規定加以說明。（101警察特）

11. 試說明中央法律與地方自治條例有何區別？其在法制作業上應如何草擬？有何特別規定？試述之。（101警察特內）

12. 內政部警政署為輔導員警加強身心靈健康，擬訂定輔導法規。試問：法規的屬性、定名及主要的法制架構為何？（101警察特內）

第一節 立法程序之概念

壹、概說

一、程序之概念

所謂「程序」（procedure）乃為達到一定目的或發生效果，所為多數法律的行為或系列活動、方法、流程之設定，俾對於決定的作成予以一定程序之控制而言。

英美法諺云「程序先於權利」、「正義先於真實」，亦即程序是法治的核心，「沒有程序，就沒有民主」這更是議會政治的一條重要原則。程序上的疏失不僅釀成爭端的原因，嚴重者造成民主障礙。

二、立法程序之概念

立法機關由於是合議制，因此在立法過程中整合各方面影響立法的因素，必須經由一定的程序為之，此種程序即稱為「立法程序」（legislative procedure），為立法活動中之步驟和方法，此種程序又有廣義與狹義之分。

（一）廣義的立法程序

指立法機關行使制定法律、預算審查、條約批准、質詢、人事同意權等職權的程序。

（二）狹義的立法程序

專指法律案的制定程序而言。因立法活動的重心是指法律制定的過程，故其他議案之處理方式，則不得謂為「立法程序」。

國人的見解多採狹義的意義，即所謂立法程序，主要包括提案、委員會審查、黨團協商、院會三讀、復議、覆議、行政命令之監督等程序。

三、立法程序之重要性

公權力行為的「合法性」，非僅皆須符合「形式的合法性」（憑什麼），尚且應具有「實質的正當性」（為什麼），而實質正當不可取代程序合法。

立法是國會針對全國關切的事務所作的最基本反應，為國家重大政策之合法化，誠如美國開國先賢麥迪遜（James Madison）所言：「在一個共和國政府裡，立法權必然占居優勢。」制定法律為重大政策合法化的結果，其立法過程更須符合程序正義原則，誠如日本公法學者田口精一教授謂：「制定法律之時，若最重要的立法基本過程，未充分整備建立，則不論事後如何努力，也無法期待能制定優良之法律並具體地將之付諸實施。」

貳、立法程序之正當性

一、概說

決策的正確性首先取決於決策程序的科學化，完善而健全的立法程序，對於保證立法品質的提升有著至關重要的作用。法治價值不僅體現在立法內容本身，同時還應體現在立法程序的正當性中。而立法程序的正當性首先應指立法程序設計的合理化。程序的合理設計，是根據公平、公開、效率等價值觀，透過對程序的建構以期達到滿足公平結果的需要的目標。

二、立法程序正當性之內容

（一）立法程序的公平性

　　程序的公平價值一般是指同類人應當受到相同的對待。在立法中則表現為每個人都有表達自己意見的機會，每個人都有參與立法的權利，以及選擇法律的權利。立法的機會平等要能實現須通過二個環節：1.每個公民的立法權的行使並非是直接的，其權利的行使往往是由議員來代行；2.代議式立法機關中的議員地位相同且有平等的議事參與權。

（二）立法程序的民主性

　　民主化立法是現代化立法的潮流，也是現代立法程序應予確立的重要原則，在當今民主式立法的過程中，公開徵求意見是民主立法的重要環節，民主化除了公開徵求意見外，立法聽證已成為現代立法程序的要求，經過立法聽證所擬定的法案，既能吸納各方面的意見和建議，又能得到有關社會團體和利害關係人的合作，有助於提高立法的民主性和科學性。

（三）立法程序的秩序合理性

　　立法程序是有序的活動，須重視立法活動的階段性，針對各階段的立法任務、特點和客觀要求，做好立法工作。換言之，即透過可預測的理性決定過程來維持某種關係的穩定性、結構的一致性、行為的規範性、過程的連續性和結果的可預測性。

第二節　立法程序之法規範

壹、立法程序法規範之功能

　　立法機關係以公開討論及集體決策的模式以執行其職責之團體，故立法人員為達公開辯論以達成某種集體決議之目的，必須精心設計程序法規範，以保證有條理的辯論，及限定作決策所使用的方法。歸納學者見解，立法程序法規在立法機關裡所發揮之功能，包括如下：

一、穩定性與可預測性的提供

　　立法程序法基本之功能在於確保立法機關之穩定、秩序及可預測性。故合理的立法程序，可使法案的處理有一定規律，議員發言的時間及次數，亦有適當的安排，使會議時間合理運用，以免有會而不議，議而不決之弊，同時，可對於各種法案，均能予以正當的處理，避免畸重畸輕，偏頗不公之現象，使參與會議者對會議之安排具有可預測性。

二、決策的合法化

　　所謂「合法性」（legitimacy）即意謂民眾服從的可能性。由於法律是要全民遵守，決策亦常牽涉到大眾權益，故立法決策當然必須有合法性。亦即立法決策必須符合民主的原則。從民主的原則言，發言權與表決權同等重要，因此，參加會議的每一個人，對問題作成明智決定前，均有權瞭解問題的性質及決定後的任何後果與影響等。為達成此目的，必讓每一個人對所要作成決定的問題有充分和自由討論的機會，為避免任何對充分與自由討論之阻止或干涉，必須依靠立法程序法規。

三、權責的區分

　　立法機關也如同行政部門一樣，根據立法程序法規來區分權責，以避免紛爭。如立法機關根據分工合作實施之需要、政策監督之需要、解決問題之需求、控制幅度之限制等，設立各種常設委員會。各常設委員會之間，及其與院會之權責劃分等，至於其他幕僚單位與人員亦須依據立法程序法規及辦事細則等規定辦事，以發揮明確界定權責關係、澄清組織目標、說明決策程序及明定事權範圍等功能。

四、衝突的減少

　　議會政治有一項鐵則：「會議中的領導者是參與會議的人，不是主席」。此即意味一個議長能成功地主持會議所可憑藉的不是他的聲望，而

是一部議事規則。立法機關由來自各方面的議員所組成，議員各自為其選區的代表，人人地位平等，在這種環境下，控制議員的立法行為，唯有賴立法程序為之妥善安排。在其運用之下，可減少議會不可預測的突發事件，使議事程序順利進行，降低議員之間的衝突，增加議會整體的和諧，有助於議事效率之提高，以及議會目標之達成。

五、權利的保障

議會中所謂「多數」與「少數」，並非一種靜止的狀況，一個議員對某問題僅在多數方面，而對另一問題或許就在少數，故保障少數的權利，對於會議的每一位議員同等重要。立法程序法規的作用，猶如剪刀的兩翼，一方面在維持多數決的原理，鞏固多數派的權力；但另一方面則在尊重少數意見，保障少數派的權利，兩者相倚為用，促使政治走向民主的坦途發展。

貳、立法程序法規範之法源

一、概說

法源乃法律之存在形式，可分為直接淵源與間接淵源。前者係可以直接發生法律效力者，又稱為成文法法源，如憲法、法律、命令、自治法規等；後者則須經過正式承認或共同遵守，始能發生效力者，又稱為不成文法法源，如習慣、法理、學說等。

二、立法程序之法規範

因立法程序具有高度之政治性，故其法源散見在各種法規範，分述如下：

（一）憲法

我國憲法就立法院制度及行使職權程序有關之提示規定，有憲法第

39條、第57條、第58條第2項、第62條、第63條、第73條、第74條、第75條、第107條、第108條、第174條，及憲法增修條文第2條第3項、第5項、第7項、第9項、第10項、第3條第2項、第4條、第8條、第9條等。

（二）實定法

現行實定法包含具有立法程序規則效力的規定，如下：

1. 中央法規標準法

中央法規標準法對法律名稱、法律制定之程序；法規之施行、適用、修正與廢止程序等亦有詳盡規定，為立法程序法之一種。

2. 立法院組織法

立法院組織法對正副院長、正副秘書長職權、設置常設委員會及特種委員會、參加委員會人數限制、設置行政幕僚支援系統及專業幕僚支援系統、賦予黨團法律依據，及人事員額編制等詳加規範。

3. 立法院各委員會組織法

立法院各委員會組織法對委員會職權範圍設置召集委員、出席會議人數門檻、設置專門委員、主任秘書及其餘幕僚之職等、職務及員額編制等詳加規定。

4. 立法院職權行使法

該法除總則及附則兩章外，將立法院職權分為議案審議、聽取總統國情報告、聽取報告與質詢、同意權之行使、覆議案之處理、不信任案之處理、彈劾案之提出、罷免案之提出及審議、文件調閱之處理、委員會公聽會之舉行、行政命令之審查、請願文書之審查及黨團協商等共計十三章。使立法院委員對於職權行使之範圍、方法及程序，有明確之法令可資依循。

5. 立法委員行為法

立法院為維護國會尊嚴，確立政治倫理風範及共同行為規範，健全民主政治之發展，制定立法委員行為法，內容包括總則、倫理規範、義務與基本權益、遊說及政治捐獻、利益之迴避、紀律及附則共計七章。

6. 公職人員利益衝突迴避法

　　根據公職人員利益衝突迴避法第10條規定，民意代表知有迴避義務者，不得參與個人利益相關議案之審議及表決。同法第7條第1項規定，民意代表有應自行迴避之情事而不迴避時，利害關係人得向各該機關團體申請其迴避。

7. 遊說法

　　(1) 遊說之定義： 指遊說者意圖影響被遊說者或其所屬機關對於法令、政策或議案之形成、制定、通過、變更或廢止，而以口頭或書面方式，直接向被遊說者或其指定之人表達意見之行為，而被遊說者包括各級民意代表。

　　(2) 立法委員為個人利益遊說之禁止： 各級民意代表不得為其本人或關係人經營或投資股份總額達百分之十以上之事業進行遊說，亦不得委託其他遊說者為之。

　　(3) 立法院受理遊說登記： 遊說者應向被遊說者機關申請登記，立法院應指定專責單位或人員，受理遊說之登記。登記事項包括遊說者、遊說時間、地點及方式、遊說之內容。

　　(4) 立法院對遊說登記資料公開： 立法院應將登記事項及申報之財務收支報表列冊保管，並按季公開於電信網路或刊登政府公報或其他出版品。

（三）司法院大法官會議解釋

　　司法院大法官會議依據憲法之規定有解釋憲法之權責，而立法程序法之法源有部分來自憲法，故大法官會議之解釋若涉及議事機關運作，如議員言論免責權問題等亦可為立法程序之法源，茲列舉歷年來有關立法程序之重要解釋如下：

　　1. 立法委員不得兼任官吏（釋字第1號）。
　　2. 監察院關於所掌事項得向立法院提出法律案（釋字第3號）。
　　3. 立法委員應認為有給職（釋字第22號）。
　　4. 立法委員不得兼任公營事業機關之董事、監察人及總經理（釋字

第24號）。

5. 各級民意代表應屬公職（釋字第42號）。

6. 司法院就其所掌有關司法機關之組織及司法權行使之事項，得向立法院提出法律案（釋字第175號）。

7. 立法院得經院會或委員會之決議，行使文件調閱權（釋字第325號）。

8. 立法院議事程序乃其內部事項，屬議會依自律原則應自行認定之範圍，並非釋憲機關審查之對象（釋字第342號）。

9. 修改憲法之讀會程序及開議出席人數標準，係屬議會自律之事項（釋字第381號）。

10. 立法委員審議中央政府總預算時，移動或增減原預算之項目要屬增加支出提議之一種，仍應受憲法第70條規定之限制（釋字第391號）。

11. 憲法所定屬於立法院職權之事項，立法院依法定之議事程序所作各種決議，按其性質有拘束全國人民或有關機關之效力。如逾越憲法所定立法院之職權，僅屬建議性質，並無拘束力（釋字第419號）。

12. 為確保立法委員行使職權無所瞻顧，言論免責權應作最大程度之界定，舉凡在院會或委員會之發言、質詢、提案、表決以及與此直接相關之附屬行為均屬之（釋字第435號）。

13. 參謀總長非憲法規定之部會首長，立法委員並無向其質詢之權，惟仍有應邀至各委員會說明之義務（釋字第461號）。

14. 因施政方針或重要政策變更涉及法定預算之停止執行時，立法院有參與決策之權，行政院有事先向立法院報告之法定義務（釋字第520號）。

15. 立法院調查權乃立法院行使其憲法職權所必要之輔助性權力，基於權力分立制衡原則，立法院調查權所得調查之對象或事項，並非毫無限制（釋字第585號）。

16. 立法院消極不行使監察委員人事同意權，為憲法所不許（釋字第632號）。

（四）議事程序內規

議事程序依其內容一般可分為三部分：1.議會議事進行之方式；2.指導及授權之機構；3.管理前述有關議事方式與機構之規則。如依其性質則可分述如下：

1. 議事規則

立法院之會議除依憲法、立法院組織法、立法院各委員會組織法、立法院職權行使法及立法委員行為法之規定外，即依立法院議事規則進行。本規則共分總則、委員提案、議事日程、開會、討論、表決、復議、秘密會議、議事錄及附則等，共計十章。

2. 其他議事內規

除議事規則外，立法院其他內規有關立法程序者尚有如下幾種：

(1) 立法委員互選院長副院長辦法。

(2) 立法委員互選院長副院長投票及開票辦法。

(3) 立法院紀律委員會組織規程。

(4) 立法院程序委員會組織規程。

(5) 立法院點名表決辦法。

(6) 立法院議場規則。

(7) 立法院秘密會議注意事項。

(8) 中央政府總預算案審查程序。

(9) 中央政府總決算審核報告案審查程序。

（五）會議規範

會議規範乃為一般社會團體開會程序的規律，此係由議會的適用而逐漸推廣到社會種種集會的通用，我國立法機關之議事程序，大都有法規之規定，已如前述，法規所未定者，則常參照一般會議規範的原則行之。

（六）議事實務手冊或議學權威著作

民主先進國家之立法機關，亦有採用某一「議事實務手冊」（prac-ice），為議事程序的準據者，這種實務手冊是將立法機關的各種習慣及先例，以正確的方法，編輯而成，以供主席及議員在遇到法律或議事規

則未規定的事項發生時，為參考或援引之用。如美國於1797年至1801年間，當傑弗遜（Thomas Jefferson）擔任副總統時，曾為參議院草擬了一份議事程序手冊，學術界稱之為「傑弗遜手冊」（Jefferson's Manual），後來卻由眾議院在1837年採用為正式規則一部分。又如英國高登爵士（Sir Charles Gordon）所編纂之《梅氏國會實務》（*Erskine May's Parliamentary Practice*）一書，目前常供英國國會議員之參證。而前述國父所撰《民權初步》，亦為一種議學權威著作。

前述傑氏及梅氏的著作，與國父的《民權初步》，雖均為典範式的議學著作，但兩者的性質並不完全相同，前者的著作，乃以國家的議會為主要適用對象，而國父的《民權初步》則以國家議會及民間的一般會議為總對象。如依「會議規範」第99條規定：「本規範未規定事項，依國父民權初步之規定。」基此，《民權初步》不啻為我國議事程序法規之一。因此，今日我國習慣上，每遇會議程序上發生問題而未有制定之法規依據者，亦輒以《民權初步》資為解決的準則。

（七）先例與習慣

依司法院大法官釋字第419號解釋意旨，所謂慣例，係指反覆發生之慣行，其經歷長久時間仍受遵循，而被確信具有拘束行為之效力時，始屬不成文規範之一種。而習慣乃議員們被期待所應遵守的不成文行為規範，這些不成文規範乃指合乎善良風俗、合乎人性情理的自然行為。

先例即議會關於程序事項的決議，或主席關於秩序問題的裁決（rulings from the chair），而有紀錄可稽者，它代表正式與非正式的混合，亦是議會的「普通法」（common law），規範著許多正式規則所未含括的程序，目前國會先例均由議事專業幕僚編輯成冊，並定期修正更新後印行為國會文件，如程序疑義發生，即易於查出先例，以為處理之依據。

第三節　立法程序之步驟

壹、立法審議程序之圖示

法律案經提出後，即進入審議階段，審議包括委員會審查、黨團協

商、院會、三讀、表決、復議及覆議等，茲如圖8-1。

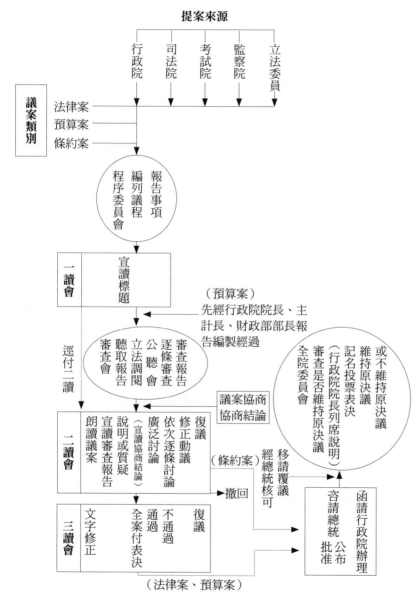

圖8-1　立法院審議議案程序圖（法律案、預算案、條約案部分）

備註：一、依立法院職權行使法第14條之規定，立法委員所提憲法修正案，準用法律案之審議
　　　　　程序。
　　　二、依立法院職權行使法第72條之規定，黨團協商結論經院會宣讀通過後，或依異議決
　　　　　結果，出席委員不得再提出異議：逐條宣讀時，均不得反對。

資料來源：立法院議事處、法制局共同繪制。

貳、法律案之提出

一、概說

　　法案的提出，謂之提案，各國政制，對於制定法律的提議，無不設有一定機關之限制，非經任何機關所得任意為之，按照現行憲法和法制的規定，只有政府和立法委員可以提出法律案。

二、提案來源

（一）政府提案方面

　　按照憲法規定，行政院可以提出法律案及法律案以外的各種議案；考試院提的法律案，則以其職掌範圍內的事項為限；監察院依司法院大法官會議的解釋，就其所掌事項，得向立法院提出法律案；司法院也是依大法官會議的解釋，就其所掌有關司法機關之組織及司法權行使事項，得向立法院提出法律案。

（二）委員提案方面

　　按照立法院職權行使法的規定，立法委員個人有20人以上的連署，可以提出法律案；各黨團也可以黨團名義提案，提案範圍不受限制。至於各委員會則沒有提案權。

　　法案依法定程序提出後，通常之程序為交付委員會審查為原則，但例外情形即逕付院會二讀。

　　其他有關立法提案之敘述，請參閱第十一章第二節之壹。

參、法律案之審議

一、院會三讀

（一）一讀會

　　依議事學之原理，議案在介紹提案時之宣讀為「一讀會」（firs

reading），在立法程序中，則通過係指法案經合法手續提出後編列於議事日程，開會時由主席宣付朗讀之程序。

我國立法院職權行使法第8條第1項規定：「第一讀會，由主席將議案宣付朗讀行之。」本項文字規定極為明顯，即只要主席將議案宣付朗讀後，其一讀程序即告完成。一讀會即依議案性質決定：(1)交付委員會審查；(2)逕付二讀；或(3)不予審議，茲引同條第2項及第3項之規定如下：

1. 政府機關提出之議案或立法委員提出之法律案，應先送程序委員會，提報院會朗讀標題後，即應交付有關委員會審查。但有出席委員提議，20人以上連署或附議，經表決通過，得逕付二讀。

2. 立法委員提出之其他議案，於朗讀標題後，得由提案人說明其旨趣，經大體討論，議決交付審查或逕付二讀，或不予審議。

由以上規定可知，一讀會僅單純指由院會主席將議案宣付朗讀之短暫過程而言。但一般社會人士常指委員會審查階段為一讀會，事實上，委員會是可省略的程序。為解決認知之差誤，有學者主張，可將一讀會分為廣義與狹義，廣義之一讀會係包括委員會審查階段；狹義之一讀會，則僅指院會主席朗讀議案標題而言。

（二）二讀會

「二讀會」（second reading），依我國之立法程序，即於院會討論各委員會審查之法案，或經院會議決不經審查逕付二讀之法案時，所為實質討論之程序。在此階段，一般均將法案朗讀並參照委員會審查或原案要旨，依次或逐條提付討論，並得就審查意見或原案要旨先作廣泛討論。討論後可以依修正、刪除、重付審查或撤回。實務上經委員會審查者，即以審查意見為優先討論之基礎，如審查意見未被採納，即討論行政院提案，如行政院提案未被採納，即採用現行條文。

（三）三讀會

「三讀會」（third reading），在臺灣立法程序上，即指應於二讀會之下次會議舉行之審議程序，但由出席委員提議，15人以上連署或附議，經表決通過，得於二讀後繼續進行三讀。三讀會，除發現議案內容互

有牴觸，或與憲法及其他法律相牴觸者外，只得為文字之修正。惟依立法先例，立法院會議於三讀會中議決法律案時，如未於法律中制定專條明文規定施行日期者，得於決議規定施行日期，為一例外。在一般情形，三讀會只能為文字之修正，而不得再為實質問題辯論，最後並應將議案全案付表決，表決通過即算完成立法程序。

其他有關院會三讀會之敘述，請參閱第十一章第二節之肆。

二、委員會審查

憲法第67條規定：「立法院得設各種委員會。各種委員會得邀請政府人員及社會上有關係人員到會備詢。」依立法院現行組織，其所設委員會有以下三類：

1. **常設委員會**：依相關部會對口原則設立。

2. **特種委員會**：程序委員會、紀律委員會、經費稽核委員會、修憲委員會。

3. **全院委員會**：係專為審查審計部審計長之同意案，以及審查行政院移請覆議案、不信任案及彈劾案而設。

其他有關委員會之審查制度，請參閱第十二章。

三、表決

（一）概說

立法過程中往往都會以表決來作結束，也因為有表決為後盾，很多不同的意見才得以妥協而有所成就，因此，不論以任何方式表決，均係國會議事之歸宿，也是符合民主的主要表現方式之一。另一方面，國會議員在包括正式領域的提案、質詢、發言、協商、表決，及非正式領域的遊說、選區服務、爭取選區利益等諸多立法行為當中，表決是選民最容易檢驗國會議員立法行為表現的指標。

（二）表決方式

按現行立法院議事規則第35條之規定，立法院對於議案的表決方

法，分為：口頭表決、舉手表決、表決器表決、投票表決、點名表決等五種。目前立法院最常採用的表決方法為表決器記名表決，其優點是，只要經出席委員提議，15人以上之連署或附議即可成立，不但可以減少人為計算的錯誤，且透過電子螢幕畫面的呈現，也兼具點名表決之功能。實務上，由於黨團協商制度經過91年修法採用之後，已逐步發揮了妥協、讓步的功能，立法院在這修法的一年多來，在朝野對立如此嚴重的情況下，動員表決的次數，反而比以前少了許多。

其他有關表決之敘述，請參閱第十一章第二節之陸。

四、復議與覆議

（一）概說

「復議」與「覆議」有別。按「復議」（reconsideration）為立法機關內部議決議案的程序，即議員已通過的決議，如因情勢變遷或發現新資料，認有補救之必要，而依法定程序要求重加討論再行決定之意。而「覆議」則通稱為「行政否決權」（executive veto power），即行政機關對於立法機關所為之決議，認為有窒礙難行時，可於法定期間內移請立法機關覆議，覆議時，各國憲法規定，均採高額之表決數額，以昭慎重，即立法機關須有法定出席人數的三分之二方得維持原案，否則原案即為否決。依我國憲法第57條原規定，行政院移請立法院之覆議案，立法院如欲維持原決議，須達出席委員三分之二人數之贊成；但修憲後依憲法增修條文第3條第2項第2款之規定，則改須有全體立法委員二分之一以上之贊成。至於復議動議之表決，僅須獲參加表決之多數，亦即過半數通過即可。

（二）復議與覆議之程序

1. 復議

委員對於各種議案之決議如有異議，得依法於原案表決後，於下次院會散會前，提出復議動議。復議動議經表決後，不可再為復議之動議。每屆立法委員任期屆滿時，除了預（決）算案及人民請願案外，尚未議決之議案，下屆不予繼續審議。

2.覆議

完成三讀程序之法律案，由立法院咨請總統公布並函請行政院查照，總統應於收到後10日內公布之。但行政院如認為有窒礙難行時，得經總統核可，於該決議送達行政院10日內，移請立法院覆議。立法院對於行政院移請覆議案，應於送達15日內作成決議，逾期未決議者，原決議失效。立法院覆議於院會記名表決，如超過全體立法委員二分之一以上，即維持原決議；反之，則不維持原決議。

其他有關復議及覆議之敘述，請參閱第十一章第二節之柒、捌。

第四節　民眾參與立法程序之途徑

壹、概說

立法機關代表人民行使立法權，但這並不意味立法機關的立法活動，是閉門造車的，是與人民有隔閡的，相反地，立法機關應積極透過體制的改革與實務的貫徹，努力地瞭解人民的盼望，鼓勵人民表達政策意見與主張、參與立法機關的立法程序，使立法機關成為真正民意的機關。

貳、民眾參與立法程序之途徑

具體來說，人民參與立法機關的立法程序，體制內與實務上有以下幾項代表性的途徑：

一、透過立法機關議事資訊之公開

透過立法機關議事資訊的公開，人民得以切實地把握立法的具體動態。

立法機關院會與各委員會會議，依規定除必要情形得進行秘密會議外，均以公開會議形式行之。其宗旨在於透過國會議事程序的公開、透明，使人民得以確實掌握立法程序的動態。相應國會公開的議事制度，立法機關設有極為便利的旁聽及會議紀錄公開制度。此外，立法機關更利用

廣播電視或便捷電腦網路進行議事轉播，利用高科技，縮短了國會與人民的時空距離，也更便利人民參與立法活動。

二、人民直接向立法機關請願或遊說

人民直接向立法院請願或遊說時，立法院得以感受到人民期待的脈動。

請願，係憲法明定的人民基本權利，遊說亦屬於憲法保障請願權之一種方式。人民利用請願、遊說乃至於示威活動，向立法或行政機關表達人民的心聲與意見，正是現代民主國家的正常現象。

立法院依憲法、請願法、集會遊行法、遊說法之相關規定，對於合於法定程序的請願、陳情乃至於示威活動，均非常重視。當立法院接獲人民請願案件時，應立刻視不同情形，指定相關委員會召集委員接見，或分交相關委員會辦理，務期人民的心聲，得於適當的立法歷程中，提供委員參考。相關的委員會，在審查有關的法案時，亦應將人民請願文書提出報告，並將處理情形回覆請願民眾。由於近年來立法院受理人民請願案件每年均高達5、600件，可見請願已成為民眾參與立法活動的重要管道。

三、應邀參與立法機關委員會舉辦之公聽會

立法機關各常設委員會得舉辦公聽會，聆聽人民的心聲與意見。立法為專業的政策法制化，關係國家與人民之利益至鉅，立法機關為綜合均衡各方面的利益，使法案的制定更為專業穩妥，法條不致發生立法後適用上的疑義與困擾，立法機關各委員會審查法案遇有爭議時，亦常舉辦公聽會，廣邀學術界、實務界人士，廣泛諮詢意見，也適時提供民眾與立法委員、學者專家對話溝通的機會。

✎ **考古題**

試述一般民眾得參與立法機關立法活動之途徑有哪些？（96地方特）

第一節 立法機關之概念

壹、立法機關之意義

立法機關（legislature）係指依憲法規定由議員組成，擁有正式職權、責任及審議的組織體，又稱為民意機關或議會，全國性的議會，稱為國會，如英國的Parliament、美國的Congress。議會（Parliament）本來就是從「說法」這個語而來，它以說服為其基本原則，即它企圖以辯論代替武器或暴力決定國家大事。

貳、立法機關之種類

一、從代議之原則為標準

（一）一院制

凡人民選舉的議員，組成一個團體，單獨行使議會職權者。採一院制的國家，有中國、希臘、丹麥、芬蘭、韓國、印尼、泰國、越南、巴拿馬、西班牙、土耳其及我國等。一院制的優缺點如下：

1. 一院制的優點

(1) 民意統一

政治權力的集中為現代政治趨勢，立法權只能存在於一個單一體。人民總意志必須統一，若有兩院，便是民意的分裂或癱瘓，且不免是主權的割裂與統一的犧牲。

(2) 責任明確

一院制議會和議員的責任，較為明確，如果法案遲遲不能通過，或法案品質不佳，或發生重大惡劣影響，或議會所作所為令人不滿，該議會便難辭其咎。

(3) 菁英出任

一院制的議員比兩院制的議員聲望較高，為大眾服務的機會更多，因而可以吸引政治菁英出任。

(4) 立法迅速

只經一院的立法程序，自較兩院為快速，對於緊急性的法案，可以加速通過，以應需要。

(5) 減少掣肘

一院制議事取決於多數，問題容易解決，可以避免因兩院猜忌、摩擦、敵對，而妨礙立法的弊病。

(6) 合乎經濟

一院制議會可以避免立法工作的重複，節省人力、物力及財力。

2. 一院制的缺點

(1) 不易代表

在異質的社會，一院制議會不易代表各種不同的利害和意見。如果只有一院，便難同時代表特殊階級與平民，或兼顧各邦利益與按人口比例的利益。

(2) 易於草率

一院立法雖經集體討論、三讀通過，但有時仍有疏忽、草率之處，如有錯誤，比較不易補救、改正。

(3) 專斷腐化

一院比較容易流於濫權、專斷及腐化，因權力集中容易為野心政客所控制，或結黨營私，形成議會專制。

（二）兩院制

凡由兩個團體，分別開會行使議會職權，兩院議決一致，方能發生效

力者。採兩院制的國家甚多，如英國、美國、法國、德國、日本等。在
兩院制下，兩院各有不同的名稱。如英國的兩院為「貴族院」（House of
Lords）與「平民院」（House of Commons），前者代表貴族、教士、
大法官的利益；後者則代表一般平民的利益。美國的兩院為「參議院」
（House of Senate）與「眾議院」（House of Representative），前者代
表州的利益，參議員每州2名，象徵州的主權平等；後者代表「全民」，
依人口比例全國共選出435名眾議員。至於兩院制之優缺點如下：

1. 兩院制的優點

(1) 利益兼顧

兩院制可以用兩種不同的基礎來選議員，如一院直接代表人民，另一
院則代表不同的階段、地區、團體、種族，這樣人民與各種利益可以兼
顧。

(2) 防止專制

當前民主政治在立法機關無限權力的觀念誤導之下，不斷遷就各種利
益團體，將形成新的專斷，而背離自由原則，故其權力必須加以限制，因
兩院分割了立法權，彼此相互制衡，可以防止議會的專橫與腐敗。

(3) 穩健慎重

有了兩院，可以緩和、調節任何一院急進或保守的偏弊，法案經過另
一院冷靜考慮、審議和討論，可以免於急就草率之失，而有比較慎重的決
定、過濾，及產生比較完善的法律。

(4) 政治協調

在兩院制下可以減少行政機關與立法機關的激烈衝突，而生緩衝與調
劑作用。

(5) 減少遊說

兩院制議會不易被特殊利害關係的遊說者所控制。

2. 兩院制的缺點

(1) 影響效率

同一法案都須經兩院同以三讀程序通過，不免耗費時間，影響立法效
率。

(2) 易陷僵局

兩院如果對於同一議案、政策或其他重要事項，有不同甚至相反的主張、態度或發生權限的衝突，便發生相持不下，陷於僵局之困境，因此，不免妨礙了社會的改革與進步。

(3) 責任不明

兩院制可能減輕兩院議員的責任心。經過兩院通過的法案或決議，如果仍有缺失或發生不良後果，兩院可以互相推卸責任，人民亦不知道該由哪一院負責。

(4) 忽略監督

兩院如果對立，足以引起立法機關的內部衝突，致為行政機關所乘，得以操縱利用，便不能對行政機關發揮平衡力量及監督。

(5) 增加費用

兩院比起一院所花費之成本較高，即在選舉、競選、選務、議員待遇、議事開支等方面，都幾乎多了一倍的支出。

（三）發展趨勢及原因

現代民主國家中，約有三分之二是採兩院制立法機關，其餘三分之一則為一院制，但近年來，部分國家已正式或非正式地放棄兩院制，或大量削減其中一院的權力，使之僅具有顧問諮詢的功能，其原因主要是兩院制削弱了真正代表人民的力量。

二、從立法與行政之關係為標準

（一）英國議會內閣制

虛位元首，政府以在議會擁有多數議席為後盾，掌握立法的基本主導權，透過立法以實現選舉承諾與主張，議會的審議僅能扮演批判、修正的角色，以及對行政部門進行嚴格的事後統制而已。

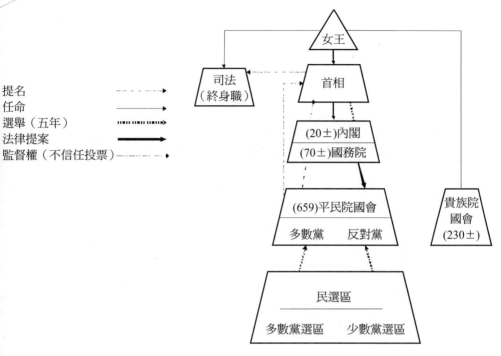

提名 ━━━━━━➤
任命 ──────➤
選舉（五年）▪▪▪▪▪▪▪▪▪▪▪➤
法律提案 ━━━━━━➤
監督權（不信任投票）─ ─ ─ ─ ─ ◆

女王

司法
（終身職）

首相

(20±)內閣
(70±)國務院

(659)平民院國會
多數黨　　反對黨

貴族院
國會
(230±)

民選區
多數黨選區　　少數黨選區

圖9-1　英國內閣制立法權地位圖

（二）美國總統制

　　依「權力分立與制衡」的理論，使國會立法、行政執行、司法審查三權彼此分立而相互牽制均衡。總統可以行使否決權（三分之一的國會議員之支持），取得爭議處理之最後主導權。

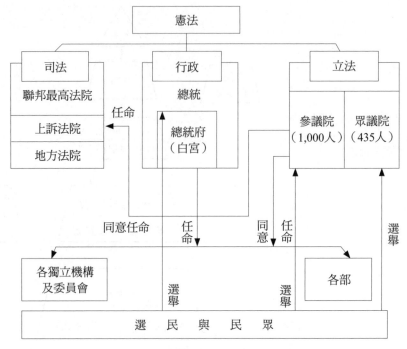

圖9-2 美國總統制立法權地位圖

（三）法國雙首長制

法國第五共和，國會多數黨若與總統的政治立場相同時，總統之領導力可充分發揮，倘若國會多數黨與總統政治立場不同，則總統之政治影響力將受到約束，而由國會多數黨選出的總理來確定政治領導權，屬於議會內閣制。

雙首長制之特徵：

1. 總統普選產生。

2. 憲法賦予總統相當權力。

3. 總理為首的內閣控制行政部門，具有行政權，須向國會負責。

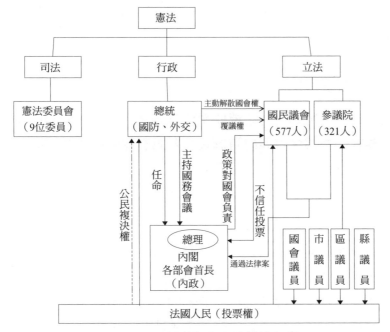

圖9-3　法國雙首長制立法權地位圖

參、立法機關之功能

一、代議民主功能

　　立法機關之所以享有權威，就是因為他們由人民選出，宣稱代表選區人民爭取利益，任何法案都是社會各階層和各個團體的代表所共同參與及互相妥協的結果，經由此種程序而制定的法律乃具有高度的合法性，易為人民所接受。

二、合法性功能

　　由於立法機關本質和其所作所為使然，它能促進政治系統的整合，動員對政策的支持和提供政權的合法性，因為議員以民意代表的地位，受人民付託，代表著居民的公意志，透過法規範之制定，落實憲法或法律所創

立的價值秩序，所以他們在政策合法化上扮演著「動員同意」（mobilization of consent）的角色。

三、控制和監督政府

立法機關可利用其對行政機關預決算審議、人事任命的同意、委員會對法案的審查、對部會首長的質詢權，及對有關國政決議案的通過或立法調查權等，來影響決策及監督行政機關。

四、甄補與社會化功能

立法機關在政治領袖的甄補上扮演很重要的角色，因為國會議員仍是「政治菁英」的培訓場所，構成選拔國家未來政策人才的重要來源。此外，立法機關也有政治社會化的功能，因為立法機關將菁英的政治文化介紹給新的議員，而議員也在議會學習菁英的政治文化和成功必具的政治技能。

肆、立法機關之特質

立法機關相較其他國家統治機關，如行政、司法機關，可以很清楚地突顯出七個特質：

一、立法決策之政治性

制定法律，可說是在處理、解決社會各種利益紛爭的一種政治活動，其決議在追求利益的調和，故立法具有高度的政治敏感性。亦即以辯論、溝通、說服、妥協及多數決原則來作「利益的調和」及「政治的整合」。

二、立法提案之主動性

立法委員是由全國各地方選區所選舉出來的，他們代表各地區各階層的利益，聚集在立法機關行使職權，所以立法機關是社會的縮影，而其主

要特徵是反映多元社會價值。議員可以根據其選區立場和社會需求，主動提案並創造特定議題使之成為全國公民辯論的焦點。

三、立法程序之民主性

立法機關就是民主化身，議員職權相同，地位平等，以法定代表之地位反映全國民意，並透過一系列的討論、溝通、妥協、表決的民主程序來完成法律的制定，所以它具有民主的特質，與行政機關是一個金字塔式官僚系統，一聲令下、貫徹執行的方式是非常不同的。

四、立法行為之主觀性

在一個民主多元的社會中，議員之當選是出於地方選區或黨派意識，故態度立場鮮明。尤其在政黨政治中，立法行為更顯現出它的主觀性，議員除了執著於選區利益，也主觀於政黨利益，當議員變換選區或更迭政黨時，其立場與主觀意見也會跟著改變，不像行政機關的一貫性與司法機關的超然性。

五、立法體例之統一性

為使一般人民能普遍瞭解與遵循，立法時不得不對法律結構與體系作符合邏輯順序的安排，對法律用語及格式亦不得不作通俗化、標準化的處理。因此，立法機關不僅獨占立法權，而且在立法形式上，對法律的結構、系統、格式及文字等各方面均有統一的趨勢。

六、立法過程之公開性

立法機關是一個代表民意的公共性政治機關，因此它必須是一個具有高度開放性和易參與性的公共論壇。為滿足國民知的權利之需求，立法機關是在「一切公開」的原則下進行立法工作。即透過發行公報、上網、公聽會、民眾旁聽、記者自由採訪，將立法程序及其資訊公開透明化，以達

到民主的要求。

七、立法機關之自律性

自律性是指議會對於本身議事規範及執行擁有排他性之決定權,其目的在於確保議會得以獨立、自主地行使憲法所賦予的職權。此外,立法委員擁有憲法賦予之言論免責權,對院外不負責任,如有不當,也只有接受內部紀律的懲戒,所以立法機關對外而言是可以排除行政機關與司法機關的介入。

伍、立法機關運作之基本原則

一、國會自治原則

「國會自治」(autonomy of parliament)又稱國會自律,乃指民意代表機關,有關其整體意志形成過程的自主行為之總稱。舉凡內部組織之形成、議事規則規定、內部成員之懲戒及議會內部之議事干擾之行為等,皆不得由行政或司法機關干涉。此種權能乃係議會制度之發源國英國,為使國會議員在國會之言論、議事之內容及議事之運作,免於國王之干涉,而得自由為之起見,由國會爭取而來,並確立為憲法習慣。

二、立法程序正當性原則

國會立法就是立法機關為追求公共利益的目的,依憲法所賦予之職權,所履行的程序,法治價值不僅應體現在立法內容本身,同時還應體現在立法程序的正當性中。「沒有程序,就沒有民主」、「沒有程序,就沒有公共意志」這是國會政治的重要原則。立法程序正當性原則對於保證立法品質有著至關重要的作用。

三、立法資訊公開原則

基於憲法國民主權原則與國民知的權利的基本原理，藉由對於議會議事的旁聽自由、報導自由與議事資訊的公開，使國民得以瞭解身為國民代表的議會議員，是如何執行人民付託之任務，並藉以監督議員及適時反映輿論。

第二節　我國立法院之地位與組織

壹、我國憲政體制下立法院之地位

一、立法院相當於民主國家之國會

依憲法第62條規定：「立法院為國家最高立法機關，由人民選舉之立法委員組織之，代表人民行使立法權。」第63條又規定：「立法院有議決法律案、預算案、戒嚴案、大赦案、宣戰案、媾和案、條約案及國家其他重要事項之權。」尤其經過六次修憲之後，將國民大會和監察院的職權，諸如總統副總統罷免權、彈劾權、人事同意權及變更國土提案權等移轉至立法院行使，已使立法院作為國會的職權更加充實健全。

二、行政院院長由總統任命，無須立法院同意

憲法增修條文第3條第1項規定：「行政院院長由總統任命之……憲法第五十五條之規定，停止適用。」亦即行政院院長由總統直接任命，而無須立法院同意。行政院院長之權力來自總統，而不能不聽命於總統。

三、行政院向立法院負責

行政院為最高行政機關，行政院須向立法院負責之規定，憲法增修條文並未加以變更，惟立法院根據增修條文第3條第2項第1款規定，有向行政院院長及各部會首長質詢之權。

四、總統得主持國安會議，其職權與行政院院長部分重疊，有權無責

修憲後，由直選產生總統，依憲法增修條文第2條第4項規定，總統為決定國家安全有關大政方針，得設國家安全會議及所屬國家安全局。在總統主持國安會議，決定國家安全有關之大政方針之後，總統之職權，事實上即與行政院院長之部分職權有所重疊。但是立法院對於國政有實質影響力之總統，只得於每年集會時，聽取其國情報告之權，未如89年4月以前之國民大會除得聽取國情報告，並檢討國是，提供建言。以致總統對於國政有實權，卻無須對國會負責。

五、憲政體制已由偏向內閣制轉向半總統制

我國憲政體制揉合了總統制及議會內閣制的內涵，將兩套哲理互斥、立基基礎互斥的制度套在一起，運行有先天性困難。在86年7月修憲之後，我國憲政體制，已由偏向內閣制，轉向總統制傾斜之跡象，如司法院大法官釋字第520號解釋理由書指明：「總統候選人於競選時提出政見，獲選民支持而當選，自得推行其競選時之承諾，從而總統經由其任命之行政院院長，變更先前存在，與其政見未洽之施政方針或政策，毋逾政黨政治之常態。」「行政院院長……未獲立法院支持，其施政欠缺民主正當性又無從實現總統之付託，自行辭職以示負責。」可見前揭解釋似已改變總統之憲政角色，與「雙首長制」類似，又有學者稱之為「半總統制」。故如少數執政，行政與立法關係難免發生嚴重衝突之情況。

貳、立法院之組織

一、立法委員

（一）立法委員之地位

從憲法來看，立法院為國家最高立法機關，且立法委員由人民直接選出，又行使西方國會的職權，行政院須向立法院負責，由此可知，立法委

員為最主要的中央民意代表，是名實相符的國會議員。

（二）立法委員之產生

憲法增修條文明定，立法委員人數為113人，係由自由地區直轄市、縣市選出73人、平地原住民及山地原住民各3人、全國不分區及僑居國外國民共34人組成，其中34名由全國不分區及僑居國外國民選出之立法委員，係依政黨名單投票選舉之，由獲得百分之五以上政黨選舉票之政黨依得票比率選出，亦即採取並立式兩票制。

所謂並立式兩票制，是指比例代表制之選票與區域代表之選票分離並立，互不影響之謂，是以不分區代表名額較區域代表名額顯然較少之我國，政黨選票反映在立法院的整體席次。

（三）立法委員之任期

憲法增修條文明定，立法委員之任期為四年，與總統同，立法委員於四年任期屆滿，除競選連任成功外，自應解職，依政黨比例方式選出之全國不分區及僑民立法委員，如於任期中喪失黨籍，依法其公職人員之資格即無所附麗，而應由立法院予以註銷。

（四）立法委員之罷免

憲法第133條規定：「被選舉人得由原選舉區依法罷免之。」除全國不分區及海外僑胞之立法委員，係依「政黨比例」產生，無法由原選民罷免之。

罷免須於就職滿一年後才可提出，並附理由書，如獲原選區選舉人總數百分之十以上連署的罷免案即宣告成立，並在有效同意票數多於不同意票數，且同意票數達原選舉區選舉人總數四分之一以上時，罷免案即算通過，而立法委員在被罷免解除職務之日起，四年內不得再競選立法委員。

（五）立法委員之代表觀念

1. 議員的代表觀念

所謂議員的代表觀念，即議員與選民間的關係觀念。一般均認為國會議員是國民總意志實現的一種代表委託，其代表觀念，傳統上有兩種學說：

(1) 委任代表說

議員既由各選舉團體選出，在短期定期改選的壓力下，時時注意選舉團體的利益，以民意為依歸。換言之，議員與原選舉團體的選民發生委託關係，故原選舉團體的選民得給予指示，使之在議會中的一切言論和表決，均須依照選民所授予的意思，否則選民得撤銷其委託，故學者又稱之為「命令的委任」。

(2) 法定代表說

此一理論否認議會的議員與原選舉團體選民之間有委託的關係，而強調人民在選舉議員時，所著重的應該是他的人品才能，而不是「代表性」；而議員一旦當選，便應該脫離選區利益的羈絆，而以國家的整體利益為考量重點。議員為憑自己的良知與判斷來作決定的「受託人」（trustee），故學者又稱之為「自由的委任」。

2. 我國立法委員之代表觀念

從法制上言，依憲法第62條規定：「立法院為國家最高立法機關，由人民選舉之立法委員組織之，代表人民行使立法權。」換言之，立法院係由立法委員組織而成，故為會議制機關，由全體立法委員共同行使立法權。再者，立法院之立法委員，係由人民選舉之，其當選後，代表人民行使立法權，不能僅代表其選區而已，由此可見，我國立法委員之代表觀念係採「自由的委任」之法定代表說。

（六）立法委員身分上之特權

1. 言論免責權

憲法第73條明文揭示：「立法委員在院內所為之言論及表決，對院外不負責任。」立法委員行為法第12條復規定：「立法委員在院內依法行使職權所為之議事行為，依憲法規定，享有免責權。」議員言論免責特權兼具「議員個人之權利」（言論自由思想）及「議會整體之權利」（議會意思形成之保障）的性質，故議會開會時，議員個人應不得自行放棄。

立法委員言論免責特權規定之內涵如下：

(1) 立法委員在立法院內所為之發言、討論或表決，對院外不負任何責任，即不因毀損他人名譽等原因，而受刑事上的制裁、負民事上的損害賠償責任，或懲戒法上的懲戒責任。

(2) 所謂「院內」，不是場所的概念，而係作為組織職務之意思，亦即參加立法院院會、委員會或正式公聽會的集會，執行立法委員職務之行為，但不以在立法院內開會為限，如在立法院之外，參加立法院所舉行之集會或聽證會，所為之發言、討論或表決等，亦受同一之保障。

(3) 此項特權範圍限於立法委員「行使職權所為之議事行為以及與此直接相關之附隨行為」。所謂「行使職權所為之議事行為」，不以發言、討論、表決為限，但應限於附隨於立法委員在職務上所為之言論活動，實施一體不可分之行為範圍內之事項。

(4) 所謂「對院外不負責任」，依司法院大法官釋字第401號解釋之認定，是指立法委員在立法院內所為之言論表決，不受刑事追訴，亦不負民事賠償責任，除了其言行違反立法院自律規則可受內部懲戒外，對外亦不負行政責任而言，並不包括對選民所應負之政治責任。

2. 不逮捕特權

或稱為「免訴特權」，即對立法委員身體自由的特別保障。憲法增修條文第4條第8項規定：「立法委員除現行犯外，在會期中，非經立法院許可，不得逮捕或拘禁。憲法第七十四條之規定，停止適用。」換言之，會期外，立法委員即不受此特權之保護。反之，會期中，對於非現行犯之立法委員，非絕對不得逮捕拘禁。再者，依司法院大法官釋字第392號解釋之意旨，羈押屬拘禁，故若司法機關於會期中裁定羈押立法委員，應經立法院之同意。

（七）立法委員公務上之權利

1. 出席權

立法委員有出席立法院各種委員會會議及立法院會議之權。

2. 發言權

立法委員對於成為議題的議案，有表示贊成或反對意見之權，除因違反立法院議事規則或其他妨礙會場秩序，得由主席加以禁止外，其所為之言論，對院外不負責任。

3. 提案權

立法委員就屬於立法院權限內的議案，具有提案權，惟其提案須得到一定數額委員之連署，不能由各委員單獨為之，對於議案的修正動議亦然。

4. 質詢權

立法委員在開會時，有向行政院院長及行政院各部會首長質詢之權，質詢得以口頭或書面為之。

5. 表決權

立法委員在院會或委員會上，有參加表決的權利，表決對院外不負責任，惟對於關係其個人本身利益的議案，不得參與表決之。

6. 聽取總統國情報告權

憲法增修條文第4條第3項，賦予立法院集會時，得聽取總統國情報告之權利。

7. 補選副總統權

依憲法增修條文第2條第7項規定，副總統缺位時，由總統提名候選人咨請立法院補選。

8. 人事同意權

依憲法增修條文第5條第1項、第6條第2項、第7條第2項及憲法第104條之規定，立法委員就總統提名任命之司法院正副院長、大法官、考試院正副院長、考試委員、監察院正副院長、監察委員及監察院審計長，行使同意權。另依相關法律規定，對部分機關重要官員，如最高檢察署檢察總長、中央選舉委員會正副主委及委員、國家通訊傳播委員會正副主委及委員的任命，亦享有同意權。

9. 提出正副總統彈劾案權

依憲法增修條文第4條第7項規定，立法院對於總統、副總統之彈劾案，須經全體立法委員二分之一以上之提議，全體立法委員三分之二以上之決議，聲請司法院大法官審理。

10. 提出正副總統罷免案權

依憲法增修條文第2條第9項，總統、副總統之罷免案，須經全體立法委員四分之一之提議，三分之二之同意後提出，並經中華民國自由地區選舉人總額過半數之投票。

11. 選舉與被選舉權

依立法委員互選院長副院長辦法及立法院各委員會召集委員選舉辦法，立法委員有選舉院長、副院長或召集委員之權，然因上述選舉辦法規定，全體立法委員均為當然候選人，故各委員亦享有被選舉為院長、副院長或召集委員之權。

12. 領取歲公費之權利

依立法委員行為法第13條規定，立法委員待遇之支給，比照中央部會首長之標準。詳言之，立法委員除了有領取月俸、公費之權利外，尚得領取國內交通、國會外交事務旅費、汽油票、郵資補助等，待遇尚稱優享。

13. 聘用公費助理權

依立法院組織法第32條規定，立法委員每人得置公費助理8人至14人，由委員聘用；立法院應每年編列每一立法委員一定數額之助理費及其辦公事務預算。公費助理均採聘用制，與委員同進退；其依勞動基準法所規定之相關費用，均由立法院編列預算支應之。

14. 受治安機關保護權

立法委員受有治安機關之保護而無安全之虞時，才能免於恐懼，安心問政，故立法委員行為法第14條第1項明定：「立法委員因行使職權，而受他人強暴、脅迫或恐嚇，致其本人或關係人之生命、身體、自由、名譽

或財產受有危害之虞時，得通知治安機關予以保護，治安機關亦應主動予以保護。」

15. 聲請法規範憲法審查權

依憲法訴訟法第49條規定，依立法委員現有總額四分之一以上，就其行使職權，認法律位階法規範牴觸憲法者，得聲請憲法法庭為宣告違憲之判決。

（八）立法委員兼職之限制

1. 不得兼任官吏。
2. 不得兼任縣市議會議員。
3. 不得兼任教育人員。
4. 不得兼任私立學校校長。
5. 不得兼任公營事業職務。

（九）立法委員之義務

1. 應宣誓之義務。
2. 不得兼職之義務。
3. 遵守議場秩序規範之義務。
4. 不得洩露秘密會議內容之義務。
5. 不得非法遊說及收受政治捐獻之義務。
6. 應遵守利益衝突迴避之義務。
7. 應遵守公職人員財產申報之義務。

（十）立法委員之去職原因

1. 主動解除本身立法委員之職務

按立法委員如欲主動解除本身立法委員之職務，依法或立法先例有三條途徑可循如下：

(1) 自行辭職

立法委員自行辭職之文書，應列入議事日程報告院會。

(2) 全國不分區或僑選委員喪失其所屬黨籍

全國不分區、僑選立法委員在就職後喪失其所屬政黨黨籍者，由所屬政黨檢附黨籍喪失證明書，向中央選舉委員會備案，經該會備案生效後，函請立法院處理並函請內政部註銷名籍。

(3) 出任政府官吏

根據司法院大法官釋字第1號解釋意旨：「立法委員依憲法第75條之規定不得兼任官吏，如願就任官吏，即應辭去立法委員。其未經辭職而就任官吏者，亦顯有不繼續任立法委員之意思，應於就任官吏之時視為辭職。」立法委員出任政府官吏後，得將其辭職函信提報院會，並函請內政部依法註銷其名籍。

2. 因案被處褫奪公權或被罷免而去職

立法委員因案判處徒刑、褫奪公權，按司法實務上一貫見解，褫奪公權之效力，自宣告褫奪公權之判決確定時即已發生，而註銷名籍之文書，則應列入議事日程報告院會。其次，如被罷免者亦為立法委員名籍註銷之原因，行憲迄今尚無案例發生，惟從法理言，亦應於案件發生後，列入議事日程報告院會。

二、立法院院長、副院長

（一）立法院院長、副院長之選任

立法院院長、副院長各一人，由立法委員互選之，且全體立法委員均為當然候選人，不須簽署或任何方式提名，選舉須有委員總數三分之一的出席才可舉行，任期至該屆立法委員任期屆滿之日為止。

（二）立法院院長之職權

1. 家宅權

即院務管理權，對於國會所在範圍之管理與排除妨礙之權利。嚴格言之，此項權利之主體為國家，而非國會。此項權利通常由國會議長以國會建築物及其所在土地所有人（國家）之代表人身分行使之，其性質屬於

「國庫行為」之一種。再者,遴選秘書長一人,報告院會後,由政府特任,承院長之命,處理院務,並指揮監督所屬職員。

2. 秩序維持權

立法院組織法第3條第2項規定:「立法院院長……,應本公平中立原則行使職權,維持立法院秩序,處理議事。」為維持議事程序之順遂進行,對於干擾會議進行之立法委員所為之措施,包括逾時之警告、命發言回歸主題之警告、命遵守秩序之警告、譴責、禁止發言、禁止出席。

3. 警察權

即對於維護國會公共安全與排除危險之權限。通常由國會議長以「警察機關」之身分行使之,必要時得動用一般之警力。國會擁有警察權之憲法意義在於,一般警察機關所管轄之範圍不及於國會內部,若未得國會議長之召喚,警察人員原則上不得進入國會內部行使職權。議長於議事進行中,如遇有議員擾亂秩序或其他越軌的行為時,為維持議事的順利進行,得召集國會內部的警察,將擾亂秩序的議員請離會場。

三、國會黨團

(一)國會黨團之概念

國會黨團係藉由政黨組織力量,發揮整合同黨籍國會議員意見,及協調不同黨籍國會議員或其他國會黨團組織的主張,完成國會集體意思的特別組織。

(二)國會黨團所扮演之角色

國會黨團一方面透過內部組織的紀律以達成政黨的國會運作功能,一方面由組織運作產生集體力量與其他黨派在國會的政策決定上發揮競爭、對抗及妥協的影響力,以貫徹政黨的意志。因此,國會黨團的角色,一方面是「政黨在國會的代理人」或「政黨在國會的發言人」,另一方面又是「國會運作的政治橋梁」或「國會政治的統合機器」。後者所言即指國會各政黨黨團之間的協商。

（三）國會黨團之功能

1. **政策整合的功能**：黨團之職責在統一本黨議員的意志和行動，故在政治體系中可作為橋梁的作用，將憲法規定權力分散所造成的缺口予以填補，這即是多數黨黨團所必須肩負的政治功能（political function）。

2. **組織溝通的功能**：黨團係按照黨的綱領確定本黨在議會中的政策和策略，故在立法過程中，黨團提供了溝通的作用，以利國會可以解決公共問題，此乃是國會黨團的立法功能（legislative function）。

3. **利益分配的功能**：在達成前二項功能的過程中，政黨必須對其成員分配各種利益與角色，尤其是該黨屬於少數黨的時候，該國會黨團便成為一種等待東山再起的「避難所」，並透過各種管道維持組織運作，這便是國會黨團的生存功能（survival function）。

4. **政策研究的功能**：國會黨團亦可發揮蒐集立法情報、控制國會議員的個別活動，提供政策研究等功能。

（四）立法院國會黨團之法律依據

立法院組織法第33條第1項至第3項明定：「每屆立法委員選舉當選席次達三席且席次數多之五個政黨得各組成黨團；席次相同時，以抽籤決定組成之。立法委員依其所屬政黨參加黨團。每一政黨以組成一個黨團為限；每一黨團至少須維持三人以上。」「未能依前項規定組成黨團之政黨或無黨籍之委員，得加入其他黨團。黨團未達五個時，得合組四人以上之政團⋯⋯。」「前項政團準用有關黨團之規定。」

（五）國會黨團在立法院職權運作上之權利

1. 議案提案權

根據立法院職權行使法第75條規定：「符合立法院組織法第三十三條規定之黨團，除憲法另有規定外，得以黨團名義提案，不受本法有關連署或附議人數之限制。」

2. 出席黨團協商權

黨團協商的主要目的在於使朝野政黨代表以平等尊重、和諧的協商氣

氛，相互交流溝通，折衝妥協，使不同意見加以整合，俾取得彼此之共識，以利議案圓融順利通過，故立法院職權行使法以第十二章「黨團協商」專章規範黨團協商之對象與時機、主持及參與協商代表成員及其比例、協商之程序、相關事項及協商結論之效力。

惟值得注意者，乃我國立法院黨團只要3席門檻，為立委總額之百分之三點五，如比較德國、法國、韓國等之百分之五均為低。實務上似較易造成少數否決多數或有利益交換之虞的缺陷。

3. 政黨質詢權

依據立法院職權行使法第19條之規定：「每一政黨詢答時間，以各政黨黨團提出人數乘以三十分鐘行之。但其人數不得逾該黨團人數二分之一。前項參加政黨質詢之委員名單，由各政黨於行政院院長施政報告前一日向秘書長提出。代表政黨質詢之立法委員，不得再提出個人質詢。政黨質詢時，行政院院長及各部會首長皆應到席備詢。」

四、委員會

（一）立法院設置委員會之依據

憲法第67條規定：「立法院得設各種委員會。各種委員會得邀請政府人員及社會上有關係人員到會備詢。」

（二）立法院委員會之種類

立法院現行組織，其所設委員會有以下三類：

1. 常設委員會
(1) 內政委員會。
(2) 外交及國防委員會。
(3) 經濟委員會。
(4) 財政委員會。
(5) 教育及文化委員會。
(6) 交通委員會。

(7) 司法及法制委員會。

(8) 社會福利及衛生環境委員會。

2. 特種委員會

(1) 程序委員會。

(2) 紀律委員會。

(3) 經費稽核委員會。

(4) 修憲委員會。

3. 全院委員會

係專為審查人事同意案，以及審查行政院移請覆議案、不信任案及彈劾正副總統案等而設。

五、幕僚支援系統

（一）需要立法幕僚支援系統的理由

基於公共政策日趨複雜及專業化、行政官僚勢力的坐大及資訊時代的影響，為協助立法委員進行專業化的知識及相關問政資料蒐集，並協助委員為立法技術、預算審查、立法調查，重振議會在憲法上地位和權威，因此，建立輔助系統為必要的手段。

（二）行政幕僚組織

1. 秘書長

立法院置秘書長一人，特任。秘書長承院長之命，處理立法院事務，並監督所屬職員；副秘書長一人，職務列簡任第十四職等，襄助秘書長處理本院事務。

2. 行政幕僚單位

(1) 秘書處。

(2) 國際事務處。

(3) 議事處。

(4) 公報處。

(5) 總務處。

(6) 資訊處。

(7) 法制局。

(8) 預算中心。

(9) 國會圖書館。

(10) 中南部服務中心。

(11) 議政博物館。

3. 主計處、人事處

依法律規定，分別辦理歲計、會計、統計及人事事項。

4. 顧問、參事

掌理議事、法規之諮詢、撰擬及審核事項。

5. 總務處警衛隊

掌理安全維護與警衛事項。

（三）立法院各常設委員會幕僚

委員會幕僚分研究編撰及會務行政二種：

1. 研究編撰

各委員會各置專門委員一人，由其擔任議案及人民請願書之研究編撰及草擬事項。

2. 會務行政

包括議事行政及一般行政，由主任秘書指揮監督所屬之秘書、編審、科長、專員、科員、辦事員、書記等。

（四）立法委員之公費助理

基於協助議員提升個人政治聲望及知名度、議員為控制議事日程、參與議事的協助、議員為連任壓力須接觸選區選民的分勞需要等理由，設置公費助理。其規範及工作事項如下：

1. 依立法院組織法第32條第1項規定：「立法委員每人得置公費助理八人至十四人，由委員聘用；立法院應每年編列每一立法委員一定數額之

助理費及其辦公事務預算。公費助理與委員同進退；其依勞動基準法所規定之相關費用，均由立法院編列預算支應之。」

2. 委員之公費助理，負責立法委員辦公室之法案、預算案研究、擬定質詢稿、新聞稿、聯絡相關人士或被立法委員派於其選區服務。

（五）黨團公費助理

依據立法院組織法第33條第6項規定：「各黨團置公費助理十人至十六人，由各黨團遴選，並由其推派之委員聘用之；相關費用依前條之規定。」

考古題

1. 依立法院職權行使法相關規定，立法院除對行政院院長提出不信任案外，尚有哪些議案須先經全院委員會審查，於審查後再提報院會處理？並請簡要說明立法院處理各該議案之程序。（97地方特）
2. 民主國家之國會運作模式，可區分為「院會中心主義」及「委員會中心主義」二種，試述其意義各如何？（98升官等簡）
3. 我國立法院設有哪幾種委員會？其中常設委員會的功能為何？請分別加以說明。（98地方特）
4. 國會黨團主要之功能為何？立法院黨團在立法職權運作上之權利有哪些？（98升官等薦）
5. 簡述國會黨團在立法過程中的角色與功能。又黨鞭（party whip）在立法過程的影響如何？（101高考三）

第一節 立法機關之自律權

壹、立法機關自律權之概念

一、概說

　　「立法機關自律權」乃基於權力分立及議會特權之原理，立法機關對於本身內部組織與議事程序的形成，及紀律之維持等擁有排他性之決定權，其目的在於確保立法機關得以獨立、自主地行使立法與質詢等立法之固有職權，以實施民主憲政體制，達成國民主權主義之理想。此種國會自主自律原則又稱為「議會自治」（autonomy of parliament）。

二、立法機關自律權之法理基礎

（一）民主代表原則

　　國會為代表人民行使立法權，應建立在自由、開放、公平、獨立自主的條件上。換言之，議事過程必須不受其他國家機關之掣肘，才得以達成人民所付託之職責。

（二）權力分立原則

　　權力分立為禁止國家權力集中，因此將國家權力分別劃歸不同權力部門，各部門就其功能獨立自主行使職權。如此不僅可防止獨大濫權，亦可防止遭受干預。國會議事自律制度即為此原則之具體實踐，因其目的既在確保國會議事之自主性與獨立性，以免於其他權力介入，其理論依據自係基於權力分立原則形成。

三、立法機關自律權之含義

（一）不可侵害其他機關之憲法權利

　　立法機關不得藉自律之名侵奪或限制其他部門之憲法權限。如憲法賦予立法機關以外之機關涉及或參與立法機關議事程序之權利者，立法機關不得引用議事自律，在議事內規中加以剝奪。如我國憲法賦予行政院向國會提出法律案或預算案之權利，立法院即有義務加以討論、審查及議決，不得拒絕審議。而關係院院長及各部會首長得於立法院開會時列席陳述意見，亦屬憲法性權利，立法院同樣不得假借議事自律拒絕其發言。

（二）尊重多數決原則及保護少數之要求

　　國會應以多數議員之意思為其最終之「全體意思」。其精神在於法律制定取決於多數決，然為防止多數暴力必須保護少數、尊重少數。至於保護少數之道，厥為程序正義之要求。根據此要求，在立法程序中必須給予少數派表達意見並修正議案之機會。姑不論其所提出之意見是否為多數派接受，至少可提供人民比較優劣之素材，作為下次選舉參考。因此，若多數憑藉多數暴力壓制少數，趁訂定議事規則之便或使用規避手段，剝奪少數發言陳述、辯護與批評議案權利，即係違背民主原則，與議事自律之精神相悖。

（三）尊重國會議員本身之憲法權利

　　國會議員為國會之構成員，因此在立法過程中出席會議、提案、參與討論及自由表決等行使立法權之行為，可解釋為憲法所默示賦予議員本身權利，對此權利之尊重亦構成對國會議事自律之界限。然為使國會有秩序、有條理、有效率地行使職權，國會亦可依據國會議事自律原則限制議員上述權利，甚至可交付懲戒。惟二者之間尤須取得均衡，否則亦係侵害議員個人權利，超越議事自律之界限。

四、國會自律之內容與範圍

（一）內部組織權

　　包括正副議長之選任與各種委員會之組織之自治，再者，為議長之秩序維持權，包括：1.對議員之懲戒權；2.對議員以外之人的排除權；3.國會警察權等三項權限所構成。國會議長之擁有行使秩序維持權，表示國會議長就國會之議事運作、內部管理統御，負有全部責任。國家對於國會之自治，雖予以尊重，但這個自治權由議長行之。

（二）議事規則訂定權

　　在議會內部規則中，最主要的是議事規則，而所謂議事規則，乃是議會以抽象性、一般性地規範自己議事程序及內部之規律。議事規則已非議會內部「公約」式的規則，而是類似自治團體的「自治規章」，具有法的拘束力。

（三）紀律懲戒權

　　議事程序的進行離不開議場秩序之維持，故國會自律權自亦包括紀律、懲戒事項之自治。基於三權分立之理論，議會內部之紀律懲戒權是國家統治權之範圍，強烈而澈底地排拒行政權或司法權之介入議會自律權，不容其干預議會或議長對議員之紀律懲戒行為。

五、國會自律之例外

　　國會自律權對於國家刑罰權之關係，並不能享有全面性的「排他」與「獨立」特性，毋寧是僅具有局部性的。在超越國會秩序權所保障的法益──維持議場、議事秩序──以外之其他的議員個人不法行為，例如議員的傷害同僚之暴力行為，已構成刑法之傷害罪，而本傷害罪所保障的法益如與國會秩序無關者，自不宜由國會自律權（及本乎此權而受到之懲戒）來予涵攝。

貳、我國立法機關自律權之規定

一、憲法

憲法第73條：「立法院委員在院內所為之言論及表決，對院外不負責任。」憲法增修條文第4條末項雖然規定停止適用憲法第74條，但仍規定：「立法委員除現行犯外，在會期中，非經立法院許可，不得逮捕或拘禁。……」此即國會自律原則之基礎。

二、立法院組織法

立法院組織法第3條第2項規定：「立法院院長……應……維持立法院秩序，處理議事。」亦足以授權院長主持議事，維持秩序之裁量空間。

三、大法官會議解釋

國會自律扮演著指導國會議員行為準則之角色，司法院大法官會議係持肯定的態度，即於解釋中提到國會自律原則如下：

（一）釋字第342號解釋

釋字第342號解釋謂：「立法院審議法律案，須在不牴觸憲法之範圍內，依其自行訂定之議事規範為之。法律案經立法院移送總統公布者，曾否踐行其議事應遵循之程序，除明顯牴觸憲法者外，乃其內部事項，屬於議會依自律原則應自行認定之範圍，並非釋憲機關審查之對象。」

（二）釋字第381號解釋

釋字第381號解釋即有宣示：「至於憲法修改案應經何種讀會暨各次讀會之出席及議決人數，憲法及法律皆未規定，……係屬議會自律之事項，均與憲法無違。至自律事項之決定，應符合自由民主憲政秩序之原則。」

（三）釋字第435號解釋

釋字第435號解釋認為：「為確保立法委員行使職權無所瞻顧，此項言論免責權之保障範圍，應作最大程度之界定，舉凡在院會或委員會之發言、質詢、提案、表決以及與此直接相關之附隨行為，如院內黨團協商、公聽會之發言等均屬應予保障之事項。越此範圍與行使職權無關之行為，諸如蓄意之肢體動作等，顯然不符意見表達之適當情節致侵害他人法益者，自不在憲法上開條文保障之列。至於具體個案中，立法委員之行為是否已逾越保障之範圍，於維持議事運作之限度內，固應尊重議會自律之原則，惟司法機關為維護社會秩序及被害人權益，於必要時亦非不得依法行使偵審之權限。」

（四）釋字第499號解釋

釋字第499號認為，國民大會於88年所為之第五次修憲，以無記名投票進行，屬違反議事程序而為「明顯重大瑕疵」，其結果應使該次修憲不生應有之效力。據該號解釋謂：「其依修改憲法程序制定或修正憲法增修條文須符合公開透明原則，並應遵守憲法第一百七十四條及國民大會議事規則有關之規定，俾副全國國民之合理期待與信賴。……關於無記名投票之規定，於通過憲法修改案之讀會時，適用應受限制。」依前述解釋之意旨，修憲過程以國會自律為原則，修憲機關在自由民主憲政秩序原則範圍內，得自行訂定議事規則來修改憲法。

嗣因94年修正公布之憲法增修條文第1條第2項規定對國民大會之職權停止適用，故立法院從而變成實質修憲機關，故前述釋字第381號及第499號解釋於未來立法院進行修憲程序時，仍應予適用。

第二節　議事規範

壹、概說

一、議事規範之意義

　　「議事規範」是一種有組識的、有系統的程序規則，也是任何會議處理事務必須共同遵守的規範。

　　議學上把會議規範及其相關法規與解釋，合稱為議事規範。至於其效力的位階依次為：1.憲法；2.法律；3.議事規則；4.會議規範；5.民權初步；6.議事慣例。

二、議事規範之分類

　　法諺云：「國會受國會自身特有法之支配」，然國會議事規範有廣義、狹義之分，茲分述如下：

（一）廣義的議事規範

　　廣義之議事規則，謂國會議事運作，並非僅由單一規範所能含括，而係散見於各種規範之中，包括如下：

(1) 憲法上的各種規定

　　憲法乃被稱為國家根本大法、效力最高，自為國會行使職權之主要根據，舉凡國會之地位、組織、職權、成員之權利與限制，以及與其他機關之關係等，均明定於憲法與增修條文內。

(2) 法律上的規定或條款

　　國會議事之運作，往往涉及其他憲法機關或與人民間之外部關係。此非有法律之依據，不得課予義務或賦予權利，以符法治政治原則。有關規範立法院議事運作之實定法中，較為重要者，有立法院組織法、立法院各委員會組織法、立法院職權行使法、立法委員行為法、公職人員利益衝突迴避法、中央法規標準法、預算法、決算法及請願法等。

(3) 國會訂定的議事內規

國會議事內規宜由國會自行訂定。如訂定立法院議事規則、中央政府總預算案審查程序、中央政府總決算審核報告案審查程序、立法院紀律委員會組織規程、立法院程序委員會組織規程等。

(4) 司法判例

我國解釋憲法及統一解釋法律及命令之機關為司法院大法官會議（現改制為憲法法庭）。大法官曾就立法院之性質、立法委員之任期、特權及限制、立法院與其他機關之關係，以及立法院職權之行使等，作過相關解釋。

(5) 國會採用的議學權威書冊

民主先進國家之國會，時有採用議學權威書籍作為議事程序之準據，如美國傑弗遜手冊，經眾議院採用為正式規則之一部分；國父所撰之《民權初步》，與上述手冊類似，亦可為議事機關處理議事之準據。遇有議事程序之爭議而法規未予規定者，自可援用而為議事規範之一。

(6) 議事先例

議事先例是指累積歷年來對議事程序所作的決議，是項正式及非正式的法規的混合體。議事先例是國會的普通法，管制許多無法明白地納入正式法規的議事程序。

（二）狹義的議事規範

議會內部規則中，最主要的是議事規則，而所謂議事規則，乃是議會依法律授權以抽象性、一般性地規範自己議事程序及內部之成文規律，這也是狹義之議事規則。

貳、議事程序之基本原則

根據議學原理及議事法，議事規範之基本原則如下：

一、足法定人數原則

（一）概說

指立法機關進行議事或議決時，為了確立議事的「代表性」與議決的「權威性」（或稱正當性），而規定最低必須出席議員之人數。可見法定人數是構成一會議合法議事或決議能力所必須之要素。

（二）立法院對足法定人數之規定

1. 開會之額數

根據立法院職權行使法第4條規定：「立法院會議，須有立法委員總額三分之一出席，始得開會。前項立法委員總額，以每會期實際報到人數為計算標準。但會期中辭職、去職或亡故者，應減除之。」

2. 表決之足法定人數

立法院議事規則第41條規定：「院會進行中，出席委員對於在場人數提出疑問，經清點不足法定人數時，不得進行表決。」

二、多數決原則

（一）多數決原則之概念

羅馬法諺云：「民會多數所為，視為全體所為」、「多數意見得適用於全體」等，很早就廣被接納而成為政治及法律制度。這種「以數人頭代替打破人頭」的「多數決原理」，更演繹成現代「尊重少數，服從多數」之理念。

（二）多數決數額之種類

1. 相對多數（relative majority）

亦稱簡單多數（simple or bare majority）。在此種多數中，投票表決的結果，得票較多的候選人當選，或獲得多數票的提案通過，而不問其得票是否超過半數。例如某一選舉區應選出議員一名，有甲乙丙丁四位候選人。開票結果，甲所得選票較乙丙丁三人各自所得選票都多，故甲當選。

2. 絕對多數（absolute majority）

又稱為過半數，亦即超過半數的整數。如果全員人數n為偶數，則過半數是 $\frac{n}{2}+1$，如果全員人數為奇數，則過半數是 $\frac{n+1}{2}$。此種數額用於決定重要人選，或決定重大事項。例如我國立法院院長、副院長的選舉，以獲得出席人數過半數的票數者為當選。

3. 特別多數（special majority）

又稱為限定多數，此種多數額大於比較多數，有五分之三、四分之三、三分之二等。這種多數用在決定特別重要人選或對社會有重大影響之案件，以昭慎重。例如我國憲法的修正，須經立法院立法委員四分之三之出席，及出席委員四分之三之決議。

（三）立法院對多數決數額之規定

現行立法院職權行使法第6條規定：「立法院會議之決議，除法令另有規定外，以出席委員過半數之同意行之；可否同數時，取決於主席。」由此可見，我國議案之多數決定額數採絕對多數，即出席委員過半數同意行之，如不得出席委員過半數同意，則議案不通過。

至於立法院擬定憲法修正案之多數決定額數則採「特別多數」，須出席委員四分之三決議始能通過。

三、一時議一事原則

（一）概說

指一個問題未經討論表決之前，不得提出第二個問題。民主政治強調人人權利與義務之平等，也講求議事能在合法、有秩序的情況下順利進行。一個會議如容許出席者在同一時間內討論或提出不相關、不同的議題，必然引起混亂紛爭，無法集中心力考慮問題，因此「一時議一事」之目的在提供更多的機會考慮每一措施。

（二）立法院對一時議一事之規定

立法院議事規則第28條即為此原則而明定：「主席於宣告進行討論

事項後，即照議事日程所列議案次序逐案提付討論。」而立法院程序委員會係於每周二、五先決定下次院會議事日程之次序。

四、一事不再議原則

（一）概說

　　指已經議決通過或否決確定的議案，不可在同一會期中再行提出審議，這是基於同一會期中議院的意思只有一個的觀念。此原則所界定的「一事」，是指法案的名稱、內容、目的極類似，因不滿前法案的被否決而再以另一型態重新提出；或不滿通過的內容再行提出。此原則除了為使每一議員能夠在有限時間內表達意見，不浪費時間外；同時亦為了預防任何立法活動被突然之衝動所干擾，而不至翻案頻頻，損及國會權威及立法的一貫性。

（二）立法院對一事不再議之規定

　　立法院議事規則第10條規定：「經否決之議案，除復議外，不得再行提出。」

五、討論及表決公開原則

（一）概說

　　議會政治是民主政治，因此議會之討論及表決，原則上必須公開於國民面前，但秘密會議、無記名表決則為例外。議會討論公開乃在確保公共事務在有秩序下進行。其功能有三：

1. 可加強議員責任感，因人民可知悉議員之有無貢獻，作為投票依據。
2. 可使人民信任議會，而樂於接受國會通過之法案。
3. 可養成健全輿論。

（二）立法院對討論及表決公開之規定

　　立法院組織法第5條第1項、第2項規定：「立法院會議，公開舉行，必要時得開秘密會議。行政院院長或各部、會首長，得請開秘密會議。」

惟查，政府首長主張舉行秘密會議，乃屬請求權性質，其決定權仍在立法院。

（三）立法院請開秘密會議之規定

1. 立法院議事規則第46條規定，本院秘密會議，除討論憲法第63條所定各案，或經行政院院長、各部會首長請開者外，則應於定期院會以外之日期舉行，但有時間性者，不在此限。

2. 在公開會議進行中，有改開秘密會議之必要時，主席或出席委員均得提議，惟出席委員之提議須經15人以上之連署或附議。

六、議事資訊公開原則

（一）概說

基於國民主權及知的權利等民主政治原理，國會本身除須詳載議事紀錄以供國民自由索閱之外，國會的議事過程亦必須能讓一般國民直接旁聽，及新聞記者的自由採訪報導，以供國民間接瞭解，作為監督議員並適時反映輿論依據。

（二）立法院議事資訊公開之情形

1. 新聞採訪

依立法院議場規則第8條規定，會場樓走道前設記者席。同規則第10條第2項規定，電視記者、攝影記者及有關錄影人員，限在議場二樓攝影或錄影。可見各新聞媒體均可派文字記者及攝影記者，進入議場採訪。

2. 電視或網際網路轉播

立法院內規中並無統一電視轉播之規定，電視新聞有關議場鏡頭係由各電視臺自行派攝影記者拍攝錄影。再者，立法院為落實議事資訊透明公開，於網際網路提供會議實況轉播服務，特訂定立法院網際網路多媒體隨選視訊系統使用及管理要點，並據此於網際網路上提供院會及各委員會實況影音資料，即以隨選方式播放視訊服務（VOD）。

3. 民眾參觀議事廳

民眾憑身分證明文件，即可申請旁聽證進入議場旁聽，立法院亦訂有「立法院會議旁聽規則」規定旁聽者應遵守秩序之義務。

4. 出售出版品

目前立法院除了公報贈送有關機關學校、出售及法律案專輯得委託書局對外出售外，其他議案審議資料包括提案文書、書面意見、審查報告、會議紀錄等，經編印專輯後，應備置於國會圖書館供閱覽，並得酌定工本費對外發售。

七、屆期不繼續審議原則

（一）概說

屆期不繼續審議原則，是指在屆期中任何未審議通過的議案，立即視同廢案，即不可在下一屆期中繼續審議。當新屆期開始之時，所有議案的程序必須重新提出、排定程序審議。

（二）採用屆期不繼續審議的主要原因

1. 避免因要處理前屆期所遺留的舊法案，致使無法優先處理其他急迫且必要的新法案。

2. 前一期參與審議的國會議員，可能因解散或期滿改選而與本屆期的議員組合不同，因此，過去的議案審議，不能拘束新議員以反映最新民意，否則即有違民主政治的基本原理。

3. 基於議會政治傳統，應給居於少數的反對黨運用此原則的可能，使其對堅決反對的議案，可藉拖延戰術方式，使之成為廢案。

（三）立法院對屆期不繼續審議之規定

立法院職權行使法第13條規定：「每屆立法委員任期屆滿時，除預（決）算案及人民請願案外，尚未議決之議案，下屆不予繼續審議。」本條意旨在於人民請願案件有請願法之依據，此外，預算案與決算審核報告案常有跨年度審查之需要，如不得保留於次屆繼續審議，顯然存有嚴重漏失。

第三節　議事規則之訂定

壹、概說

一、議事規則之意義

　　議事規則是議會自己訂定、自我調節和規範的法規。議會的議事規則以維護、落實憲政原則為宗旨，規定該議會內部的組織結構，規範議事活動，維護議會的特權和紀律。各國關於議院內部事項，大致只將大綱規定於憲法，其他則委諸於議會法及議事規則規定。

二、立法院議事規則之法源

　　我國憲法第62條規定：「立法院為國家最高立法機關，由人民選舉之立法委員組織之，代表人民行使立法權。」司法院大法官釋字第342號解釋理由中曾明示謂：「依民主憲政國家之通例，國家之立法權屬於國會，國會行使立法權之程序，於不牴觸憲法範圍內，得依其自行訂定之議事規範為之。」此外，立法院行使職權之程序，憲法並未詳加規定，而議事規則訂定權，憲法亦未明文授權，因此立法院是依據立法院職權行使法第76條授權訂定「立法院議事規則」。

三、立法院議事規則之分類

　　（一）**廣義的議事規則**：指由立法院組織法、立法院職權行使法、立法委員行為法、司法院大法官有關解釋、議事規則及議事慣例等構成之議事規範。

　　（二）**狹義的議事規則**：指由立法院自行訂定通過之「立法院議事規則」而言。

貳、議事規則之效力

一、議事規則之效力範圍

（一）立法委員

國會議員無論是在議事程序或在國會紀律事項上，均為國會所自訂議事規則之效力所及，自不待言。

（二）黨團

黨團與議會本為一體，無議會即無黨團，因此黨團當然不得獨立於議會而生，關於其事務之規範，本應於議事規則定之，黨團亦受到議事規則之效力所及，而不須再以外部的法規定之。基此，我國立法院議事規則內亦訂定關於黨團的事項，如立法院議事規則第3條第1項規定，立法委員席次於每會期開議三日前，由院長召集各黨團會商定之；第9條第4項規定，臨時提案如具有時效性之重大事項，得由會議主席召開黨團協商會議；第59條規定，以黨團名義提案不受有關連署或附議人數之限制等。

（三）參與立法院議事之政府官員

單憑立法院自訂的議事內規，尚不能在立法院與政府之關係上作有法拘束力的任何規定，除非同一事項另有憲法或法律之規定，或經關係人同意自願接受其效力之約束。至於參與立法院議事程序的政府官員，自有服從、忍受主席秩序維持權之法的義務，如有違反議事規則或破壞議場秩序者，主席得予警告、制止、禁止其發言，甚至驅離會場。至於懲戒權則僅係針對立法委員而為之，當然不及於政府官員。

（四）利益團體代表、專家學者、旁聽民眾與新聞記者

根據法律保留原則，這些人員與前述政府官員同樣不在議事規則之人的效力範圍內，但新聞記者與旁聽民眾如有妨礙議場秩序者，主席仍得根據秩序維持權採取適當措施，如禁止其在會場穿梭採訪、攝影，制止鼓掌、喧鬧、錄音等，情節嚴重者，甚至可將其驅離會場。

（五）立法院內部幕僚人員

立法院幕僚縱得進入會場工作，因非立法委員，不參與議事，故亦不為議事規則的效力所及，然主持會議的主席仍得對其行使秩序維持權。此外，幕僚人員因具有公務員身分，其應另受直屬長官（院長、秘書長）的指揮監督，自不待言。

（六）立法委員之公費助理

立法委員的公費助理，與立法委員同進退，雖與立法院有公法上之僱傭關係，但原則上不適用國家公務員法，因此，並不負有禁止政治性的行為及保守秘密等一般公務員應負的義務。縱立法院內規准其使用一定場所，甚至准其進入會場，其性質亦僅是反射利益而已，並非權利。如有妨礙議場秩序者，主席得根據其秩序維持的權力採取適當禁止或驅離措施。

二、議事規則時之效力

德國通說認為每一屆國會均各自為自己的議事程序訂定議事規則，議事規則因而僅能適用於各該屆國會，其效力隨著該屆國會任期屆滿、解散而消滅，不能再繼續對新選出的次屆國會產生拘束效力。其主要係根據憲法之民主的「代表原則」而來。

但實務上，新選出的次屆國會很少重訂新的議事規則，通常都只是將上屆國會的議事規則毫無保留地繼受過來適用。只要新國會無異議地對舊議事規則予以實際適用，即可視為已作成繼受的默示決議。

三、議事規則之效力位階

純屬國會議事自律事項者，僅能以議事規則定之，法律無置喙餘地。然涉及國會與其他政府機關，及與第三者間之關係的國會議事事項，應以法律定之，因議事規則僅是國會內規，非有法律依據不得課非屬國會構成員的第三者任何有法拘束力的義務，也不得賦予第三者任何與參與議事有關的主觀權利，其與法律的關係就如同行政命令對法律一樣，故在涉及國

會與第三者間之關係的國會議事事項範圍內，法律效力自優先於議事規則。

四、違反立法院議事規則之效力

（一）決議雖在違反議事規則的程序下作成，但出席立法委員或黨團並無提出異議者，其決議有效：如立法委員或黨團對有關決議的內容已取得共識，但為了節省時間與冗長的議事程序而偏離議事規則，且未達違反決議成立基本規定之明顯重大瑕疵，如未違反憲法第63條之議決程序者，其決議效力將不受影響。

（二）決議在違反議事規則的程序下進行，但出席立法委員或黨團對偏離議事規範行為已提出異議，而立法院仍然執意通過者，其決議原則上應屬無效。此種情形顯已剝奪個別委員或反對黨團參與國會意思形成與決定的可能性，違反憲法自由民主法治國家恣意禁止之要求，其決議自應歸於無效。但如議事程序瑕疵是否已達重大程度，尚有爭議者，仍應由立法院自行認定，並於相當期間內議決補救之。

（三）立法委員違反議事規則，發生內部紀律懲戒之效果。立法委員違反立法委員行為法第7條第1項各款規定者，主席得交紀律委員會議處。依據立法委員行為法第28條及立法院紀律委員會組織規程規定，懲戒案由紀律委員會審議，並得按情節輕重提報院會決定懲戒案之處分。

參、議事規則之訂定程序

國會議事自治不僅要求議事規則應由國會自行以內規方式定之，即內規之訂定或修正程序亦屬國會自治的範圍，換言之，內規的訂定應經類似立法的讀會程序，或經黨團協商共識，或僅以單純國會內部決議方式作成，全由國會自治決定之。

肆、議事規則之解釋權

　　適用議事內規如發生疑義需要解釋，其解釋亦屬國會自治範圍，毋庸也不應假手其他機關，因徒有訂定之權卻不能解釋，所謂自治不免流於空談。

　　依民主國家之國會法令或依議事慣例，對於國會議事法令在適用上如發生疑義，或對國會法令漏未規定之事項，議長有解釋之權限。立法院職權行使法第68條亦定有授權院長為解決爭議事項得進行黨團協商之明文。

第四節　紀律懲戒之自律權

壹、紀律懲戒權之概念

一、紀律懲戒自律權之概念

　　立法委員有共同維護議場及議事秩序之責，議員違反紀律規定，包括發言違規及行為違規兩種，行為違規如不守議場規則、吸菸或高聲擾亂發言之收聽效果，甚至肢體暴力動作等；而發言違規，則可能係傷害其他議員或攻擊他人隱私，而導致議員間爭吵，甚至使會場發生糾紛，因而妨礙議事之進行。故有些民主國家為求慎重，特於國會法及議事規則中明定紀律維持與違規懲戒之規定。

二、紀律懲戒權之自律範圍

　　（一）純係立法委員個人行為或犯罪行為時，當然無免責特權之適用。

　　（二）立法委員之免責特權對象之行為範圍，應限於附隨於立法委員在職務上所為言論活動，實施為一體不可分之行為範圍內之事項。越此範圍與行使職權無關之行為，諸如蓄意之肢體動作等，顯然不符意見表達之適當情節致侵害他人法益者，自不在憲法上開條文保障之列。

（三）具體個案中，立法委員之行為是否已逾越保障之範圍，於維持議事運作之限度內，固應尊重議會自律之原則，惟司法機關為維護社會秩序及被害人權益，於必要時，亦非不得依法行使偵審之權限（釋字第435號解釋）。

三、紀律懲戒權之種類

至於各國有關國會議員紀律懲戒之種類規定，略述如下：

（一）德國

德國聯邦眾議院規則規定之紀律懲戒事項，約有如下：1.發言逾時之警告；2.發言回歸主題之命令；3.維持秩序之警告；4.維持秩序之喝令警告；5.禁止發言；6.禁止出席，惟日數不得超過30天；7.譴責。

（二）美國

美國國會之紀律懲戒規定如下：1.維持議事秩序之警告；2.對擾亂議會秩序議員之譴責；3.議長發出「驅逐出場」命令；4.議長、常設委員會委員長對一般非議員及旁聽者之「驅逐出場」；5.議員身分之開除。

（三）英國

英國國會法規定懲戒違規議員之罰則如下：1.譴責；2.停止出席；3.交院警看管；4.送監獄監禁；5.開除其議員資格。

（四）日本

日本國會法規定懲罰項目如下：1.於議場為公開之告誡；2.於議場公開之道歉；3.一定期間內停止出席議會；4.除名。前揭之除名應經三分之二多數決通過。

貳、我國立法院之紀律懲戒權

一、立法院紀律懲戒處分之種類

　　為維持議場秩序，提高議事效率，我國立法院特仿照前述外國立法例，並考量我國國情，對立法委員之違紀懲戒案，於立法委員行為法第28條第1項明定，立法院紀律委員會審議懲戒案，得按情節輕重提報院會決定為下列之處分：

（一）口頭道歉。

（二）書面道歉。

（三）停止出席院會四次至八次。

（四）經出席院會委員三分之二以上同意，得予停權三個月至半年。

二、停權處分停權期間之計算及效力範圍

（一）停權期間自院會決定當日起算，不扣除休會及停會期間。

（二）停權期間禁止進入議場及委員會會議室。

（三）停權期間停發歲費及公費。

（四）停權期間不得行使專屬於立法委員之選舉權與被選舉權。

三、對紀律委員會委員不開會處理懲戒案件之處分

　　為加強紀律委員會之功能防止急於開會之情事，立法委員行為法第27條特明定：「立法院紀律委員會應每月定期開會一次，必要時得召開臨時會議，處理下列事項：一、院會主席裁示交付之懲戒案。二、院會議決交付之懲戒案。三、委員會主席裁決移送院會議決交付之懲戒案件。紀律委員會召集委員或委員不依前項規定開會處理懲戒案件者，應停止出席院會四次；本項之處分，報告院會即生效。」

第五節　立法機關對藐視國會案件之處理

壹、藐視國會之概念

　　「藐視國會」罪觀念源自英、美，主要是處罰擾亂、破壞議場秩序，侵害立法權，損害國會議員個人尊嚴之不法行為。其處罰方式有二：一是以國會內規處置，監禁行為人；二是由國會提出藐視國會罪之指控，將行為人移送司法審判。

貳、外國國會處理藐視國會案件之程序

一、英國

　　英國國會進行懲罰藐視國會案件之程序如下：

　　（一）凡在會議上經眾人目睹之藐視國會行為，為證人支吾其詞，證人偽證，證人拒不回答時，國會常立即判予懲罰，不須舉行聽證會。但在院外發生之藐視國會行為，不經聽證會，不能予以懲罰。

　　（二）不論在院內或院外發生，但未經會議目睹之藐視國會行為，可經四種方式向院會告發：1.由議員檢舉；2.由議長、門警、院警向院會報告；3.由其他人士向院會請願；4.由委員會提出報告。

　　（三）如議長決定初步證據成立，即將此案提出動議，作為當天開會後第一件討論案。此動議多半由平民院政府領袖提出，將本案送交特權委員會審議，委員會有權召喚證人到會作證，拒絕出席或故意偽證本身即是藐視。委員會於審查完畢後，擬具報告及建議送呈平民院。

二、美國

　　美國國會懲罰「藐視國會」之行為有二種方式，一是以國會內規處置，亦即參眾兩院對於在院會期間擾亂秩序之議員或非議員施以拘禁的懲罰；另一種懲罰方式則是經由刑事訴追程序，由法院審判論罪科刑。此類獨犯「藐視國會罪」之主體係非具有國會議員身分之人，而為妨害國會調

查程序之行為。

三、日本

在日本國會旁聽者，如有喧鬧、製造事端而不聽制止情形，議長僅可行使「內部警察權」，而無「藐視國會」之處罰權，如依日本國會法第118條規定：「旁聽人有妨礙議場秩序情形時，議長得令其退出場外，必要時並得移送警察機關。旁聽者騷動時，議長得令所有旁聽人退出場外。」同法第118條之2規定：「議員以外之人於院內擾亂秩序時，議長得令其退出院外，必要時並得移送警察機關。」

參、我國立法院對藐視國會案件之處理

一、藐視國會目前尚無法制規範

我國國會對藐視國會之觀念，素不明確。我國立法院雖定有會議旁聽規則，規定旁聽時應保持肅靜不得鼓掌或喧鬧等語，但對於藐視立法院及侵犯立法權之處理因無明文規定，亦無判例可循，以至院會議事及立法委員職務之執行，常受干擾而無法制止，院會及委員所受損傷甚大。

二、違反協助立法調查義務者，未來得處罰鍰

司法院大法官釋字第585號解釋謂：「立法院調查權行使之方式，並不以要求有關機關就立法院行使職權所涉及事項提供參考資料或向有關機關調閱文件原本之文件調閱權為限，必要時並得經院會決議，要求與調查事項相關之人民或政府人員，陳述證言或表示意見，並得對違反協助調查義務者，於科處罰鍰之範圍內，施以合理之強制手段，本院釋字第三二五號解釋應予補充。」惟尚待於立法院職權行使法中增訂行使立法調查權之程序及其處罰規定。

✏️考古題

1. 何謂足法定人數原則？實務上有區分為「得議事之法定人數」及「得議決之法定人數」，其法律效力為何？又立法院開會人數如何計算？試就立法院會議、聯席委員會議及全體（單一）委員會議法定出席人數之規定說明之。（94地方特）

2. 立法院對於議案之審議，採取屆期不繼續審議原則，請依立法院職權行使法相關規定加以說明。（95地方特）

3. 何謂法案屆期不續審原則？請就立法院職權行使法之規定，闡述此一規定是否符合民主政治與行政效能？（100警察特內）

第一節　會期與會議

壹、會期

一、會期之概念

　　指立法機關具有活動能力的期間稱之。立法機關並非一年到頭都在開會，而是限定在一定期間內活動。因為在現代國家的定義下，立法機關的存在功能與前提，是為了透過議會將民意反映到國政上，因而有異於必須是常設機關的行政與司法機關。而立法機關採會期制之原因，則是因為會期制可使立法機關議事在時間限制下而促進效率化，避免法案堆積，同時立法機關重要權限之一的審查預算、決算案亦屬一年集中處理一次即可。

二、會期制之種類

（一）一年一會期制

　　一年為一會期者可以美、英、日各國為例。

1. 美國國會

　　美國國會應於每年1月3日開始開會至12月初止，減去8月至9月休會時間，每周開會5日，全年約共開會200日。

2. 英國國會

　　英國國會每年為一會期，其會期正常自10月底起至次年10月為止，每年開會日數約為180日。

3. 日本國會

日本國會之常會每年必須召集一次，而依國會法規定，常會之會期為150日。

（二）一年二會期制

一年分為兩會期者，以法國與我國為例。

1. 法國國會

法國國會之常會，依憲法規定，每年分兩次會期，全年開會時間不得超過170日。

2. 我國立法院

依憲法第68條規定，立法院會期，每年兩次，自行集會，第一次自2月至5月底，第二次自9月至12月底，必要時得延長之。目前，每年均有延會，全年共約開會9個月。

貳、會議之種類

立法機關會議之種類，依會議召集之方式，可分為常會、臨時會二種：

一、常會

（一）常會之概念

即為一定目的而設，並規定每隔一定時期必須召開的會議。國會之常會指在國會議員任期內經常舉行之會議。

（二）常會之分類

1. 正常會議

我國立法院依憲法68條：「立法院會期，每年兩次，……第一次自二月至五月底；第二次自九月至十二月底，必要時得延長之。」即立院每年兩會期。至於開會時間，依立法院議事規則第20條：「本院會議於每

星期二、星期五開會，必要時經院會議決，得增減會次。本院會議超過一日者，經黨團協商之同意，得合併若干日為一次會議。」

2. 延會

依我國憲法第68條後段，立法院會期「必要時得延長之」。立法院職權行使法第5條更進一步規定：「立法院每次會期屆至，必要時，得由院長或立法委員提議或行政院之請求延長會期，經院會議決行之；立法委員之提議，並應有二十人以上之連署或附議。」至何種法案應列為延會法案，得由程序委員會逕行決定。事實上，立法院之延會大部分係出自行政院之要求，而理由均以尚待審議之案，及急須通過之案等，提請於延會期中完成審議。

二、臨時會

（一）臨時會之概念

臨時會是為了使組織運作保有彈性空間，或為應付特別具時效性事務而設的會議。國會於正常的集會時間外，如有特殊事故發生，得召開臨時會議。

（二）立法院臨時會之規定

1. 請開臨時會之人員

依憲法第69條規定：「立法院遇有左列情事之一時，得開臨時會：一、總統之咨請。二、立法委員四分之一以上之請求」。

2. 臨時會討論事項之範圍

依立法院組織法第6條第1項規定：「立法院臨時會，依憲法第六十九條規定行之，並以決議召集臨時會之特定事項為限。」臨時會與一般常會不同，具有其特殊性與急迫性，故立法院臨時會乃不得討論特定事項以外之事項。

參、議事日程

一、議事日程之概念

　　議事日程是在開會前，根據該次會議的考慮和實際需要，由會議秘書人員預為編訂的會議進行程序，又稱之為「會議議程」（The Agenda）。議事日程記載開會之時日、交付會議之議案以及其順序。

二、議程之種類

（一）普通議程

　　指常用而不具有排他優先性的議程。

　　立法院議事規則第14條規定，議事日程的編排，應記載開會年、月、日、時，分列報告事項、質詢事項、討論事項或選舉等其他事項，並附具各議案之提案全文、審查報告暨關係文書。由政府提出之議案及委員所提法律案，於付審查前，應先列入報告事項。經委員會審查報請院會不予審議之議案，應列入報告事項。

（二）特別議程

　　指某一議案必須在某一天的某一時間討論，而在此預定的時程，不論其他議案是否已結束，均必須優先討論此一特別安排提案的日程。

　　特別議程須三分之二通過，但其較普通程序有優先權，即特別程序的時間一到，即應擱起他事而進行特別議程的事件。特別議程又可分為全體同意議程及解除委員會責任議程二種。

　　立法院亦有經黨團協商決定並報程序委員會決議逕付二讀，或議案經常設委員會審查後決議不須協商並經提報程序委員會決議，直接進入二讀之程序，亦均為同意議程之安排。

三、議程之編排與程序委員會

（一）立法院對議事日程編排之授權

我國立法院議事日程，依該院議事規則第16條規定，議事日程由秘書長編擬，經程序委員會審定後付印，除了特殊情形外，至遲於開會前2日送達。

（二）程序委員會之角色

程序委員會的權力在於負責安排院會議程，如下：

1. 排定一般提案進入院會一讀之議程

程序委員會應按議案性質將有關議案分配予相關之常設委員會。議案經提報院會決定後，送交各該常設委員會處理，前項議案審查之分配，其性質與其他委員會有關聯者，配由主持審查之委員會與有關委員會會同審查之。

2. 排定議案交付委員會審畢進入院會二讀之議程

法案經相關委員會審查後，並不直接由各委員會進入議事日程表，而仍由程序委員會排定進入院會二讀之議程。

四、議程之內容

立法院之議事日程，應記載開會年、月、日、時，分列報告事項、質詢事項、討論事項或選舉等其他事項，並附具各議案之提案全文、審查報告暨關係文書，如下：

（一）報告事項

報告事項係屬認可事項，由於在迅赴事功的要求下，認可事項不宜討論，按次序報告之。但有出席委員提議，15人以上連署或附議，經表決通過，應交付程序委員會改列討論事項。

（二）質詢事項

質詢是議會對於政府所應負責之事，用書面或口頭提出詢問並要求答

覆之權。故立法院職權行使法第18條第1項規定：「立法委員對於行政院院長及各部會首長之施政方針、施政報告及其他事項，得提出口頭或書面質詢。」又同法第27條規定：「質詢事項，不得作為討論之議題。」

（三）討論事項

所謂「討論」（debate）即列入議題的案件尚未付諸表決之前，對其表示贊成或者反對意見的意思。

主席於宣告進行討論事項後，即照議事日程所列議案次序逐案提付討論。其事項如下：

1. 各委員會審畢之議案。
2. 經院會議決不經審查逕付二讀之議案。
3. 立法委員所提法律案以外之其他議案。
4. 委員會審查不予審議之議案，嗣經表決通過改列討論事項者。
5. 經委員會審查應成為議案之人民請願文書。

（四）選舉事項等

議事日程除前述三種外，尚有「選舉事項」、「同意權之行使事項」、「覆議案之處理事項」。

五、議程之變更

議事日程為會議進行的指針，議事的次序當依此而行，即不容任意變更，如有變更亦必經由特別的程序，俾求慎重，避免影響正常議事程序。依立法院議事規則之規定，主席或出席委員得提議變更議事日程，出席委員之提議並應經15人以上之連署或附議。而該提議不經討論，逕付表決。

立法院變更議事日程有兩種情形：

（一）未列入議事日程而予補列的變更議事日程。

（二）既列入而順序在後，有提前討論之必要的變更議事日程。

第一種變更議程之提議者多由院會之主席，徵得出席委員同意變更之。

第二節　院會之法案審議程序

壹、立法提案

一、議案、法案之區別

（一）議案

即由一定主體（相關機關或立法委員）就有關事項以一定形式依法定程序提交立法院審議的議事原案，其係各種議事提案，包括憲法修正案、領土變更案、法律案、預（決）算案、戒嚴案、大赦案、宣戰案、條約案、行使同意權案、覆議案、不信任案、彈劾案、罷免案、補選案、緊急命令追認案及其他重要決議案等之總稱。由此可知，議案之範圍較廣，亦包括法案在內。

（二）法案

一般而言，僅指法律案，即向立法機關提出以便審議制定的法律草案，可見法案是議案的一種，依憲法及其他法律上，所謂法案，尚包括：

1. 法律案
   (1) 法律制定案。
   (2) 法律修正案。
   (3) 法律停止（或暫停）案。
   (4) 法律之廢止案。

2. 憲法修正案

二、法案之提案權

（一）行政院提案

依憲法第58條第2項規定，行政院應向立法院提出法律案、預算案、戒嚴案、大赦案、宣戰案、媾和案、條約案及其他重要事項案。

（二）考試院提案

依憲法第87條規定，考試院關於所掌事項，得向立法院提出法律案。

（三）監察院提案

依司法院大法官釋字第3號解釋：「監察院為國家最高監察機關，基於五權分治平等相維之體制，監察院關於所掌事項，得向立法院提出法律案。」

（四）司法院提案

依司法院大法官釋字第175號解釋：「司法院為國家最高司法機關，基於五權分治彼此相維之憲政體制，就其所掌有關司法機關之組織及司法權行使事項，得向立法院提出法律案。」

（五）立法委員提案

立法委員提案又可分為立法委員連署及黨團二種，如下：

1. 立法委員連署

立法委員依憲法意旨、立法院職權行使法第8條及立法院議事規則第8條等有關規定，亦得提出法律案，並得依憲法第174條規定提出憲法修正案。至於立法委員提案之程序如下：

(1) 提案人起草議案

以書面行之，並簽名於議案之後，如係法律案，應附具法律條文及立法理由。

(2) 徵求連署

我國之制，對於立法委員之提案，規定須有一定人數之委員連署始得成立，如立法委員提出法律案應有15人以上之連署；其他提案，除另有規定外，應有10人以上之連署。

(3) 提案人將提案交議事處

議事處收到提案後，檢查連署人是否已足規定人數，再將之提報程序委員會列入議程，以排定下次會議之議程。

2.黨團

依立法院職權行使法第75條：「符合立法院組織法第三十三條規定之黨團，除憲法另有規定外，得以黨團名義提案，不受本法有關連署或附議人數之限制。」及立法院議事規則第59條：「符合立法院組織法第三十三條規定之黨團，除法律另有規定外，得以黨團名義提案，不受本規則有關連署或附議人數之限制。」

黨團提案程序，由黨團決議後，以黨團名義出具書面，內容包括法律條文及立法理由，交議事處提報程序委員會列入議程。

貳、臨時提案

一、臨時提案之概念

立法機關在議事進行中，通常須依一定議程進行，但為適應突發性、臨時性事件之處理，以取得優先討論之地位，俾解決問題，故規定得提出臨時提案。因不經由程序委員會事先審定，破壞原來議程上討論事項之順序，耽誤原先定期討論之事項，極易引起紛爭，故臨時提案必須以有時效性、待解決之事項為限。

二、臨時提案之限制

（一）提出時機之限制

1. 出席委員提出臨時提案，以亟待解決事項為限，應於當次會議上午十時前，以書面提出，並應有10人以上之連署。每人每次院會臨時提案以一次為限，於下午五時至六時處理之，提案人之說明，每案以一分鐘為限。

2. 臨時提案如具有時效性之重大事項，得由會議主席召開黨團協商會議，協商同意者，應即以書面提交院會處理。

（二）提出案件之限制

法律案不得以臨時提案提出。

三、臨時提案之處理

裁決交相關委員會。其涉及各機關職權行使者，交相關機關研處。

四、臨時提案之單純決議

（一）單純決議之意涵

所謂「單純決議」，指憲法規定外之決議，即是立法委員臨時提案，且非以法律形式或無憲法直接依據而通過之對外決議。例如對國政表示意見、對行政機關表示希望、勸告、警告、譴責聲明，或對法律案或預算案之附帶決議等情事，均屬建議性質。

（二）單純決議之特徵

1. 為憲法規定外之決議

依立法院組織法第2條第1項規定：「立法院行使憲法所賦予之職權。」而憲法第63條則規定：「立法院有議決法律案、預算案、戒嚴案、大赦案、宣戰案、媾和案、條約案及國家其他重要事項之權。」此外，依憲法增修條文之規定，立法院尚有提出憲法修正案、國土變更案、人事同意權、對行政院院長提出不信任投票、提案彈劾正副總統、提案罷免正副總統、補選副總統，以及處理行政院所提覆議案等之權，此等職權之行使均須以決議之方式行之，則此等決議均屬憲法規定之決議，並依各該決議之內容對外生效。而單純決議則屬憲法規定以外，依相關法律或自訂議事規則所作之決議。

2. 未經第一讀會程序

依立法院職權行使法第7條規定：「立法院依憲法第六十三條規定所議決之議案，除法律案、預算案應經三讀會議決外，其餘均經二讀會議決之。」據此，法律案及預算案應經三讀程序，其餘如國家其他重要事項案

等,則須經二讀程序即可。查立法院所作之單純決議屬於法律案及預算案外之決議,其來源大多係在委員會審查程序或院會中由委員提出之臨時提案,其並未經程序委員會排定議程及院會第一讀會通過,即進行審查與決議。

3. 不得覆議

依憲法增修條文第3條第2項規定,行政院僅得對立法院決議之法律案、預算案、條約案移請立法院覆議,至於憲法第57條第2款規定之立即變更行政院重要政策之決議權與行政院覆議權,則已遭增修條文凍結,不再適用。基此,立法院所作之單純決議因無上述憲法之依據,行政院即不得移請立法院覆議。此外,行政院以外之其他各憲法機關如認單純決議窒礙難行時,依法亦不得移請立法院覆議。

五、臨時提案與國是論壇之區辨

(一)臨時提案

以亟待解決事項為限,應於當次會議上午十時前,以書面提出,院會於下午五時至六時處理,臨時提案將交相關機關研處。

(二)國是論壇

立法院於每次院會議事日程所列報告事項及討論事項或質詢事項進行前一個小時,提供給立法委員不拘議題,自由發言三分鐘之機會。目的在避免立法委員於院會中假借秩序問題、權宜問題、議事詢問等偶發動議為理由要求優先發言,而影響正常議事之進行,故以國是論壇取代之。

立法委員於國是論壇所發表之意見,院會不予處理,僅列入公報供各界參考。

參、議案黨團協商

一、議案黨團協商之概念

黨團議案協商之主要目的在使朝野黨派在平等、尊重及和諧氣氛中溝

通，儘速達成共識，以利議案圓融順利通過，故協商不僅是折衝妥協之政治藝術，亦是優先尊重少數的一種機制。

二、黨團協商之程序

（一）黨團協商之對象與時機

1. 為協商議案或解決爭議事項，得由院長或各黨團向院長請求進行黨團協商。

2. 立法院院會於審議不須黨團協商之議案時，如有出席委員提出異議，10人以上連署或附議，該議案即交黨團協商。

3. 各委員會審查議案遇有爭議時，主席得裁決進行協商。

4. 臨時提案如具有時效性之重大事項，得由會議主席召開黨團協商會議，協商同意者，應即以書面提交院會處理。

（二）黨團協商之分類、出席人員及主持人

1. 黨團協商會議

由院長、副院長及各黨團負責人或黨鞭出席參加；並由院長主持，院長因故不能主持時，由副院長主持。

2. 院會議案黨團協商

由該議案之院會說明人（主持審查會之召集委員）所屬黨團負責召集，通知各黨團書面簽名指派代表2人參加，該院會說明人為當然代表，並由其擔任協商主席。

3. 各委員會議案黨團協商

各委員會審查議案遇有爭議時，主席得裁決進行協商。

（三）黨團協商會議舉行之時間

黨團協商會議原則上於每周星期三舉行，在休會或停會期間，如有必要時，亦得舉行，其協商日期由主席通知。

（四）院會議案黨團協商之程序

1. 議案交由黨團進行協商時，負責召集之黨團應通知各黨團書面簽名指派代表2人參加，各黨團指派之代表，其中一人應為審查會委員，但黨團所屬委員均非審查會委員時，不在此限。

2. 對議案原不須黨團協商提出異議（10人以上）成立而改交黨團協商者，提出異議之委員，得向負責召集之黨團，以書面簽名推派2人列席協商說明。

3. 議案進行協商時，由秘書長派員支援，全程錄影、錄音、記錄，併同協商結論，刊登公報。

4. 黨團協商經各黨團代表達成共識後，應即簽名，作成協商結論，並經各黨團負責人簽名，於院會宣讀後，列入紀錄，刊登公報。

5. 協商如與審查會之決議或原提案條文有明顯差異時，應由提出修正之黨團或提案委員，以書面附具條文及立法理由，併同協商結論，刊登公報。

（五）院會議案協商無法獲共識之處理

議案自交黨團協商逾一個月無法達成共識者，由院會定期處理，以避免延宕議案審議，有害議事效率。

（六）黨團協商之效力

1. 黨團協商結論於院會宣讀後，如有出席委員提議，8人以上之連署或附議，得對其全部或一部提出異議，並由院會就異議部分表決。

2. 黨團協商結論經院會宣讀通過，或依前項異議議決結果，出席委員不得再提出異議；逐條宣讀時，亦不得反對。

3. 經協商之議案於廣泛討論時，除經黨團要求依政黨比例派員發言外，其他委員不得請求發言。經協商留待院會表決之條文，得依政黨比例派員發言後，逕行處理。議案在逐條討論時，出席委員不得請求發言。

肆、法案三讀

一、概說

因為國會代表人民行使立法權，修訂法律自應講求周密，避免發生疏漏，這即是法案要經過三讀程序的主因。所謂「讀」（reading），就是宣讀。一般的規定，凡是開會要表決的文件，在表決之前，委員均有權要求將其宣讀，且主席應不經表決，逕行命秘書予以宣讀，以便周知表決之內容。

三讀會制度僅對法律案及預算案適用之，其他議案則只須經一讀會或二讀會即可。

二、三讀會之任務

（一）一讀會

依議事學之原理，議案在介紹提案時之宣讀為「一讀會」（first reading）。立法院職權行使法第8條第1項規定：「第一讀會，由主席將議案宣付朗讀行之。」本項文字規定極其明顯，即只要主席將議案宣付朗讀後，其一讀程序即告完成。一讀後即依議案性質決定交付委員會審查、逕付二讀，或不予審議。

由以上規定可知，一讀會僅單純指由院會主席將議案宣付朗讀之短暫過程而言，但一般社會人士常指委員會審查階段為一讀會。事實上，委員會是為可省略的程序。為解決認知之差誤，有學者主張，可將一讀會分為廣義與狹義：

1. 廣義之一讀會：係包括委員會審查階段。
2. 狹義之一讀會：僅指院會主席朗讀議案標題而言。

（二）二讀會

「二讀會」（second reading），依我國之立法程序，即於院會討論各委員會審查之法案，或經院會議決不經審查逕付二讀之法案時，所為實

質討論之程序。

在此階段，一般均將法案朗讀並參照委員會審查或原案要旨，依次或逐條提付討論，並得就審查意見或原案要旨先作廣泛討論。亦即，經委員會審查者，即以審查意見為優先討論之基礎，如審查意見未被採納，即討論行政院提案，如行政院提案未被採納，即採用現行條文。

惟實務上，法案經過黨團協商達成共識者，二讀會即以黨團協商結論取代委員會審查意見為優先討論之基礎。

（三）三讀會

「三讀會」（third reading），在我國立法程序上，即指應於二讀會之下次會議舉行之審議程序，但由出席委員提議，15人以上連署或附議，經表決通過，得於二讀後，繼續進行三讀。三讀會，除發現議案內容有互相牴觸或與憲法及其他法律相牴觸者外，只得為文字之修正，而不得再為實質問題辯論，最後並應將議案全案付表決，表決通過即算完成立法程序。

伍、立法議案之撤回

一、議案撤回之概念

依議事學之規定，動議尚未經主席提付討論之前，動議人可以撤回，撤回動議乃屬一種偶發事件，而並非正式的動議，其性質乃屬於一種請求，故無須附議。

二、立法院議案撤回之規定

立法院職權行使法第12條第1項規定：「議案於完成二讀前，原提案者得經院會同意後撤回原案。」如為立法委員提案，依議事規則第8條第2項之規定，提案人撤回提案時，應先徵得連署人之同意。

陸、表決

一、表決之概念

議會是集體作決定的機關，故表決是議事程序中最重要的一環。討論不過是表決前的準備工作，所費時間雖多，但其重要性還不如表決，因為會議必須有結束，而會議結束出於表決，所以表決不但是會議的歸宿，也是民主的表現。

二、表決之作用

（一）表決是反映最大多數意見達成最理想決議之合法途徑。

（二）表決是解決會場紛擾與議事爭端唯一且最佳之辦法。

（三）表決為選民最容易檢驗國會議員立法行為的指標。

三、表決方法

（一）口頭表決

立法院通過議案之表決，係由會議主席徵詢委員有無異議，如「無異議」即裁決通過。

（二）舉手表決

主席將議案宣布表決時，贊成者以舉手表示，而計其總額，反對者亦舉手表示，而計其總額，而後比較兩方的數字，以決定議案之通過與否。

（三）表決器表決

立法院採用表決器記名表決，須經出席委員15人以上連署或附議。表決器可顯示全部立法委員之姓名及表決情形，故表決器表決可作為記名表決與無記名表決二種之用。

（四）投票表決

投票之表決，即秘密投票之方式表決，其優點在於能夠保守秘密，排

除人情困擾；缺點則手續甚繁，浪費時間，故立法院法規明定對緊急命令之追認、人事同意權之行使，總統、副總統彈劾案之提出等議案，均有以無記名投票表決之規定。

（五）點名表決

會議規範稱之為「唱名表決」，乃為表決方式中責任最明確的制度。點名表決方法之採用，須經出席委員提議，25人以上連署或附議，不經討論，由主席逐付表決，至於進行點名表決之程序，由主席依簽到名簿次序唱名，在場委員於唱到姓名時，贊成者起立答曰：「贊成」；反對者起立答曰：「反對」；棄權者起立答曰：「棄權」；未答應者，應予重唱一次。

四、表決程序

（一）提付表決之時機

討論終結或停止討論之議案，主席應即提付表決，或徵得出席委員同意後，定期表決。

（二）參與表決者之迴避

立法委員行為法規定，立法委員行使職權就有利益迴避情事之議案，應迴避審議及表決。至於迴避之方式，有自行迴避及聲請迴避二種。

（三）法定人數不足時表決之中止

院會進行中，出席委員對於在場人數提出疑問，經清點不足法定人數時，不得進行表決，否則一切決議均為無效。

（四）兩面俱呈表決

立法院議事規則第36條第1項規定：「表決，應就可否兩方依次行之。」所謂「可否兩方」，即表決時，對贊成與反對者兩方面均須分別表示出。惟實務上，立法院表決議案之時，係用「無異議通過」之口頭表決，而記錄時又以「全體無異議」的方式，自無所謂兩面俱呈的情形。

（五）表決方法之轉換

立法院表決議案係以口頭表決為主，如口頭表決不能得到結果時，再改用其他的表決方式。所謂其他方法，當可包括議事規則第35條第1項中任何一種表決方法。

柒、復議

一、復議之概念

「復議」（reconsider）是議學名詞，為特別主動議之一，係議案經表決通過或否決後，如因情勢變遷或有新資料發現，而認為原議案有重加討論，再行決定之必要。復議動議具有使被復議之議案，在動議處理完畢前，暫時停止執行的效力。

二、復議案提出之限制

（一）原決議案尚未著手執行

一個表決的結果，某些事件業已執行，難已挽回者，即不得復議。

（二）具有與原決議案不同的理由

證明動議人確為原案議決時之出席委員，而未曾發言反對原決議案者。如原案議決時係依表決器或投票表決或點名表決，並應證明為贊成原決議者。

理由在於一議案既經表決，失敗方面的人，常欲復議，得多一次表決的機會，以挽救其失敗；故輒欲乘得勝方面人數減少的時候，提出復議，以推翻既作的決定。此對勝利方面的人殊欠公平，故加限制。

（三）須提出於同次會或同一會期之下次會

復議案的提出須在被復議案表決的同一次會中，或下一次會中，過此即不得提出。因時間一久已成公認的定案，若仍許復議則使一切表決的效力，永在動搖之中，殊屬不宜。

三、復議之程序

（一）復議提出之時機

依立法院議事規則規定，復議動議，應於原案表決後下次院會散會前提出之。

（二）復議案之討論

復議動議成立後，由主席徵得出席委員同意後，決定討論之時間。申言之，其討論之時間，可由主席徵得院會同意後，當即進行討論，亦可定期討論。

（三）復議案之表決

復議動議討論後，經出席委員過半數之贊成，則可對原案加以討論並表決，如未達出席委員過半數之贊成，即為否決，原決議案仍予維持。

（四）再為復議之禁止

依立法院議事規則之規定，復議動議經表決後，不得再為復議之動議，以維持院會議決案之穩定性。行政院若認有憲法增修條文第3條第2項規定之情形，另可移請立法院覆議。

捌、覆議

一、覆議之概念

立法機關完成本身立法程序的法案，必須送請國家元首公布之後，始能發生效力。但從政治觀點說，則須視其政治制度之為內閣制抑為總統制而有其不同的意義。在內閣制國家，國會制定的法案大都出自內閣方面，是以元首對於國會移請公布的法案，不必行使否決權。反之，在總統制國家，國會制定的法案非來自政府，故為行政首長的國家元首對於國會移請公布的法案得行使否決權。如國家元首行使否決權就是我國憲法所稱之「覆議」。

二、覆議與復議之區別

（一）復議者，重新考慮之謂，乃議學上之名詞；而覆議，拒否之謂，乃政治學上之名詞。為總統制政府中的行政部門對立法部門之決議要求重新考慮而發動的行政否決權，有權力間的制衡關係。

（二）復議為會議本身處理議案過程的一種特別程序，是縱的關係；覆議則為議會與政府之間的政治運用，是橫的關係，並非僅為議事程序而已。

（三）復議者，推翻原法案之表決，故包括可決與否決之法案；而覆議則不然，覆議僅限於已通過之法案，而不包括否決之法案。

（四）復議動議之表決，僅須出席過半數之通過。縱使原案之表決係三分之二或四分之三之高額所通過之議案，而復議之表決，乃須出席過半數之通過；但覆議則不然，覆議為政府要求議會對議事前所通過之法案，重行再議，故各國憲法規定均須有出席三分之二表決通過，才能維持原決議。我國行政院移請立法院覆議之法案，仍須超過全體委員二分之一表決通過，才得維持原案。否則該項通過之法案，行政院可不予以執行。

三、立法院對覆議案之處理

（一）覆議案之審查

覆議可分成二種：1.全部覆議：即將全部原決議議案交還覆議；2.一部覆議：即只將原決議議案的一部分交還覆議。

依據立法院職權行使法第32條規定：「行政院得就立法院決議之法律案、預算案、條約案之全部或一部，經總統核可後，移請立法院覆議。」第33條規定：「覆議案不經討論，即交全院委員會，就是否維持原決議予以審查。全院委員會審查時，得由立法院邀請行政院院長列席說明。」因為覆議案之發生，顯示行政、立法兩院對同一政策問題有歧見，全院委員會審查時，邀請行政院院長到會說明，正提供一個溝通的機會，甚至可與立法委員作政策辯論，爭取支持。

惟查覆議權之行使，牽涉兩院院際關係，為突破行政、立法兩院僵局

之最終手段，故其溝通程序必須更為嚴謹，且為充分瞭解行政院之意見，除行政院院長外，相關部會首長似亦應到會說明並備質詢。

（二）覆議案之表決

依據現行憲法增修條文第3條第2項第2款規定：「……立法院對於行政院移請覆議案，應於送達十五日內作成決議。如為休會期間，立法院應於七日內自行集會，並於開議十五日內作成決議。覆議案逾期未議決者，原決議失效。……」可見，修憲者明白課予立法院必須在一定期限內議決覆議案的作為義務（包括休會或換屆）。此外，覆議具有暫時消滅立法院已議決法案的形成效力，一旦提出就可使法案回到三讀前的未議決狀態，只是以立法院作成反對決議為其解除條件。基此，立法院職權行使法第34條亦規定：「覆議案審查後，應於行政院送達十五日內提出院會以記名投票表決。如贊成維持原決議者，超過全體立法委員二分之一，即維持原決議；如未達全體立法委員二分之一，即不維持原決議；逾期未作成決議者，原決議失效。」

（三）休會期間覆議案之處理

依據立法院職權行使法第35條規定：「立法院休會期間，行政院移請覆議案，應於送達七日內舉行臨時會，並於開議十五日內，依前二條規定處理之。」

我國憲法及增修條文均無類似美國所謂口袋否決之規定，如立法委員任期屆滿後，覆議案由民意基礎不同之下屆委員予以重加考量決定，是否妥當似有爭議，惟查憲法並未明定行政院對立法院之覆議不得於次屆立法院提出，如予限制，是增加憲法所無之限制，明顯違反憲法之規定。

玖、法律之公布

一、法律公布之概念

經立法機關三讀議決通過之法律案，雖已完成立法程序，但仍應經總統公布，始發生法律效力（中央法規標準法第4條），故法律效力始於公

布。法律公布之目的，在於使全國人民普遍周知而能有所遵循，以利法律的有效施行。

二、立法院延緩咨請總統公布之原因

依憲法第72條：「立法院法律案通過後，移送總統及行政院，總統應於收到後十日內公布之……」惟為配合相關法律案一併公布，同步施行或因應行政機關之要求，依立法院議事先例，亦得延緩咨請總統公布。例如民國88年通過之菸酒管理法，為配合菸酒稅法、財政部國庫署組織條例之制定或修正，而依附帶決議，於後二法三讀通過後再一併咨請總統公布施行。

✏ 考古題

1. 立法院三讀會中之第一讀會，應如何界定，是否包括委員會審查程序在內？政府機關提出之法律案，是否應一律交付有關委員會審查，有無例外，試述之。（94地方特）
2. 請依立法院職權行使法相關規定，試述議案協商之程序及協商結論之效力。（94高考三）
3. 請依憲法、立法院職權行使法及立法院議事規則相關規定，分別說明行政院及立法委員（含黨團）如何向立法院提出法律案。（95地方特）
4. 試說明並區別下列名詞之意義：（95高考三）
   （一）「審議」與「審查」
   （二）「詢問」與「質詢」
   （三）「一讀會」與「審查會」
   （四）「提案」與「動議」
   （五）「決議」與「決定」
5. 依據立法院議事規則之規定，會議主席對於議案之討論，認為已達可

付表決之程度時，在處理技術上，可為如何方式之處理？又其慣例上常以「無異議通過」的方式，有何優、缺點？試述之。（96高考三）

6. 立法院二讀會所討論之議案，是否均須先經黨團協商完成？其經黨團協商之議案，於廣泛討論時其發言之規範為何？又黨團協商有無期限之規定？試述之。（96高考三）

7. 在何種情況下，立法院所通過的法案得延緩咨請總統公布？請分別加以說明。（97地方特）

8. 試依立法院職權行使法及立法院議事規則，說明「覆議」和「復議」有何不同之處。（97高考三）

9. 何謂法案三讀程序？請說明之。（98警察特）

10. 何謂立法提案？我國五院制各院均有立法提案權而依據有別，請分別說明之。（98警察特）

11. 試依我國憲法或司法院大法官相關解釋，分別說明何種機關有權向立法院提出法律案。（98高考三）

12. 何謂覆議權？我國立法院如何處理行政院移請的覆議案？請分別加以說明。（99地方特）

13. 覆議與復議均係對已經決議的議案再行審議是否維持原決議的作為。兩者有何區別？請分別加以說明。（100地方特）

14. 聽證在立法程序中具有哪些作用？請分別加以說明。（100地方特）

15. 何謂復議？復議提出後與表決後的效力有何不同？請分別加以說明。（100警察特）

16. 我國立法委員及立法院黨團依法得提出法律案，請依相關規定說明立法委員或立法院黨團提出法律案之程序各為何？（100警察特內）

17. 立法院常設委員會於法案審查完畢後，須議決該法案是否交付黨團協商。請依立法院職權行使法相關規定，說明不須交付黨團協商法案提報院會後的處理程序。（101警察特）

第一節　委員會制度

壹、委員會之概念

一、委員會審查之概念

　　在現代規模較大的會議中，往往預設各種委員會對各種議案作分類事前的審查，各國議會中一般法案多先經各種委員會的審查，而後提出大會，大會的主要任務，大部分在考慮委員會的報告，而作最後的決定。原來付委案係因大會討論議案發現困難時，始付委員會者，現在則一變而成為無論難易，一切議案在大會討論前先行付委，也可以說是由議後付委，一變而為議前付委。

二、交付委員會審查之優點

　　（一）可按問題的性質，分由專家或特別有興趣的會員為委員會的組成分子，可發揮集思廣益之效果。

　　（二）對於精深而困難的問題，可先作各別的研究與接洽，可增進議事效率與提高議事品質。

　　（三）對問題可作更自由的討論，因小型會議僅須遵守少數的議事規則，可減少衝突與紛爭。

　　（四）人數較少便於通過，意見容易形成共同結論，較意見繁雜的大會可以減少紛擾。

　　（五）目標集中，可對少數問題，較大會直接處理提供更多的時間。

貳、委員會在國會運作中心之地位

一、院會中心主義

國會主要機能由院會為中心運作。委員會性質係屬院會的預備審查機關，其本身並沒有固定的權限，僅於受院會託付的議案，才有審查之權限與義務。內閣制下的英國為典型的代表。

英國平民院的立法過程中，二讀是整個程序中最重要的階段，法案的成敗關鍵在此。二讀程序確立了法案的立法原則與內容後，才交付常設委員會審查，常設委員會審查只須注意法案的內容與立法條文文字是否適當，所以常設委員會的工作僅有立法文字的擬定，即只作議案之修改，並不打消議案，修改完後，仍送回到院會。

二、委員會中心主義

委員會中心主義下的委員會具有較廣泛且自主性的權限，以總統制的美國為典型代表，其行政與立法澈底分立，國會擁有完整的立法權，整個立法過程中，委員會的審議是最重要的階段，在法案審查的過程中，委員會充分掌握擱置與否（屆期不連續）及修正的權利。經委員會審查通過的法案。到院會都能受到高度促成美國、日本等國採行委員會中心主義之因素有如下六點：

（一）國會處理事務繁雜，僅院會實無法對應，必須由各委員會分擔。

（二）委員會制度可使審議專業化，提升效率及水準。

（三）除審查法案之外，有關人民請願案及國會調查權之運作，委員會亦可發揮專業功能。

（四）參與討論人數約為2、30人，可使議員有充分發言、討論時間，便於意見溝通，形成共識。

（五）針對行政機關部會設置相對應之委員會，亦可發揮監督效果。

（六）國會議員可借委員會舞臺，發表專業意見，帶動全國議題之討

論，培養自己的專長和聲望，以備未來入閣擔任行政首長。

三、我國立法院委員會在國會運作中心之地位

民國85年的國家發展會議上，各黨派就國會改革相關部分提出共同意見。在促進立法效率上，除健全立法院職權內涵外，並要求修正其組織內規，確立「委員會中心主義」，即「委員會專業化，院會政黨化」。

嗣在國會改革的呼聲要求下，通過國會五法。現在立法院常設委員會對法案有「屆期不連續」之適用；預算案也著重於委員會審查，形式上採取委員會中心主義。但因黨團協商法制化後，致委員會審查通過之法案，上院會二讀之前的黨團協商可將委員會中毫無爭議審查通過的條文予以推翻。再者，制度上允許委員在每個會期重新選擇委員會，資深制並未實現，設置二個召集委員使領導權分散，凡此種種似不鼓勵委員長期待在同一個委員會來建立專業性，以致委員會專業與權威尚難以建立，其功能亦無法提升。故我國立法院可以說係以委員會中心主義為名，但卻以院會中心主義為實之國會制度。

參、委員會與院會的關係

一、院會命令委員會限期審議或報告權

依議事學原理，大會為最高權力中心，其對委員會之命令權本屬絕對性，得命令其為一定之作為。委員會縱有不同意見，亦僅可根據事理作相對之請求，此即委員會之請求權，如委員會之請求不為大會接納，其請求即自行消滅，故委員會之請求權係屬相對性。除美國國會有解除委員會責任之權外，查日本國會對委員會亦有要求中間報告或限定期限審查之規定，均為明證。所謂中間報告，係委員會就其審查或者調查的案件，向議完報告其審查等經過的意思。

二、委員會擱置議案權

即委員會對院會所議決交付審查之議案擱置不理之權。委員會對議案的擱置，從而否決議案者，要以美國國會委員會最為著名。

我國立法院議事規則與程序委員會組織規程對院會可否命令委員會限期日審查法案，或由委員動議解除委員會責任等情，並無明文規定，立法院議決限定期日審查之實例並不多見，是以形成了委員會對院會委付審查的議案可以無限期擱置的慣例。

肆、委員會之功能

委員會是國會之預備議決機關，在立法程序中之功能有如下五點：

一、專家立法的功能

在議員之中，固多專家，然不可能對所有立法問題均具專門之知識，而委員會被賦予最大的作用，即在於分別集合具備各領域專門知識之議員於一堂，先行審議，以開發高度的立法能力，加強法案研究與修正，而達到維持國會的自主性及符合民意的要求。委員會成員對主題具有長期經驗後，亦能培養專門知識。

二、監督行政機關的功能

現代議會因議案眾多，審議之時間遂不充分，僅在立法事務量的龐大化與質的複雜化之現代，所有政治不能自始至終均由大會處理。而委員會可透過高度專業的研究機能來慎重審查擬議法案，同時發揮對於行政機關的專注控制作用。

三、內部整合的功能

委員會立法工作之參與經驗，不僅確立每個議員的角色、增加議員之專業知識及責任感，而且可對立法目標產生共識及整合之作用，並使整個

國會成為能夠有效運作的體系。再者，委員會能代表政黨黨團的利益，議員往往遵守其政黨的立場，在審議過程中為該黨法案護航，發揮黨團內部整合之功能。

四、蒐集資訊的功能

委員會為立法體系所不可或缺的溝通乃至於資訊流通的網路，委員會的設計使得立法委員在複雜的立法過程中，擁有足夠的專業與資訊基礎作出完整的判斷。如行政機關主要是透過委員會以傳遞訊息或是進行修正建議，委員會也透過聽證會而給予行政機關、個人或是團體表達意見的機會，同時藉由對於必要訊息的蒐集以喚起輿論的重視。

五、篩選法案的功能

依賴委員會的篩選功能，把政府提案與委員提案匯合為一，並在眾多法案中排列優先次序，較不影響國計民生者將被淘汰，獲得初審通過者，再配合院會二讀之前的朝野協商，法案很快地就可以獲得共識。縱使還有爭議者，也只須透過政黨指派代表交叉辯論後，付諸表決，如此可達到提高議事效率的功能。換言之，政黨黨團是委員會決策幕後的主使者和法案篩選者，扮演提高議事效率之關鍵角色。

第二節　立法院委員會之組織與職權

壹、立法院委員會之法源

常設委員會，顧名思義當指經常存在之委員會，而非因特定事項，暫時性或臨時性成立之委員會。

依我國憲法第67條規定：「立法院得設各種委員會。……」另依立法院組織法第10條之規定：「立法院依憲法第六十七條之規定，設下列委員會。……必要時，得增設特種委員會。」再依立法院各委員會組織法第2條之規定：「各委員會審查本院會議交付審查之議案及人民請願書，

並得於每會期開始時，邀請相關部會作業務報告，並備質詢。」所以常設委員會屬於政務性質，設有人員與經費；特別委員會則多屬於事務性質，人員由立法部門相關單位人員充調之。一般學者研究立法部門的制度或組織時所稱的委員會，通常指常設委員會。

貳、立法院委員會之種類

　　立法院委員會分常設委員會及特種委員會兩種，如下：

一、常設委員會

　　我國立法院現在置有八個常設委員會，各委員會的任務在審查相關部會之議案，而各委員會審查議案的範圍，則由程序委員會依下列規定分配，提報院會決定：

　　（一）**內政委員會**：審查內政、選舉、蒙藏、大陸、原住民族、客家、海岸巡防政策及有關內政部、中央選舉委員會、蒙藏委員會、行政院大陸委員會、行政院原住民族委員會、行政院客家委員會、行政院海岸巡防署掌理事項之議案。

　　（二）**外交及國防委員會**：審查外交、僑務、國防、退除役官兵輔導政策與宣戰案、媾和案、條約案、戒嚴案及有關外交部、僑務委員會、國防部、行政院國軍退除役官兵輔導委員會掌理事項之議案。

　　（三）**經濟委員會**：審查經濟、農業、經濟建設、公平交易、能源、科技政策及有關經濟部、行政院農業委員會、國家發展委員會及公平交易委員會掌理事項之議案。

　　（四）**財政委員會**：審查財政、金融政策、預算、決算、主計、審計及有關財政部、中央銀行、金融監督管理委員會、行政院主計總處掌理事項之議案。

　　（五）**教育及文化委員會**：審查教育、文化政策及有關教育部、文化部、國立故宮博物院、教育部青年發展署、教育部體育署、中央研究院、國家科學及技術委員會、行政院原子能委員會掌理事項之議案。

（六）**交通委員會**：審查交通、公共工程、通訊傳播政策及有關交通部、行政院公共工程委員會、國家通訊傳播委員會掌理事項之議案。

（七）**司法及法制委員會**：審查民事、刑事、行政訴訟、懲戒、大赦、機關組織、研考與有關法務部、國家發展委員會、行政院人事行政總處掌理事項及其他不屬於各委員會審查之議案；國營事業機構組織之議案應視其性質由有關委員會主持。

（八）**社會福利及衛生環境委員會**：審查衛生、環境、社會福利、勞工、消費者保護政策及有關衛生福利部、環境部、衛生福利部社會及家庭署、勞動部、行政院消費者保護處掌理事項之議案。

二、特種委員會

立法院組織法第10條第2項規定：「立法院於必要時，得增設特種委員會。」已設立者如下：

（一）程序委員會

程序委員會除了排定一般提案進入院會之議程外，法案經相關委員會審查後，並不直接由各委員會進入議事日程表，而仍由程序委員會進行特別處理，可見程序委員會的權力在於負責安排院會議程，此即其「交通警察」及「議場司閽」的角色。程序委員會的行動與否，一般就決定了法案是否被審議之命運，該委員會的主席對於該會業務的次序，享有廣泛的裁量權，大多數的情形下，該委員會如果不願確保某個法案依序接受審議而裁決，就等於是封殺了該法案。

立法院依立法院組織法第7條之授權訂定「立法院程序委員會組織規程」，成立程序委員會，為特種委員會之一，負責編列議事日程。該委員會置委員19人，由各政黨（團）依其在院會席次之比例分配之，但每一政黨（團）至少一人。該委員會置召集委員2人，由委員互選產生，開會時由召集委員輪流擔任主席。立法院程序委員會之職掌，依其組織規程第2條第1項之規定，有以下6款：

1. 關於各種提案手續是否完備，內容是否符合本院職權之審定。

2. 關於議案之合併、分類及次序之變更。

3. 關於政府提案、委員提案討論時間之分配。

4. 關於政黨質詢、立法委員個人質詢時間之分配。

5. 關於院會所交與議事程序有關問題之處理。

6. 關於人民請願文書、形式審核、移送、函復及通知之處理。

（二）紀律委員會

紀律委員會為立法院特種委員會之一，依立法院組織法第8條規定：「立法院設紀律委員會，其組織規程，另定之。」由立法院之各委員會召集委員組織之，其任務依立法委員行為法第27條第1項接受審議三種懲戒案：

1. 院會主席裁示交付之懲戒案件。

2. 院會議決交付之懲戒案件。

3. 委員會主席裁決移送院會議決交付之懲戒案件。

該會審議懲戒，依情節的輕重提報院會決定，得為下列之處分：

1. 口頭道歉。

2. 書面道歉。

3. 停止出席院會四次至八次。

4. 經出席院會委員三分之二以上同意，得予停權三個月至半年。

該會所為的處分，屬「初步決定」性質，最後尚須提報院會決定之。

（三）經費稽核委員會

依立法院組織法第10條第2項之規定而組織完成，其由立法院院會推舉9位委員組成者，由各政黨（政團）以在院會席次比例依保障少數政黨（政團）參與之原則，於每年首次會期經朝野協商後互推之。其任務乃對立法院經臨各費概算之編制提供意見，並對立法院經臨各費之收支按月稽考。為著稽考的必要，秘書長應將經臨各費之收支，按月向該會提出報告，而該會對於院內會計處及出納科帳簿得隨時調閱。

（四）修憲委員會

　　依立法院組織法第9條規定：「立法院依憲法增修條文第十二條之規定，得設修憲委員會，其組織規程，另定之。」依立法院修憲委員會組織規程之規定，本會委員為立法委員總額三分之一加一人，由各政黨（政團）依其院會席次比例分配，並依保障少數參與原則組成之；職掌憲法修正案之審議及與憲法相關之事宜；本會得設若干審查小組，負責議案之審查。

三、常設委員會與特種委員會之差異

　　（一）**事涉法案審議權有無之不同**：前者有法案審議權；後者則無，且修憲委員會有修憲審議權。

　　（二）**事涉預算審議權有無之不同**：前者有預算審議權；後者則無。

　　（三）**事涉法定職權行使明確與否之不同**：前者依各委員會組織法行使職權，法定職權較為明確；後者依概括授權設立或增立，職權較不明確。

　　（四）**事涉委員會組織成員之組合模式之不同**：前者以15人為上限，故前者每一委員只能參加一個；後者由委員會推派或由黨團按席次比例推派，可以重複參與。

　　（五）**事涉委員會與立法程序相關運作之不同**：前者按職權行使法及議事規則運作，程序較正式，且有固定幕僚協助；後者以審查內部事務為主，運作程序可自律決定，其幕僚均兼任。

四、委員會聯席會議

（一）聯席會議之決定

　　我國立法院院會交付委員會審查之議案包羅萬象，錯綜複雜，有些性質涉及府院及跨部會之相關事務，不宜由單一之委員會處理，故立法院程序委員會組織規程第5條第2項明定：「前項議案審查之分配其性質與其他委員會有關聯者，配由主持審查之委員會與有關委員會會同審查之。」

再者，立法院各委員會組織法第13條亦規定：「各委員會所議事項，有與其他委員會相關聯者，除由院會決定交付聯席審查外，得由召集委員報請院會決定與其他有關委員會開聯席會議。」

（二）聯席會議之召集

至於程序規定，依立法院各委員會組織法第14條規定，聯席會議，由主辦之委員會召集之。同法第15條規定，聯席會議之主席，由主辦之委員會召集委員擔任之。

五、全院委員會

（一）全院委員會之概念

全院委員會係為審查關係各常設委員會之事項，而由全體立法委員均參加之委員會，其法定人數與院會完全相同，依立法院組織法第4條規定，全院委員會主席由院長擔任，惟其仍是委員會之地位，對院會只有建議之權利，其審查結論尚須報告院會決議。

（二）全院委員會之任務

1. 行使人事同意權之審查：就依憲法規定而被提名人之資格及是否適任之相關事項進行審查，必要時通知被提名人列席說明。

2. 行政院移請覆議案之審查：就是否維持立法院原決議予以審查，審查時得邀請行政院院長列席說明。

3. 處理不信任案之審查：就是否通過對行政院院長之不信任案予以審查。

4. 追認緊急命令之審查：就是否同意總統所發布之緊急命令予以審查。

5. 提出總統副總統彈劾案之審查：就提議彈劾之事由予以審查，審查前先向有關機關調閱涉及事項之文件，審查時得邀請被彈劾人或指定之代理人列席說明、調查證據或傳喚證人。

6. 提出總統副總統罷免案之審查：就提議罷免理由予以審查，審查時應通知被提議罷免人提出答辯書，並得親自或指定代理人到場答辯。

7. 補選副總統案之審查：就副總統候選人之資格及是否適任之相關事項進行審查，審查時得通知候選人列席說明。

六、調閱委員會

經院會或委員會決議臨時成立者。立法院職權行使法第45條第1項：「立法院經院會決議，得設調閱委員會，或經委員會之決議，得設調閱專案小組，要求有關機關就特定議案涉及事項提供參考資料。」依此規定，立法院亦得為特別調閱或研究需要，依決議設置專案調閱委員會或調閱專案小組。

七、任務工作小組或特別監督委員會

此外，立法院依慣例亦可經院會同意設立類似任務編組之小組，例如兩岸事務因應對策小組、推動參加WTO立法計畫工作小組，此種小組由院長擔任召集人，其餘成員由各黨團按席次比例推派委員參加。又如於SARS期間而特別成立之嚴重急性呼吸道症候群防治及監督委員會。

參、立法院常設委員會之組織

一、委員會組成

依立法院各委員會組織法第3條規定：「立法院各委員會席次最少為十三席，最高不得超過十五席。」復依立法院各委員會組織法第3條之1規定：「每一委員以參加一委員會為限。各委員會於每年首次會期重新組成。」同法第3條之2規定：「未參加黨團或所參加黨團之院會席次比例於各委員會不足分配一席次之委員，應抽籤平均參加各委員會；其抽籤辦法另定之。」「前項院會席次，以每屆宣誓就職之委員數計之；如有異動，於每年首次會期開議日重計之。」再者，依同法第3條之3第1項規定：「各黨團在各委員會席次，依政黨比例分配。……」

二、召集委員

依立法院各委員會組織法第3條之4規定：「立法院各委員會置召集委員二人，由各委員會委員於每會期互選產生；其選舉辦法另定之。」

三、會議召集

依立法院各委員會組織法第5條之規定：「各委員會會議，於院會日期之外，由召集委員會隨時召集之。各委員會三分之一以上之委員，得以書面記明討論之議案及理由，提請召開委員會議。召集委員應於收到書面後十五日內定期召集會議。」

四、會議法定人數

依立法院各委員會組織法第6條之規定：「各委員會會議須有各該委員會委員三分之一出席，方得開會。」

五、會議主席

依立法院各委員會組織法第4條之規定：「各委員會會議，以召集委員一人為主席，由各召集委員輪流擔任。但同一議案，得由一人連續擔任主席。」

六、委員會議程

依立法院各委員會組織法第4條之1規定：「各委員會之議程，應由輪值召集委員決定之。」另同法第6條之1復規定：「各委員會召集委員，應於每會期共同邀請各該委員會委員擬定該會期之立法計畫。必要時，得邀請相關院、部、會人員列席說明。」

七、會議決議

依立法院各委員會組織法第10條之規定：「各委員會之議事，以出席委員過半數之同意決之；可否同數時，取決於主席。但在場出席委員不足三人者，不得議決。」

第三節　立法院常設委員會之職權及運作

壹、常設委員會之職權及程序

一、聽取業務報告與質詢

（一）聽取業務報告及質詢

依立法院各委員會組織法第2條之規定，各委員會得於每會期開始時，邀請相關部會首長到會作業務報告，並備質詢。

前揭條文明定「於每會期開始時」，但實務上，聽取業務報告及質詢之會議並未局限於會期初及多少次數，故各委員會常以業務報告之名，行專案報告及質詢之實。

（二）聽取專案報告及質詢

依立法院議事規則第9條第2項之規定，委員所提臨時提案，其旨趣如屬邀請機關首長報告案者，由主席裁決交相關委員會。但實務上，立法院已默許各委員會召集委員以瞭解時事問題為由，得自行邀請相關部會首長率所屬官員到會專案報告並備質詢，而不必以臨時提案經院會主席裁決交付始予發動。此種專案報告及質詢與前述業務報告及質詢之界線，目前乃然模糊，而未予釐清。

二、法律案審查

（一）概說

立法院處理法律案，係依據立法院職權行使法第8條之規定，除逕付

二讀者外，必先經有關委員會審查後再提報院會討論。所謂審查，即是就法律制定或修正案內容是否符合時宜性、客觀性、實效性及公平正義等原則先行研究，並得出結論之意。

（二）委員會審查法律案之程序

1. 聽取議案旨趣說明與詢答

由提案機關或提案委員先就法案之立法意旨或修正要旨說明與備詢，此說明的目的，就提案機關言，其政策之表現，必須藉形成法律案，乃得落實而有效執行。因此，恆須就立法政策與審查委員進行廣泛討論與溝通，使審查委員能接受法案內容；就個別提案委員言，其說明乃在使審查委員瞭解立法或修法背景，從而獲得支持。

2. 逐條審查

聽取法案旨趣說明並經過詢問後，則進入逐條討論，即逐條討論條文的修正案，研擬文字的潤飾，添加新的條項和用語，或刪除部分的條文，最後提出審查報告之過程。

3. 對不須再交黨團協商聲明不同意者之院會異議權

(1) 為配合黨團協商制度之改革，立法院各委員會組織法第10條之1規定：「各委員會於議案審查完畢後，應就該議案應否交由黨團協商，予以議決。」準此，若委員會委員認為其審畢議案爭議不大，原則上可不經黨團協商而直接進入二讀會。

(2) 惟為保障出席委員就委員會之決議有表示不同意之機會，故賦予當場聲明不同意者，得於院會提出異議之機會，乃於同法第10條之2明定：「出席委員對於委員會之決議當場聲明不同意者，得於院會依立法院職權行使法第六十八條第二項提出異議。但缺席委員及出席而未當場聲明不同意者，不得異議，亦不得參與異議之連署或附議。」

(3) 按立法院職權行使法第68條第2項即規定，立法院院會於審議不須黨團協商之議案時，如有出席委員提出異議，10人以上連署或附議，該議案即交黨團協商。

4. 提出審查報告並指定院會說明人

即接受大會交付法案的委員會主席，審查完畢之後，向大會報告其審查經過與建議，並將法案送返大會討論，其目的在說服大會表決時支持委員會的結論與建議，因此，審查報告乃是委員會將其決定傳達於全院的主要正式手段。

立法院各委員會組織法第11條乃明定：「各委員會審查議案之經過及決議，應以書面提報院會討論，並由決議時之主席或推定委員一人向院會說明。」（實務上為審查該案之召集委員）。

三、預算案審查

（一）預算案審查之程序

1. 總預算案交付財政委員會依分配表分送各委員會

總預算案交付財政委員會依分配表及日程將預算書分送各委員會分別審查。

2. 各常設委員會分別審查

各委員會審查總預算案時，得邀請有關機關首長列席報告、備詢及提供有關資料，並進行詢答、處理。有關外交、國防機密部分，以秘密會議行之。

3. 財政委員會彙整總報告

各委員會審查總預算案完竣後，應將審查報告函送財政委員會彙總整理，並將年度總預算案審查總報告提報院會。

（二）預算案審查之限制

1. 不得為支出增加之提議

憲法第70條規定：「立法院對行政院所提預算案，不得為增加支出之提議。」

2. 不得移動或增減原預算之項目

司法院大法官釋字第391號解釋謂：「預算案與法律案性質不同，尚

不得比照審議法律案之方式逐條逐句增刪修改，而對各機關所編列預算之
數額，在款項目節間移動增減並追加或削減原預算之項目。蓋就被移動增
加或追加原預算之項目言，要難謂非上開憲法所提增加支出提案之一種，
復涉及施政計畫內容之變動與調整，易導致政策成敗無所歸屬，責任政治
難以建立，有違行政權與立法權分立，各本所司之制衡原理，應為憲法所
不許。」

四、文件調閱之處理

（一）國會調查權之概念

因立法決策主要須具有理性，立法離不開正確資料，故立法調查權的
運作，係行使立法權、預算審議權、人事同意權、國家重要事項議決權
等，所須先行蒐集資訊、瞭解民意，藉以作出適當決策的手段。立法調查
權也是國會立法權之附帶權或蘊含權。

（二）國會調查權之功能

1. 輔助立法

國會在開始一個立法程序的初期，必須倚賴調查行動以便自行政部門
及外界的專家獲得所需的資料。如果法案是由國會議員發起的，則由提案
的相關委員會委員出面組成，進行調查行動至為必要。

2. 監督行政計畫的執行

調查是監督程序的一環，也是國會行使憲法職權的工具，故以立法為
主的委員會有義務透過調查，持續地瞭解和監督其主管事務範圍內的政府
部門及其活動；其次，對行政部門的失職或弊端進行調查，以作為彈劾或
移付懲戒的依據，此外，國會也接受民眾的申訴而進行調查，以矯正某些
行政上的偏差措施。

3. 告知和教育大眾

國會對公眾的告知功能遠比其在立法上的功能重要，因為當國會進行
調查時，根據議事公開原則，可在聽證會中，對於與調查目的有關之

實，對被調查人廣加詢問，旁徵博引，透過大眾傳播媒體之報導，可達到告知公眾現存的問題及爭議，並回應來自公眾的意見，作為建設性的評論及建議，如此可達到報導及教育功能，同時也呼應了國民知的權利之要求。

（三）立法院行使文件調閱權之法源

(1) 司法院大法官釋字第325號解釋： 立法院自得行使文件調閱權，嗣於立法院職權行使法明定第八章「文件調閱之處理」，相關條文共9條。

(2) 司法院大法官釋字第585號解釋： 賦予立法調查權，並開宗明義謂：「立法院為有效行使憲法所賦予之立法職權，本其固有之權能自得享有一定之調查權，主動獲取行使職權所需之相關資訊，俾能充分思辨，審慎決定，以善盡民意機關之職責，發揮權力分立與制衡之機能。立法院調查權乃立法院行使其憲法職權所必要之輔助性權力。」

前揭釋字第585號解釋雖賦予立法調查權，惟尚待於立法院職權行使法增修立法調查章之條文後才能實施。

（四）文件調閱權與立法調查權之區別

1. 調查方法不同

文件調閱權，顧名思義，重在索取書面資料，且只能看不能問，可見，文件調閱查只是調查權的形式之一；而立法調查權之方法，包括文件調閱權、要求出席作證或陳述意見，與委任非立法委員之人員（組織）進行調查，可謂非常完整，不僅能看又能問。

2. 制裁抗拒者之方式不同

因立法調查權具有準司法性質，故對抗拒調查之人員得直接處以罰鍰，加以制裁；而行使文件調閱權時，對於抗拒文件調閱者，僅能移送監察院糾彈。

（五）文件調閱權行使之程序

1. 調閱權行使之要件

調閱權是立法院的職權，非立法委員個人所得行使，其行使要件有

二：(1)有待審議之特定議案存在；(2)經院會或委員會之決議。惟決議時應注意考量其是否「仍有不明瞭」或「必要時」等因素。

2. 調閱主體

經院會決議設立之「調閱委員會」，或經委員會決議設立之「調閱專案小組」。

3. 調閱主體設立時間之限制

調閱委員會或調閱專案小組之設立，均應於立法院會期中為之。惟其調閱文件之時間若僅限於會期，將無法充分發揮文件調閱之功能，爰於但書中規定，調閱文件之時間不在此限。

4. 受調閱機關同意調閱之處理

(1) 受要求調閱文件之機關除依法律或其他正當理由得拒絕外，應於5日內提供之。

(2) 被調閱文件之機關在調閱期間，應指派專人將調閱之文件送達立法院指定場所，以供查閱，並負保管責任。

5. 受調閱機關拒絕調閱之處理

(1) 依法律或其他正當理由得拒絕時，應提出法律依據或正當理由。

(2) 相關資料或文件原本業經司法機關或監察機關先為調取時，應敘明理由，並提供複本，如有正當理由，無法提供複本者，應提出已被他機關調取之證明。

6. 拒絕調閱之責任

政府機關或公務人員違反本法規定，於立法院調閱文件時拒絕、拖延或隱匿不提供者，得經立法院院會之決議，將其移送監察院依法提出糾正、糾舉或彈劾。

7. 實施查閱之限制

(1) 法院所調取之文件，限由各該調閱委員會、調閱專案小組之委員或院長指派之專業人員親自查閱之。

(2) 前項查閱人員，對機密文件不得抄錄、攝影、影印、誦讀、錄音

或為其他複製行為，亦不得將文件攜離查閱場所。

(3) 文件調閱之調閱報告書及處理意見未提出前，其工作人員、專業人員、保管人員或查閱人員負有保密之義務，不得對文件內容或處理情形予以揭露。但涉及外交、國防或其他依法令應秘密事項者，於調閱報告及處理意見提出後，仍應依相關法令規定保密，並依秘密會議處理之。

8. 調閱之法律效果

(1) 調閱委員會或調閱專案小組應於文件調閱處理終結後20日內，分向院會或委員會提出調閱報告及處理意見，作為處理該特定議案之依據。

(2) 調閱委員會或調閱專案小組未提出調閱報告書及處理意見前，院會或委員會對該特定議案不得為最後之決議。但已逾院會或各該委員會議決之時限者，不在此限。

(3) 前項調閱專案小組之調閱報告書及處理意見，應經該委員會議決後提報院會處理。

五、公聽會之舉行

（一）公聽會之概念

國會所舉辦之「聽證會」，在英美稱為「Legislative Hearing」，而我國立法院職權行使法採用非正式之聽證程序，則稱之為「公聽會」。事實上，聽證較為正式且富司法色彩，有言詞辯論；而公聽會係委員會為審查院會交付之議案，邀請專家學者、利害關係團體代表、政府代表等陳述意見，以利集思廣益之程序。公聽會不一定有言詞辯論，故與聽證仍有區別。

（二）國會聽證之類別

世界各民主國家國會所舉行之聽證，得因政策、政治或程序之考慮，及適用範圍之不同，約略分為四種如下：

1. 立法性聽證（legislative hearings）

又稱為「諮詢性聽證」，由主席與少數黨資深委員共同決定出席聽證人士，秉持均衡原則，由議案正反利害關係人、政府官員或團體代表，並

邀請學者專家提供意見，俾使議案審查能面面俱到，及彌補議員專業知識之不足。

2. 調查性聽證（investigative hearings）

主要針對特別事件而設立，由同會某一常設委員會或臨時組成的特別委員會主持，廣泛召集與該事件有關人士出席作證與備詢，所有被要求出席聽證者不得拒絕，否則可以強迫到案，或以藐視國會調查權依法論罪。

3. 監督性聽證（oversight hearings）

國會係政府各部門政策執行之監督者，為扮演此一角色須依賴監督性聽證來作「事實發現」（fact finding）之形式，亦即以「立法詢問」（legislative inquiry）之手段來達成監督權之目的。

4. 認可性聽證（confirmation hearings）

總統提名部會首長、大法官、大使人選後，應經國會之同意，國會行使此種人事同意權時，即先由其相關常設委員會舉行認可聽證，以審查其資格與能力是否勝任該職位，採一問一答方式詢問其專業知識、政策理念或未來計畫等。必要時，可邀請相關證人到會說明，以便瞭解被提名人之學識、能力、品德等事項。

（三）法案聽證在立法程序中的作用

1. 發現事實

因為聽證時，有主管機關的代表、利害關係人、專家學者或公共團體的代表等各種人，從各種觀點來表達意見或提出質疑。如此不但可使利益的表白制度化及利益衝突的理性化，而且能集思廣益，博採周諮，使法案內容更為妥當，更為合理可行，故聽證是事實發現的主要手段。

2. 政治溝通

政府民主化的途徑，政治溝通為其中之一。蓋能使政府與人民的意見溝通，才可增進民主意識，消弭誤會，消除歧見，加強團結，而法案聽證，就是政治溝通的任務，經由這種途徑，蒐集民意或使民意得以表達，得以匯集，從而判斷民意。

3. 認識和協調社會利益

立法是分配和合理配置權利和義務的一種國家活動，並以法律通過對利益的調整，實現對社會的控制。為了全面正確認識各種公共利益，及界定、分配和協調有關的利益，建立法案聽證制度，可以公共和理性的溝通途徑來化解衝突，尤其賦予利害關係人參與表示意見的機會，使人民能直接參與決策機制。

4. 立法宣傳並教育公民

聽證活動也是一種宣傳管道，亦即可使專家學者就一項問題作深入而切實的分析與陳述，對立法者、行政官員以及社會大眾，都會產生一定的教育功能。公民也可藉傳播媒體瞭解到擬議立法政策的內容及其可能產生的後果，而且可以學到正當法律程序與知的權利等公法知識，堅定人民之民主信念。

5. 緩和社會緊張情緒

法案或重大政策問題往往牽涉到社會的利害衝突，而立法主體可藉聽證的舉行，使反對者感受到尊重，及瞭解其他不同社會上意見，然後加以折衷調和，減少政治衝突。另一方面社會上主張不同利益的個人、團體，可利用公開的聽證，來表達他們的要求、質疑，或者宣洩他們的怨憤，這有助於緩和社會緊張情緒。由此可見，聽證不僅具有「安全瓣」（safety valve）的功能。並可進而引發民眾支持，故有論者認為聽證是政治藝術的運用。

6. 衡量政治態度

法案聽證尚可用來評估某個法案贊成或反對的強度，測試某位行政官員的能力，突顯那些具有政治野心的委員會主席及成員的角色。因為委員往往藉著聽證會中對兩種力量的估計以及可能在政治利益上造成的得失，表示自己的政治態度。

（四）立法院委員會舉行公聽會之規定

立法院職權行使法第九章「委員會公聽會之舉行」，明定舉行公聽會

之事項：

1. 公聽會之法源

公聽會之法源，一般均以憲法第67條第2項：「各種委員會得邀請政府人員及社會上有關係人員到會備詢」規定為據。立法院職權行使法第54條前段亦明定：「各委員會為審查院會交付之議案，得依憲法第六十七條第二項之規定舉行公聽會。」另立法院各委員會組織法第8條亦規定：「各委員會開會時，應邀列席人員，得就所詢事項說明或發表意見。」

2. 公聽會之舉行要件

(1) 須為立法院各委員會為審查院會交付之議案。

(2) 須非涉及外交、國防或其他依法令不得公開之事項。

3. 舉行公聽會之程序

(1) 公聽會之程序發動：具備下述二發動程序之一者均得舉行公聽會：A.由輪值召集委員本於議程之排定權主動安排；B.為被動安排，亦即經委員會全體委員三分之一以上之連署，而於會議中以動議方式提出再經議決通過。

(2) 主持人：公聽會以各委員會召集委員為主席。

(3) 出席人員：應依正反意見之相當比例邀請政府人員及社會上有關係人員出席表達意見，並以不超過15人為原則；其人選由各委員會決定之，應邀出席人員非有正當理由，不得拒絕出席。

(4) 公聽會資料之送達與通知：舉行公聽會之委員會，應於開會日日前，將開會通知、議程等相關資料，以書面送達出席人員，並請其提供口頭或書面意見。同一議案舉行多次公聽會時，得由公聽會主席於會中宣告下次舉行日期，不受5日之限制，但仍應發出書面通知。

(5) 公聽會報告書之提出：委員會應於公聽會終結後10日內，依出席者所提供之正、反意見提出公聽會報告，送交本院全體委員及出席者。

(6) 公聽會報告書之效力：公聽會報告作為審查該特定議案之參考。

六、行政命令審查

（一）行政命令審查之概念

我國中央法規標準法第7條規定：「各機關依其法定職權或基於法律授權訂定之命令，應視其性質分別下達或發布，並即送立法院。」復按立法院職權行使法第60條第1項規定：「各機關依其法定職權或基於法律授權訂定之命令送達立法院後，應提報立法院會議。」由此可見，行政命令原則上，係課予各機關單純送置立法院義務。

（二）國會對行政命令之審查方式

1. 課予單純送置義務（消極監督）

行政機關將已發布生效之行政命令函送立法院查照即可，僅屬備查性質，是否函送立法院查照，對行政命令之效力沒有影響。

「查照」即陳報立法院知悉之意。此種審查為事後的消極監督，如立法院未將該行政命令查照案改交有關委員會審查，即屬予以備查。

2. 廢棄請求權之保留（鎮壓監督）

行政命令於發布生效後送置立法機關審查，立法機關保留嗣後請求行政機關廢棄命令之權，然若立法機關超過期限而未有廢棄該命令之請求，則此一廢棄請求權消滅，以後不得再提起。

3. 立法追認

(1) 緊急命令之追認

針對總統基於憲法所發布緊急命令，而依憲法規定之追認。

(2) 普通行政命令之追認

對於一般之行政命令之監督，即立法院於某些法律中明定，其授權訂定之命令於發布後，於一定期間送請立法院追認，如立法院不同意追認，該命令立即失其效力，如管理外匯條例第26條之1等。

4. 同意權之保留

立法院於某些法律中規定，其授權訂定之命令於訂定後，應先送至立法院，俟該院同意後，始得發布生效。亦即雙方對行政命令之內容在意見

上是一致的，才能生效（應整體接受或不接受，不可部分同意、部分不同意）。除使用「同意」二字外，尚有核備、審定、審議、決議等用語，如水土保持法第21條、國營事業管理法第10條等。

（三）我國立法院對行政命令審查程序

1.院會依程序委員會所擬意見初審

(1) 無異議：照程序委員會意見。即會作成決定交有關委員會查照。

(2) 有異議：透過表決方式決定是否交付相關常設委員會審查。即將「查照案」改為「審查案」。

2.常設委員會審查

如經立法院院會決定交付有關委員會審查，其交付之方式，可能僅交由單一委員會審查，亦可能交付二個以上之委員會聯席審查，倘為聯席審查的案件，則被列名在前之委員會，即為主審委員會，應負責召集會議，主審委員會之召集委員並為聯席會議之主席，審查時雖非審查會委員，亦得列席審查，唯一不同者，即非審查會委員，不得就議案為程序發言及無表決權。

行政命令之生效，通常以發布後即行生效。為免受立法院審查影響而處於猶豫狀態，故應規定審查之時程，以安定法規之秩序，並有效減除委員會之積案。故立法院職權行使法第61條乃規定：「各委員會審查行政命令，應於院會交付審查後三個月內完成之；逾期未完成者，視為已經審查。但有特殊情形者，得經院會同意後展延；展延以一次為限。前項期間，應扣除休會期日。」

(1) 審查程序：決定議程、召開會議邀請相關部會首長列席、提出質詢、進入討論程序、審查決議。

(2) 審查重點：

A.形式：體例、格式、法定程序提出、擬定過程是否合法。

B.實質：

(A)行政命令有無違反、變更或牴觸法律者。

(B)行政命令有無應以法律規定之事項，而以命令規定者。

(3) 審查期限：應於院會交付審查後3個月內完成。有特殊情形者，經院會同意後展延，展延以一次為限。

3. 審查後之處理

行政命令經審查後，其處理結果有三種情況如下：

(1) 備查：逾3個月未完成審查，或審查後認為無違法之情形，即准予備查。

(2) 更正：審查後，如認有違法之情形，經報告院會經議決後通知原發布機關予以更正。

(3) 廢止：審查後，如認有違法之情形，亦可報告院會經議決後，通知原發布機關予以廢止。

經通知更正或廢止之命令，原訂頒機關應於2個月內更正或廢止；逾期未為更正或廢止時，該命令失效。

七、請願文書審查

（一）請願與遊說之概念

1. 請願之概念

憲法第16條人民有請願之權之規定，以確保人民請願的權益。也就是說，人民對國家政策、公共利益或個人權益之維護，可向其所屬之民意機關或主管該事項之行政機關，以書面請求作為或不作為，要求政府採納或請求救濟，以達人民的願望，這種權利，就是請願權。

2. 遊說之概念

遊說屬於憲法保障請願權之一種方式。亦即，遊說本質是一種正當合法的政治參與管道，故受到憲法和法律之支持。我國已制定遊說法為立法遊說之依據。

立法遊說具有補充國會按地域劃分代表利益缺陷之功能。

（二）立法院收受人民請願文書

1. 秘書處收受請願文書後，應即送程序委員會。

2. 各委員會收受請願文書後，應即送秘書處收文。

3. 立法院會議時，請願人面遞請願文書，由有關委員會召集委員代表接受，並於接見後，交秘書處收文。

4. 請願人向立法院集體請願，面遞請願文書有所陳述時，由院長指定之人員接見其代表。

（三）請願案件之審查

1. 程序委員會初步審查程序

(1) 請願文書內容明顯非屬立法職權事項，程序委員會應逕行移送權責機關處理。

(2) 其屬單純之行政事項，得不交審查而逕行函覆，或委託相關委員會函覆。

(3) 如顯有請願法第3條（人民請願事項，不得牴觸憲法或干預審判）、第4條（人民對於依法應提起訴訟或訴願之事項，不得請願）規定情事，依法不得請願，由程序委員會通知請願人。

2. 常設委員會審查程序

(1) 審查時得先函請相關部會於1個月內查覆。

(2) 必要時得派員先行瞭解，或通知請願人到會說明，說明後應即退席。

(3) 請願人得要求撤回。為顧及人民向立法院提出請願書後，若因事實演變，其請願內容需要重新考慮另作決定時，在請願文書審查未有結果前，原請願人得撤回之。

（四）請願案件審查結果之處理

1. 認為應成為議案者

請願文書經審查結果成為議案者，由程序委員會列入討論事項，經大體討論後，議決交付審查或逕付二讀或不予審議。

2. 認為不應成為議案者

請願文書經審查結果不成為議案者，應敘明理由及處理經過，送由程

予委員會報請院會存查，並通知請願人。但有出席委員提議，15人以上連署或附議，經表決通過，仍得成為議案。

貳、常設委員會與黨團協商之關係

一、概說

　　按立法院職權行使法第68條之規定，各委員會審查議案遇有爭議時，主席得裁決進行協商。立法實務上，因立法院各常設委員會係以政黨比例分配各黨團參加席次，故協商時一般均有各黨團成員參與。此外，依立法院各委員會組織法第10條之1規定，各委員會於議案審查完畢後，應就該議案應否交由黨團協商，予以議決。其後續處理情形有二如下：（一）如議決「須經協商」，則由程序委員會分案交由主審委員會召集委員所屬黨團負責召集進行院會議案黨團協商；（二）如議決「不須協商」，則由程序委員會以同意議程處理，逕付二讀會審議。二讀會程序時，依立法院職權行使法第68條第2項規定：「立法院院會於審議不須黨團協商之議案時，如有出席委員提出異議，十人以上連署或附議，該議案即交黨團協商。」換言之，不須協商之議案，得經異議後再交回協商途徑，以資調整或補救。

二、完成委員會審查之議案列入院會流程圖

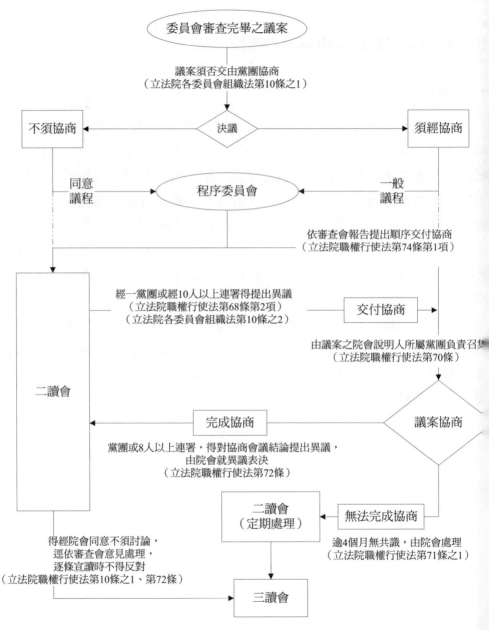

考古題

1. 何謂立法調查權？民國九十三年十二月十五日司法院釋字第五八五號解釋對此部分作何解釋？試分別加以說明。（94高考三）

2. 試就立法院職權行使法行政命令之審查專章規定，分述我國行政命令之審查程序及處理方法。（95高考三）

3. 行政機關函請立法院查照之行政命令，如經立法院院會決定交付有關委員會審查，其審查重點、期限及審查後處理情形各如何？試分別說明之。（96地方特）

4. 立法院有關人民請願文書（案）之審查程序為何？請分就其形式審查及實質審查之規定加以說明；並分析各委員會審查人民請願文書（案），常流於形式之原因。（96高考三）

5. 試述立法院常設委員會審查法律案的流程。（97高考三）

6. 關於立法院對行政命令之審查，中央法規標準法與立法院職權行使法之規範設計，具有何種差異性？（99高考三）

7. 立法院常設委員會召集委員在法案審議過程中具有相當的影響力，請依立法院相關規定，分別說明常設委員會召集委員的產生及其職權。（100地方特）

第一節　聽取施政報告及質詢

壹、聽取施政報告及質詢權之概念

依憲法增修條文第3條第2項第1款規定：「行政院有向立法院提出施政方針及施政報告之責。立法委員在開會時，有向行政院院長及行政院各部會首長質詢之權。」即行政院對立法院負責，其向立法院提出施政方針及施政報告，即為行政院之責任，不能拒絕。

所謂「施政方針」，乃事前之施政說明，指行政院院長就職時或每一年度施政之主要計畫與方向，包括國家建設之整體指標。而所謂「施政報告」，乃事後之說明，即行政院院長將該一年度之施政經過及其結果，提出解說。

此外，如遇國家有重要事項時，或施政方針變更時，行政院應向立法院報告，並備質詢。質詢權是國會議員主要監督政府之手段，亦屬於國會議員個別之憲法上權利。

貳、邀請備詢之概念

一、邀請備詢之法源

依憲法第67條第2項：「各種委員會得邀請政府人員及社會上有關係人員到會備詢。」及立法院各委員會組織法第8條：「各委員會開會時，得邀列席人員，得就所詢事項說明事實或發表意見。」可知，「邀請備詢」屬於各種委員會取得有關立法資料之權力。

二、質詢與邀請備詢之比較

　　質詢與備詢仍有程度上之不同，質詢包含質問及詢問二種方法，是國會用以監督政府之重要權力。所謂質問，即帶有非難、批判是非之意；而詢問則為諮詢性質，旨在請教以明事實真相。

　　質詢具有取得資訊、督導政府施政、溝通政府與民意等功用。而備詢就政府人員而言，為備質詢與備諮詢二者之總稱。其比較如表13-1。

表13-1　備質詢與備諮詢之比較表

	質　詢	諮　詢	
對　象	政府人員	政府人員 社會人士	審計長 政府人員
質詢人與 被質詢人關係	對立、衝突	協同、合作	協同、合作
內容範圍	施政報告 施政方針 其他（行政）事項	立法之參考 監督政府之參考	決算審核報告 監督政府之參考 （瞭解預算之實施）
動機與意圖	責難、非難	探明事實真相	探明事實真相
依　據	憲法第57條 憲法增修條文第3條	憲法第67條	憲法第105條 審計法第34條 立法院職權行使法第28條第3項及第4項（決算法第27條第2項）

三、邀請備詢與其他職權之區辨

（一）邀請備詢與公聽會

　　依憲法第67條第2項規定，各委員會得邀請政府人員及社會上有關人員到會備詢。而立法院職權行使法第54條亦明定，各委員會為審查會交付之議案，得依憲法第67條第2項之規定舉行公聽會。可見邀集備詢與公聽會，兩者之法源完全相同。至於其不同之處，乃邀請備詢範圍較廣義，包括質詢、諮詢、黨團協商及公聽會等，而公聽會為備詢方式之一。

（二）邀請備詢與立法調查

　　立法調查乃是國會獲取資訊與進行監督最重要與最普遍的手段，調查權以授予委員會行使為限，但休會時亦得繼續進行。調查方式則包括調閱相關文件、資訊、證人和關係人，必要時舉行調查聽證會，並要求政府人員列席提出說明等。由此可見，立法調查權之方式，包括了備詢在內。惟我國現行立法院僅行使文件調閱權，這也是立法院逐漸以要求備詢、索取資料等手段來達到變相調查之原因。

參、立法院邀請備詢制度之種類

一、正式之邀請備詢

（一）院會之備質詢

1. 施政方針及施政報告之質詢

　　有關聽取報告質詢相關程序，分列於第肆部分之標題一中。

2. 總預算案編製經過之質詢

　　(1) 依預算法第48條之規定，立法院審議總預算案時，由行政院院長、主計長及財政部長列席，分別報告施政計畫及歲入、歲出預算編製之經過。又依中央政府總預算案審查程序第2條第2項規定，前述首長報告後，立法委員得就施政計畫及關於預算上一般重要事項提出質詢。

　　(2) 質詢之登記及詢答方式，則依立法院職權行使法第28條第1項及第2項規定，行政院向立法院提出預算案編製經過報告之質詢，應於報告當日登記，詢答時間不得逾15分鐘；總預算案之質詢仍以即問即答方式為之。但經質詢委員同意，得採綜合答復，而未及答覆部分，依該條第3項之規定，應於20日內以書面答復，內容牽涉過廣者，得延長5日。

3. 總決算審核報告之諮詢（質詢）

　　依憲法第105條及決算法第26條之規定，審計長對中央政府總決算達後3個月內完成其審核，編造最終審定數額表，並提出審核報告於立院。又依決算法第27條第2項規定：「立法院審議時，審計長應答覆質

詢，並提供資料；對原編造決算之機關，於必要時，亦得通知其列席備
詢，或提供資料。」

（二）委員會之備詢

1. 業務報告之備質詢

依立法院各委員會組織法第2條之規定，各委員會得於每會期開始
後，邀請相關部會首長到會作業務報告，並備質詢。

2. 專案報告之備質詢

依立法院議事規則第9條第2項之規定，委員所提臨時提案，其旨趣
係屬邀請機關首長報告者，由主席裁決交相關委員會。是以相關部會首長
得至相關委員會作專案報告，並備質詢。

實務上，各委員會常以業務報告之名，行專案報告之實。專案報告與
前述業務報告之界線，目前仍未予釐清。

3. 法律、預算案等議案審查時之詢問

法律、預算等議案之審查程序，通常第一步驟係由提案機關或提案委
員先就議案之立法意旨或修正要旨說明與備詢，此說明的目的，就提案機
關言，其政策之表現，必須藉形成法律案，乃得落實而有效執行。因此
恆須就立法政策與審查委員溝通，使審查委員能接受法案內容；就個別提
案委員言，其說明乃在審查委員瞭解立法會修法背景，從而獲得支持。

4. 調閱委員會調閱文件時之詢問

依立法院職權行使法第45條「立法院經院會決議，得設調閱委員
會，或經委員會之決議，得設調閱專案小組，要求有關機關就特定議案涉
及事項提供參考資料」之規定，所設之調閱委員會或調閱專案小組，為有
效施行其調閱權，往往自行訂定該委員會或小組之運作要點，並於要點中
規定，必要時得求相關部會人員到會接受詢問，以瞭解所調閱文件中尚有
疑問之內容。

二、非正式之備詢

非正式之備詢是指非法制規範下，由黨團、次級問政團體或立委個人邀請之備詢，茲分述如下：

（一）黨團舉辦之早餐會或座談會

自立法院職權行使法明定黨團協商制度後，黨團地位不斷提升，其活動亦逐漸趨於積極活躍，其中最顯著的發展就是各黨團利用時事議題或揭發弊端為名，假黨團辦公室或立法院會議室借舉行各種會議，如座談會、早餐會、記者會等，並邀請政府人員列席說明，就特定事項說明並備詢，以進行爭取新聞曝光的機會。此種會議均係依各該黨團組織運作等內部自律規範辦理。

（二）次級問政團體或立法委員個人舉辦之座談會

此種次級問政團體或立法委員個人舉辦之座談會，係在立法院常設委員會外舉行，但借用立法院院區會議室，外觀很像是立法院之立法活動之一，但其實並無法令依據，一般均運用立法委員之「政治力」或私交情誼，邀請政府官員、學者專家、社會團體或利害關係人代表參與，雖名為「公聽會」，但實際上只是一種「座談會」，因其為非正式之會議，舉辦之問政團體或委員個人須支付一切費用，且所得紀錄並無拘束力，亦未列入立法院公報刊登。

肆、聽取施政報告與質詢之程序

一、行政院提出施政報告之時機

（一）每年施政方針及每半年例行施政報告

1. 行政院應於每年2月1日以前，將該年施政方針及上年7月至12月之施政報告印送全體立法委員，並由行政院院長於2月底前提出報告。

2. 行政院應於每年9月1日以前，將該年1月至6月之施政報告印送全體立法委員，並由行政院院長於9月底前提出報告。

（二）新任行政院院長施政方針報告

　　新任行政院院長應於就職後兩周內，向立法院提出施政方針之報告，並於報告日前3日將書面報告印送全體立法委員。

（三）其他重要事項發生或施政方針變更之報告

　　1. 依立法院職權行使法第17條規定，行政院遇有重要事項發生，或施政方針變更時，行政院院長或有關部會首長應向立法院院會提出報告，並備質詢。前項情事發生時，如有立法委員提議，15人以上連署或附議，經院會議決，亦得邀請行政院院長或有關部會首長向立法院院會報告，並備質詢。

　　2. 根據司法院大法官釋字第520號解釋理由指明，所謂「重要事項發生」，即係發生憲法第63條之國家重要事項而言，所謂「施政方針變更」，則包括政黨輪替後重要政策改變在內。遇此情形則須由行政院院長或有關部會首長向立法院院會提出報告並備質詢，上開報告因情況緊急或不能於事前預知者外，均應於事前為之。

二、質詢方式

　　依立法院職權行使法第18條規定，立法委員對於行政院院長及各部會首長之施政方針、施政報告及其他事項，得提出口頭或書面質詢。前項口頭質詢分為政黨質詢及立法委員個人質詢，均以即問即答方式為之，並得採用聯合質詢。但其人數不得超過3人。茲就政黨質詢與委員個人質詢分述如下：

（一）政黨質詢

　　1. 政黨質詢先於個人質詢進行。

　　2. 每一政黨黨團提出人數乘以30分鐘行之。但其人數不得逾該黨團人數二分之一。

　　3. 前項參加政黨質詢之委員名單，由各政黨於行政院院長施政報告前一日向秘書長提出。

4. 代表政黨質詢之立法委員，不得提出個人質詢。

5. 政黨質詢時，行政院院長及各部會首長皆應列席備詢。

（二）委員個人質詢

1. 立法委員個人質詢應依各委員會之種類，以議題分組方式進行，行政院院長及與議題相關之部會首長應列席備詢。

2. 議題分組進行質詢，依立法院組織法第10條第1項所列內政、外交及國防、經濟、財政、教育及文化、交通、司法及法制、社會福利及衛生環境委員會之順序。但有委員15人連署，經議決後得變更議題順序。

3. 立法委員個人質詢，以二議題為限，詢答時間合計不得逾30分鐘。如以二議題進行時，各議題不得逾15分鐘。

三、行使質詢權應注意之事項

（一）質詢登記

依立法院職權行使法第21條第1項：「施政方針及施政報告之質詢，於每會期集會委員報到日起至開議後七日內登記之」之規定，每會期集會委員報到日起至開議後7日內，登記施政方針及施政報告之質詢。但參加政黨質詢之委員，依同法第19條第2項之規定，由各政黨於行政院院長施政報告前1日向秘書長提出質詢名單。依第21條第2項之規定，立法委員應將其質詢要旨，以書面於質詢前2日送交議事處，轉知行政院；如遇有重大突發事件，應於質詢前2小時提出。委員如採用聯合質詢，應併附親自簽名之同意書面。

（二）質詢限制

依立法院職權行使法第21條第3項之規定，已質詢委員，不得再登記口頭質詢；同法第24條規定，質詢之提出，以說明其所質詢之主旨為限。質詢人違反規定者，主席得予制止；同法第25條規定，質詢之答覆，不得超過質詢範圍之外。被質詢人除為避免國防、外交明顯立即之危害或依法應秘密之事項者外，不得拒絕答覆。被質詢人違反規定者，主席

得予制止。

又依同法第27條規定，質詢事項不得作為討論之議題。惟此僅係議程進行至質詢事項階段之議事程序限制，如質詢事項階段之程序已結束，自不得援引上開限制規定。

（三）質詢次數

依立法院職權行使法第16條第2項之規定，立法院向行政院院長及其各部會首長提出施政方針及施政報告之口頭質詢之會議次數，由程序委員會定之。

（四）書面專案質詢

依立法院職權行使法第23條之規定，立法委員行使憲法增修條文第3條第2項第1款之質詢權，除依前述方式處理外，亦可提出質詢書面，列入院會議事日程質詢事項，並由立法院送交行政院；而行政院應於收到書面質詢後20日內，將書面答覆送由立法院轉知質詢人，並列入立法院院會議事日程質詢事項。但如質詢內容牽涉過廣者，答覆時間得延長5日。

第二節　預算案之審議

壹、預算案之概念

一、預算案之意義

預算，意指「預先算定」之意。乃政府在一定期間內，由行政機關預計政府經費支出之需要與收入之財源，使之收支平衡而擬編之計畫，經立法機關議定，作為該時期之收支準則。

憲法第59條規定：「行政院於會計年度開始三個月前，應將下年度預算案提出於立法院。」使立法院能善盡監督預算責任，立法院對行政院所提預算案，不得為增加支出之提議，以防止政府預算膨脹，增加人民負擔。

國會的預算審議權是基於：

（一）財政民主主義（代議民主監督財政）。

（二）國家重要事項之參與決策權。

（三）追求公共利益。

二、預算案之法律性質

（一）措施性法律

　　司法院大法官釋字第391號解釋於解釋理由書中明言：「預算案實質上為行政行為之一種，但基於民主憲政之原理，預算案又必須由立法機關審議通過而具有法律之形式，故有稱之為措施性法律者，以有別於通常意義之法律。」所謂「措施性法律」一詞，係源自德國，其通常指稱雖有法律的形式，但卻非具「一般性」、「抽象性」的規範作用，其中最典型的例子便是「預算法律」即預算案係以預算法律確定之。簡言之，預算為兼具行政行為之一種措施性法律，亦可說是一種特殊法規範。

（二）歲出、歲入及未來承諾之授權規範

　　司法院大法官釋字第520號解釋再度引用前述之「措施性法律」，並強調法定預算與行政法規在執行上的區別，即行政法規的執行無非建立在條件式的法規構造上，於法規構成要件該當時，即可產生一定的法律效果，至於是否必須作出一定法律效果行為，端視法規是否賦予行政裁量權而定。如未賦予裁量權者即應為羈束決定。而法定預算即定性為：立法院對國家機關歲出、歲入及未來承諾之「授權規範」。

（三）法定預算之規範效力

　　1.設定動支上限額度與目的。

　　2.課予執行機關依預算法所定會計與執行程序設定的義務。

　　3.課予執行機關受決算程序及審計監督的義務。

三、預算案與法律案性質之異同

（一）相同之處

　　預算案與法律案依憲法第63條及立法院職權行使法第7條之規定，均應經立法院三讀會議決之，此為其相同之處。

（二）不同之處

1. 提案機關不同

　　法律案無論關係院或立法委員皆有提案權，預算案則只許行政院提出。

2. 提案及審議有無時程限制不同

　　法律案之提出及審議並無時程之限制，預算案則因關係政府整體年度之收支，須在一定期間內完成立法程序，故提案及審議皆有其時限。

3. 審議時得否增刪修改不同

　　預算案的審議不得比照審議法律案的方式逐條逐句增刪修改，而對各機關所編列預算之數額，在款項目節間移動增減並追加或削減原預算之項目。

4. 是否需如期通過不同

　　預算案具有時效性且必須如期合法化，非如法律案可暫予擱置不予審議，而法律案如審議不通過，則有屆期不連續之規定。惟預算案則否，蓋因政府之財務行為，不可一日中斷或停頓，即使不通過仍須照常進行，故預算案固可批評修正，但不能完全否定之。再者，預算案如未在法定期限審議完成，預算法第54條定有執行預算的補救辦法。

5. 公布時得否部分保密不同

　　公布的內容，預算案三讀通過後，如其中涉及守秘之部分不予公布（預算法第51條），此又與法律之公布內容必須含括所有條文有所不同。

6. 規範對象及效力不同

　　法律案係對不特定人（包括政府機關與一般人民）之權利義務關係所作之抽象規定，因其具有明確性、強制性與普遍性等特質，並可無限制地反覆產生其規範效力，故被濫用的機率極微。預算案係僅對政府產生效力，即以具體數字記載政府機關維持其正常運作，及執行各項施政計畫所需之經費，每一年度實施一次即失其效力，本質上具有預估性，故議會有持續加以監督之必要。

貳、立法院審議中央政府總預算案

一、概說

　　依預算法第46條：「中央政府總預算案與附屬單位預算及其綜計表，經行政院會議決定後，交由中央主計機關彙編，由行政院於會計年度開始四個月前提出立法院審議，並附送施政計畫。」及第51條：「總預算案應於會計年度開始一個月前由立法院議決，並於會計年度開始十五日前由總統公布之；預算中有應守秘密之部分，不予公布。」當行政院將籌編完成經院會通過之中央政府總預算案與附屬單位預算及其綜計表，於每年8月底以前送達立法院時，預算程序進入審議階段。立法院依法應於每年11月底以前完成審議，並咨請總統公布。

二、立法院審議中央政府總預算案之程序

　　中央政府總預算案主要的審查流程及其說明如下：

（一）行政院院長率財政部部長與主計長向立法院報告與備質詢

　　總預算案函送立法院後，定期由行政院院長、主計長及財政部部長列席院會，分別報告施政計畫及歲入、歲出預算編製之經過。立法委員對於各首長報告，得就施政計畫及關於預算上一般重要事項提出質詢。

（二）院會交付財政委員會依分配表分送各委員會

總預算案交付財政委員會，並由財政委員會依分配表及日程將預算書分送各委員會分別審查。各組的分配是按8個常設委員會審查總預算內各主管機關的預算。

（三）各常設委員會分別審查

各委員會審查總預算案時，得邀請有關機關首長列席報告、備詢及提供有關資料，並進行詢答。完成詢答後，即對主管的機關預算作歲入與歲出的處理，歲入可以增減。

（四）財政委員會彙整總報告

各委員會審查總預算案完竣後，應將審查報告函送財政委員會彙總整理，並提出年度總預算案審查總報告提報院會。

（五）黨團協商會議協商爭議問題

為處理總預算案審查所衍生之爭議問題，由院長於二讀會前，先召集黨團協商會議協調解決。

（六）院會進行二讀及三讀

年度總預算案審查總報告提報院會時，由各委員會各推召集委員一人出席說明。

於院會二讀會審議時，得限定議題及人數，進行正反辯論或政黨辯論。嗣就黨團協商無共識部分進行表決。

參、立法院審議總預算案決議之效力

預算案決議是指立法機關審議總預算案時對歲入、歲出項目金額的增刪，及其直接附隨之決定。

一、法定預算決議

法定預算決議，指歲入、歲出金額的增刪之決議，其法制用語包括如下：

（一）**照列**：照原編列之金額通過。

（二）**減列**：刪減部分原編列之金額。

（三）**暫照列**：原編列金額暫時予以通過，但附加未來調整之條件。

（四）**統刪**：總額統一刪減一定百分比率之課稅收入或歲出後由行政機關自行調整之決議通案決議，是指無法歸屬各預算科目之通案性決議，則列於通案決議項目中。

二、附加條件或期限決議

（一）附加條件或期限決議之法律依據

預算法第52條第1項規定：「法定預算附加條件或期限者，從其所定。但該條件或期限為法律所不許者，不在此限。」此即為法定預算附加條件或期限之單純決議。

（二）附加條件或期限決議之程序

所謂「條件」與「期限」，係分別指法律行為之效力之發生或消滅「繫於將來是否發生之不確定客觀事實」與「將來確定之事實之發生（即期日、時限之屆至）」，蓋條件與期限均屬於附款之類型，自應附隨於主意思表示而存在，與法定預算具有不可分割之關係。亦即議會為「預算科目及金額」相關內容未來實際執行所附加條件或期限之決議事項。附加條件或期限之提案經連署後在委員會提出，其內容應與預算決議之目的有一定合理的關聯性，不能單獨存在，並須經院會二讀及三讀程序，通過後與審查報告一併咨請總統公布施行。

三、附帶決議

（一）附帶決議之法律依據

預算法第52條第2項規定：「立法院就預算案所為之附帶決議，應由各該機關單位參照法令辦理。」

（二）附帶決議之程序

此種附帶決議，係於整個總預算案通過時，再於預算案決議及附加條件或期限決議之外，另就其他注意事項、附帶意見或附帶建議所作成之單純決議。附帶決議提案經連署後在委員會提出。附帶決議內容與預算科目分開處理，不經三讀會，即於預算案通過後，不經總統公布逕送有關機關參考處理。

第三節　條約案之審議

壹、條約案之概念

一、條約之意義

條約締結法第3條第1項規定，本法所稱條約，指國際書面協定而有下列情形之一者：

　　（一）具有條約或公約名稱。
　　（二）定有批准、接受、贊同或加入條款。
　　（三）內容涉及人民之權利義務。
　　（四）內容涉及國防、外交、財政或經濟上利益等國家重要事項。
　　（五）內容與國內法律內容不一致或涉及國內法律之變更。

二、法律與條約適用之優先順序

司法院大法官釋字第329號解釋：不論其名稱為何（協定、協議、議定書等），如直接涉及國家重要事項，或人民之權利義務，而附有批准條款者，有法律上效力，應送立法院審議。未定有批准條款之國際書面協定，乃具有法規命令的性質，應於生效後，送立法院查照。

三、條約案之送立法審議之必要

現代民主國家有關條約之締結，一般是由行政與立法機關共同行使

即先由行政機關談判簽署條約，之後再送請立法機關審議，以決定是否批准條約。然在現代民主國家，國會基於民主政治、責任政治及法治國家原則，亦有參與及監督國家外交事務之審議權，以符合權力分立之原則。所以條約案之締結雖係行政權之行使，但立法機關仍有監督之權力。條約案之所以需要國會監督，係因條約之簽訂，其內容有涉及國家重要事項或人民之權利義務而具有法律之效力，當然需要由代表民意之國會進行民主控制。

貳、條約案之處理

一、談判前向立法院說明、報告

主辦機關於條約草案內容獲致協議前，得就談判之方針、原則及可能爭議事項，適時向立法院說明並向立法院相關委員會報告。

二、條約之審議

條約案經簽署後，主辦機關應於30日內報請行政院核轉立法院審議。但未具有條約或公約名稱，且未定有批准、接受、贊同或加入條款之條約案，其有下列情形之一者，主辦機關應於簽署後30日內報請行政院備查，並於條約生效後，主辦機關應報請行政院轉呈總統公布，並送立法院查照：

（一）經法律授權簽訂。

（二）事先經立法院同意簽訂。

（三）內容與國內法律相同。

三、協定之送立法院查照

協定經簽署後，主辦機關應於30日內報請行政院備查，並於協定生效後，以適當方式周知及送請立法院查照。但其內容涉及國家機密或有外交顧慮足以影響國家安全或利益者，不在此限。

參、立法院對條約案之審議程序

一、條約案之提出

　　憲法第63條規定，立法院有議決法律案、預算案、條約案及國家其他重要事項之權。立法院職權行使法第7條又復規定：「立法院依憲法第六十三條規定所議決之議案，除法律案、預算案應經三讀會議決外，其餘均經二讀會議決之。」

二、條約案之審查

（一）委員會審查

　　1.院會交付外交及國防委員會審查或外交及國防委員會與相關委員會審查。

　　2.開會時，以公開會議為原則，必要時得改開秘密會議。

　　3.審查時先由政府代表列席說明，然後由立法委員質詢，詢答完畢即進行討論。

　　4.審查會如認為有聽取有關人士之意見，亦可舉行公聽會，俾收集思廣益之效。

　　5.審查會討論完畢時，倘出席委員沒有意見，即可作成同意「批准」之議決；如有異議，則以出席委員過半數同意決之。

（二）院會二讀審議

　　1.院會依委員會之審查報告為討論基礎。如無異議，即議決通過。

　　2.條約案僅須二讀即可議決通過（因不須文字修正，故無三讀必要）。

第四節　人事同意權

壹、人事同意權之概念

在現代民主國家，無論採行何種政府體制，內閣制、總統制或混合制，其重要政府官員的任命，均須經過代表民意的國會認可，國會的同意賦予其任命間接的民意基礎，才有行使政府權力的正當性。

貳、立法院人事同意權之範圍

一、依憲法規定行使之人事同意權

（一）依憲法或增修條文規定者

司法院院長、副院長、大法官；考試院院長、副院長、考試委員；監察院院長、副院長、監察委員（均由總統提名）。

（二）依憲法第104條規定者

監察院審計長（由總統提名）。

二、依法律規定行使之人事同意權

除了依憲法規定擁有的同意權外，立法院依相關法律規定，對部分機關重要官員的任命亦享有同意權。中央行政機關組織基準法第21條規定，獨立機關之首長、副首長及其合議制之成員，均應明定其任職期限及任命程序，相當二級機關者，由一級機關首長提名經立法院同意後任命之。目前依法律規定立法院對以下人員的任命享有同意權：

（一）最高檢察署檢察總長（由總統提名）。

（二）中央選舉委員會正副主委、委員（由行政院院長提名）。

（三）國家通訊傳播委員會正副主委、委員（由行政院院長提名）。

參、立法院行使人事同意權之程序

一、依憲法行使人事同意權之程序

（一）交付全院委員會

依立法院職權行使法第29條至第31條相關規定處理，立法院於收受總統提名咨請同意之議案，即由程序委員會編列議程報告事項，不經討論，交全院委員會審查。

（二）全院委員會審查

全院委員會就被提名人之資格及是否適任之相關事項進行審查與詢問，由立法院咨請總統通知被提名人列席說明與答詢。全院委員會審查詢問人數及各黨團分配人數、每位委員詢答時間、詢答方式等事項，由院長召集朝野黨團協商決定。

（三）舉行公聽會

審查時得舉行公聽會，如果要舉行公聽會，則邀請專家學者人數及黨團推薦人數之分配、審查小組委員代表人數及黨團分配人數、公聽會出席代表發言時間及發言順序等事項，亦由院長召集朝野黨團協商決定。

（四）同意權投票

因被提名人之職位及性質不盡相同，應分別舉行投票。此外，為確保被提名人符合眾望而無偏頗之虞，故採取較高門檻限制，即對被提名人之同意，以全體立法委員二分之一以上之同意通過。

（五）同意權行使後之處理

同意權行使之結果，由立法院咨復總統。如被提名人未獲同意，總統應另提他人咨請立法院同意。

二、行使依法律規定與依憲法規定同意權之差異

依相關法律規定行使同意權之程序，與依憲法規定行使之程序大抵相同，但有二點差異：

（一）交付審查委員會不同

法律規定行使的同意權，被提名人之資格及是否適任之審查係在常設委員會之聯席會議進行，而不在全院委員會。例如：檢察總長被提名案交付司法及法制、內政兩委員會聯席審查；中央選舉委員會委員被提名案交付內政、司法及法制兩委員會聯席審查；國家通訊傳播委員會委員被提名案交付交通、教育及文化兩委員會聯席審查。

（二）通過門檻不同

依法律規定行使同意權投票表決，係以出席委員過半數同意為通過，而非以全體立法委員之過半數同意為通過。

第五節　提出憲法修正案之審議

壹、憲法修正案之概念

一、修憲方式

修憲通常發生於憲法規定縱使透過憲法解釋仍不能完全適應社會總體變動時。至於憲法修正方式有二種：一於本文部分直接修改文字；二追加原憲法所無之條文。我國所採用的修憲方式係仿美國增修條文方式，即增加原憲法或既有憲法增修條文所無之規定，而我國則保留原有憲法條文不動，另行以憲法增修條文凍結、修改原條文。

二、現行修憲程序

自國民大會走入歷史後，我國的修憲程序，依憲法增修條文第12條規定：「憲法之修改，須經立法院立法委員四分之一之提議，四分之三之出席，及出席委員四分之三之決議，提出憲法修正案，並於公告半年後，經中華民國自由地區選舉人投票複決，有效同意票過選舉人總額之半數，即通過之，不適用憲法第一百七十四條之規定。」

貳、提出憲法修正案之審議程序

一、行使修憲權之議事程序之概念

　　立法院行使修憲權之議事程序，憲法並未規定。憲法修改與一般法案的立法程序，有相同之點，亦有差異之處。兩者均為立法院依國會自治原則所自訂的議事程序，經提案——讀會——審查——議決——公布等之進程循序為之，此為其所同者；而憲法之修改與一般法案之議決機關及通過之議決人數各有不同，修憲須依憲法規定之特別程序，法案則依一般立法程序決議，此為其所異者。

二、審議提出憲法修正案與一般法案不同之處

（一）憲法修正案僅能交付修憲委員會審查

　　立法院為因應修憲提案審議之必要，依立法院組織法第9條之授權訂定「立法院修憲委員會組織規程」。依該規程第3條規定：「本會之委員為立法委員總額三分之一加一人，由各政黨（政團）依其院會席次比例分配，並依保障少數參與原則組成之。」及第4條第1項規定：「本會置召集委員五人，由委員互選之。」觀之，修憲委員會係由38人組成，召集委員高達5人。

（二）修憲程序應注意之合憲原則

　　司法院大法官作成釋字第314號、第342號、第381號與第499號解釋，對國會自律或修憲程序之合憲原則意旨如下：

1. 國民參與原則

　　即修改憲法必須經過相當時日，方能確保國民意見表達及意思形成之溝通程序。

2. 議會自律原則與自由民主憲政秩序原則

　　修憲程序有議會自律原則之適用，但亦應符合自由民主憲政秩序原則。所謂自由民主憲政秩序原則，指修憲條文之實質內容應符合政治責

任、利益迴避等原則，且不得與憲法中具有本質重要性之規範產生衝突。

3. 公開透明原則

國會議員於行使職權之際，自提案、討論及表決以至形成決議，應公開行之，俾使全國國民有預知及表達意見之機會。此外，修憲決議不得採用無記名投票。

第六節　聽取總統國情報告

壹、總統國情報告之概念

一、總統國情報告制度之淵源

美國憲法制度是嚴格遵守三權分立的原則，美國總統除了利用行使否決權及直接爭取選民的支持外，「國情咨文」（Annual Messages，又稱國情報告）亦為其手段之一，國情咨文可說是總統向國會所提出的立法大綱，希望國會立法能配合他的政策。總統的國情咨文可以國會作為宣傳場所，有力地向全國人民提出，以爭取選民的支持，俾掌握領導立法的動力。

二、我國國情報告與美國國情咨文不同之處

我國立法院聽取總統之國情報告，與美國總統向國會發表國情咨文，形式雖類似，而實質卻不盡相同，此則因美國乃採取總統制國家，總統施政向代表全民之國會負責，我國立法院與美國國會雖同為國家最高民意機關，惟總統並不向立法院負責，而係由行政院向立法院負責，如總統所屬政黨與立法院多數黨不相同時，立法院多數黨似難以推動此種聽取國情報告之職權。

貳、立法院聽取總統國情報告之程序

一、法律依據

憲法增修條文第4條第3項賦予立法院於每年集會時，得聽取總統國情報告之權。立法院職權行使法亦有同樣之規定，並明列憲法增修條文第4條第3項授權之依據。

二、聽取總統國情報告之程序

（一）總統國情報告之發動

1. 立法院得經全體立法委員四分之一以上提議，院會決議後，由程序委員會排定議程，就國家安全大政方針，聽取總統國情報告。

2. 總統就其職權相關之國家大政方針，得咨請立法院同意後，至立法院進行國情報告。

（二）總統事前提出書面報告

總統應於立法院聽取國情報告日前3日，將書面報告印送全體委員。

（三）立法委員就總統國情報告提出問題

立法委員於總統國情報告完畢後，得就報告不明瞭處，提出問題；其發言時間、人數、順序、政黨比例等事項，由黨團協商決定。

（四）總統得綜合補充報告

就前項委員發言，經總統同意時，得綜合再作補充報告。

（五）發言紀錄送請總統參考

立法委員對國情報告所提問題之發言紀錄，於彙整後送請總統參考。

第七節　緊急命令之追認

壹、憲法對緊急命令之規定

一、緊急命令之概念

　　緊急命令雖屬行政命令的一種，但與一般命令有所不同，而具有下述三個特點：

　　1. 緊急命令須在國家處於非常時期，如國家遇有戰爭、天然災害、瘟疫或財政經濟上有重大變故等情事，為因應緊急之需要，始得發布。

　　2. 僅國家元首有權發布緊急命令，一般行政機關無此權力。此乃因身為國家之元首，對國家之存續安危負有重大責任，一旦面臨突發狀況，本於正當防衛或緊急避難之法理，理宜賦予緊急應變的權力。

　　3. 緊急命令效力，不僅超過法律，且可停止憲法若干條款之效力。

二、總統發布緊急命令之程序

（一）權力行使範圍

　　依憲法第43條之規定，總統於國家遇有天然災害、瘟疫或財政經濟上重大變故，須為急速處分時，始得發布緊急命令。但增修條文第2條第3項，則援用緊急處分之規定，只為避免國家或人民遭遇緊急危難或應付財政經濟上重大變故，總統即可發布緊急命令。是以緊急命令權之行使範圍，已由天然災害、瘟疫等特殊事實改為概括性質之避免國家或人民遭遇緊急危難的情況，而作適切的擴展。

（二）程序要件

　　總統行使緊急命令權，依憲法第43條之規定，須於立法院休會期間，經行政院會議之決議，依緊急命令法之規定，始得為之。而依增修條文第2條第3項之規定，僅須先經行政院會議之決議，即得為之，不受立法院休會期間之時間上的嚴格限制，亦擺脫緊急命令之發布，須依緊急命令法為之的規定。是以增修條文賦予總統發布緊急命令，可免除上述程序

要件的拘束，以利應變，迅速處置突發之重大事變。

（三）追認時限

憲法第43條規定總統發布緊急命令後1個月內，必須提交立法院追認，而依增修條文第2條第3項之規定，將其追認時限縮減為10日，此乃較能符合現代民主國家尊重國會之表現；蓋總統發布緊急命令，固有其事實必要，但顯已侵犯國會之立法權限，理應適時提請院會追認。

貳、立法院對緊急命令之追認程序

一、提報院會

依憲法增修條文之規定，總統發布緊急命令，並不限於立法院休會期間。因此，總統在立法院開會期間或於新任立法委員選舉投票日後發布緊急命令提交追認時，即提報院會，並依立法院職權行使法第15條第1項規定，不經討論，交全院委員會審查。如於休會期間，立法院應即召開臨時會，按前述處理程序。

二、全院委員會審查

全院委員會進行緊急命令追認案之審查時，依立法院職權行使法第15條之規定，行政院院長毋庸到會說明。審查後，提請院會以無記名投票表決。

審查時應注意之事項為：（一）緊急命令的終期，應有明文規定；（二）緊急命令之效力，不可超越必要的最小限度，並不可為永久性。

三、院會表決

依立法院職權行使法第15條第1項之規定，緊急命令之追認案，經全院委員會審查後，提請院會以無記名投票表決。立法院對於緊急命令之內容，只得接受或反對，而不能決議修改之，避免破壞緊急命令之完整效力。

第八節　不信任案之處理

壹、不信任投票制度之概念

一、不信任投票制度之淵源

在實施內閣制之國家，內閣對國會負責。國會以不信任投票作為監督、控制內閣最重要之工具；內閣則以解散國會作為對抗國會之法寶。即國會若認為政府（內閣）之表現不符民意，可行使「不信任」（Want of Confidence）投票，要求不稱職之內閣去職。惟國會議員來自不同黨派，或因些微多數造成不信任內閣之決議，是否即係為人民所願，尚非無可議之處，故在國會有不信任投票權之國家，內閣有解散國會之權，即呈請元首解散國會，重新選舉議員，以徵求民意向背。

二、我國不信任投票制度之發源

我國憲法增修條文第2條第5項及第3條第2項第3款對此均已有規定；立法院既可行使不信任投票來決定行政院院長之去留，表示我國具有內閣向國會負責之精神。

貳、立法院處理不信任案之程序

一、不信任案之提出

不信任案依憲法增修條文第3條第2項第3款之規定，得經全體立法委員三分之一以上連署，對行政院院長提出不信任案。

不信任案應於院會報告事項進行前提出，主席收受後應即報告院會，並不經討論，交付全院委員會審查。

二、不信任案之撤回

不信任案於審查前，連署人得撤回連署，未連署人亦得參加連署；提案人撤回原提案須經連署人同意。不信任案經主席宣告審查後，提案人及連署人均不得撤回提案或連署。審查時如不足全體立法委員三分之一以上連署者，該不信任案視為撤回。

三、全院委員會審查

全院委員會應自不信任案提報院會72小時後，立即召開審查，審查後提報院會表決。此72小時為「冷卻期」，立法委員經考慮後，如認為以撤銷原案或撤銷連署或參與連署為宜，理宜尊重其意願。

前述全院委員會審查及提報院會表決時間，應於48小時內完成，未於時限完成者，視為不通過。

參、不信任案投票之法效力

不信任案之表決，以記名投票表決之。如經全體立法委員二分之一以上贊成，方為通過，投票結果有下列三種情形及效力：

1. 不通過，一年內不得對同一行政院院長再提不信任案。

2. 通過，行政院院長提出辭職，但總統未解散立法院，另行任命新的行政院院長。

3. 通過，行政院院長提出辭職，並請總統解散立法院，立法院重新選舉。

第九節　罷免案及彈劾案之提出

壹、罷免案之提出

一、罷免副總統提案權之法源

憲法增修條文第2條第9項規定：「總統、副總統之罷免案，須經全體立法委員四分之一之提議，全體立法委員三分之二之同意後提出，並經中華民國自由地區選舉人總額過半數之投票，有效票過半數同意罷免時，即為通過。」

二、罷免和彈劾之不同

罷免屬於對政策概括不信任問題，監督被罷免人違反公意的行為，性質上屬於投票行為之再反省，故其判斷權屬於人民；彈劾屬於法律問題，監察被彈劾人違法失職的行為，性質上屬於準司法權之行使，故其判斷權屬於國會。

三、立法院處理總統副總統罷免案之程序

（一）罷免案之提議

立法院依憲法增修條文第2條第9項規定提出罷免總統或副總統案，經全體立法委員四分之一提議，附具罷免理由，交由程序委員會編列議程提報院會，並不經討論，交付全院委員會於15日內完成審查。

（二）全院委員會審查

全院委員會審查前，立法院應通知被提議罷免人得於審查前7日提出答辯書。前述答辯書，立法院於收到後，應即分送全體立法委員。被提議罷免人不提出答辯書時，全院委員會仍得逕行審查。

（三）罷免案之表決

全院委員會審查後，提出院會以記名投票表決，經全體立法委員三分

之二同意,罷免案成立,當即宣告並咨復被提議罷免人。

貳、彈劾案之提出

一、彈劾之概念

彈劾(Impeachment)是有彈劾權的機關,將違法、失職的官員,向有審判彈劾案的機關提出彈劾案,使其接受一定的處分。民主國家大都由國會提出彈劾案,在實行兩院制的國家,由代表人民的一院提出彈劾案,另一院審判,如英國的下議院提出,上議院審判;美國由眾議院提出,參議院審判。

我國憲法增修條文規定彈劾總統、副總統由立法院提出,由司法院大法官議決;其餘公務員則由監察院提出,由懲戒法院審理。

二、彈劾案之法源

憲法增修條文第4條第7項規定:「立法院對於總統、副總統之彈劾案,須經全體立法委員二分之一以上之提議,全體立法委員三分之二以上之決議,聲請司法院大法官審理,不適用憲法第九十條、第一百條及增修條文第七條第一項有關規定。」

三、立法院處理總統副總統彈劾案之程序

(一)彈劾案之提議

立法院彈劾總統或副總統,須經全體立法委員二分之一以上提議,以書面詳列彈劾事由,交由程序委員會編列議程提報院會,並不經討論,交付全院委員會審查。

(二)全院委員會

全院委員會審查時,得由立法院邀請被彈劾人列席說明。

（三）彈劾案之決議與處理

　　全院委員會審查後，提出院會以無記名投票表決，如經全體立法委員三分之二以上贊成，向司法院大法官提出彈劾案。

━━━━━━━━━ ✏️ **考古題** ━━━━━━━━━

1. 試依立法院職權行使法說明立法院對總統、副總統之彈劾案和罷免案提出及審查的程序。（97高考三）

2. 試說明法律案、預算案二者在提案、立法院審議程序、效力等有何不同之處？另立法院經常於預算審議時，附加若干條件、期限或意見之決議，此種決議是否具有法之拘束力？（98升官等簡）

3. 試說明立法院常設委員會之職權中「邀請相關部會作業務報告，並備質詢」與「公聽會之舉行」二者如何區別？（98升官等薦）

4. 立法院依憲法或相關法律規定所行使之同意權，其處理程序有所不同。試分述立法院對考試委員、國家通訊傳播委員會委員行使同意權之程序。（98高考三）

5. 關於議案通過所需人數即為可決數額，立法院院會所議決的議案，除法令另有規定採特定額數外，餘以出席委員過半數同意為通過。請依憲法增修條文及立法院職權行使法相關規定，說明立法院對行政院院長不信任案、緊急命令追認案、法案覆議案的可決數額。（98地方特）

6. 何種機關有權向立法院提出預算案？憲法增修條文對司法院所提年度司法概算作何規定？請分別加以說明。（99地方特）

7. 立法院職權行使法對立法委員提出法律案與不信任案的處理程序有何不同規定？請分別加以說明。（100高考三）

8. 關於立法院職權行使法第二章之一「聽取總統國情報告」，請說明其規範設計之內容。（100升官等薦）

主要參考書目

1. 立法院法制局，2004，《立法原理與制度》，臺北：立法院。
2. 立法院法制局，2004，《憲政制度與陽光法案之研究》，臺北：立法院。
3. 古登美、沈中元、周萬來，2005，《立法理論與實務》，臺北：國立空中大學。
4. 行政院法規委員會，2006，《行政機關法制作業實務》，臺北：行政院。
5. 朱志宏，1995，《立法論》，臺北：三民書局。
6. 李建良，2004，《憲法理論與實踐》，臺北：新學林出版股份有限公司。
7. 李惠宗，2011，《憲法要義》，臺北：元照出版公司。
8. 李鴻禧，1997，《憲法與議會》，臺北：自印本。
9. 林嘉誠等，1992，《民主制度設計》，臺北：業強出版社。
10. 周旺生，2004，《立法學》，北京：法律出版社。
11. 周萬來，2009，《議案審議──立法院運作實況》，臺北：五南圖書出版公司。
12. 城仲模主編，2007，《行政法之一般法律原則》，臺北：三民書局。
13. 許介鱗譯，1991，《議會立法過程之比較研究》，臺北：立法院秘書處。
14. 許宗力，2006，《法與國家權力》，臺北：元照出版公司。
15. 許劍英，2006，《立法審查理論與實務》，臺北：五南圖書出版公司。
16. 湯德宗譯，1992，《國會程序與政策過程》，臺北：立法院秘書處。
17. 黃茂榮，2009，《法學方法與現代民法》，再版，臺北：臺大法學叢書編輯委員會。
18. 謝瑞智編，2000，《活用憲法大辭典》，臺北：文笙書局。
19. 羅志淵，1980，《立法程序論》，臺北：正中書局。
20. 羅傳賢，2004，《國會與立法技術》，臺北：五南圖書出版公司。
21. 羅傳賢，2012，《立法程序與技術》，臺北：五南圖書出版公司。

家圖書館出版品預行編目資料

法程序與技術概要／羅傳賢著.--二版.--
臺北市：五南圖書出版股份有限公司,
2023.11
面；　　公分.--

BN 978-626-366-742-6（平裝）

CST: 立法

2.64　　　　　　　　112017935

1QH8

立法程序與技術概要

作　　　者 — 羅傳賢 (412)

發 行 人 — 楊榮川

總 經 理 — 楊士清

總 編 輯 — 楊秀麗

副總編輯 — 劉靜芬

責任編輯 — 呂伊真

封面設計 — 封怡彤、陳亭瑋

出 版 者 — 五南圖書出版股份有限公司

地　　　址：106台北市大安區和平東路二段339號4樓

電　　　話：(02)2705-5066　　傳　　真：(02)2706-6100

網　　　址：https://www.wunan.com.tw

電子郵件：wunan@wunan.com.tw

劃撥帳號：01068953

戶　　　名：五南圖書出版股份有限公司

法律顧問　林勝安律師

出版日期　2013 年 1 月初版一刷
　　　　　2023 年 9 月初版三刷
　　　　　2023 年 11 月二版一刷

定　　　價　新臺幣450元

經典永恆・名著常在

五十週年的獻禮——經典名著文庫

五南，五十年了，半個世紀，人生旅程的一大半，走過來了。

思索著，邁向百年的未來歷程，能為知識界、文化學術界作些什麼？

在速食文化的生態下，有什麼值得讓人雋永品味的？

歷代經典・當今名著，經過時間的洗禮，千錘百鍊，流傳至今，光芒耀人；

不僅使我們能領悟前人的智慧，同時也增深加廣我們思考的深度與視野。

我們決心投入巨資，有計畫的系統梳選，成立「經典名著文庫」，

希望收入古今中外思想性的、充滿睿智與獨見的經典、名著。

這是一項理想性的、永續性的巨大出版工程。

不在意讀者的眾寡，只考慮它的學術價值，力求完整展現先哲思想的軌跡；

為知識界開啟一片智慧之窗，營造一座百花綻放的世界文明公園，

任君遨遊、取菁吸蜜、嘉惠學子！